本书由广东省高
水平大学建设
经费资助出版

向世界
讲述新乡土中国

—— 中国"70后"作家访谈录

张丽军 著

山东文艺出版社

图书在版编目（CIP）数据

向世界讲述新乡土中国：中国"70后"作家访谈录 /
张丽军著. -- 济南：山东文艺出版社，2025. 2.
ISBN 978-7-5329-7108-4

Ⅰ. K825.6

中国国家版本馆 CIP 数据核字第 2024LT9508 号

向世界讲述新乡土中国

——中国"70后"作家访谈录

XIANG SHIJIE JIANGSHU XINXIANGTU ZHONGGUO
——ZHONGGUO "70HOU" ZUOJIA FANGTANLU

张丽军　著

主管单位	山东出版传媒股份有限公司
出版发行	山东文艺出版社
社　　址	山东省济南市英雄山路 189 号
邮　　编	250002
网　　址	www.sdwypress.com

读者服务	0531-82098776（总编室）
	0531-82098775（市场营销部）
电子邮箱	sdwy@sd.press.com.cn

印　　刷	山东临沂新华印刷物流集团有限责任公司
开　　本	710 毫米 × 1000 毫米　1 / 16
印　　张	21
字　　数	330 千
版　　次	2025 年 2 月第 1 版
印　　次	2025 年 2 月第 1 次印刷
书　　号	ISBN 978-7-5329-7108-4
定　　价	72.00 元

目录

序言

为历史打开当代最幽深的精神褶皱

为什么要做中国"70后"作家访谈？

十多年来，我持续不断地做中国"70后"作家访谈，就是基于一种当代文学史料建设的认知行为。在程光炜、黄发有老师等人看来，当代文学史研究更需要史料建设意识。看着满大街都是史料，但是一旦真的进入学术视野去寻找，却又会发现当代文学史料的消失、遗忘、遮蔽是如此惊人。

历史从发生的那一刻开始就已经进入了史料学研究视域。但遗憾的是，历史也是从那一刻就已经开始了消逝之旅，可谓是稍纵即逝。而对于当代作家而言，特别是经历了巨大历史跨越的中国"70后"作家而言，历史、记忆、体验、感受恰似几个世纪前的事，恰似有着好像是另外一个人的历史感觉。因此，针对中国"70后"作家的当代文学史料整理就显得尤为重要。而访谈，无疑是建设当代作家史料的一个极为重要的精神路径。

当然，我从事"70后"作家访谈有着更为直接的现实需求——在建构作家精神档案、文学史料的基础上，深入开展对作家文学心理、精神成长、家族历史，以及其情感结构、叙述逻辑的深度精神分析，以此来理解作家并探寻其建构的文学世界的"精神奥秘"。

那么，如何来做中国"70后"作家访谈呢？

一是要有自觉的文学史料意识。受版面大小和专业限制，很多作家访谈都是泛泛而谈，这可以理解。但是对于学术研究的访谈而言，一定要有文学史意识，作家访谈要尽可能全面、整体、深入地探索作家内外部世界，尽可能为后来的文学研究提供具有时代共时性的社会精神气息和时代氛围。

二是要从外到内做一种有生命温度、深度的精神探寻，以此打开作家心灵深处的精神褶皱。对于作家童年记忆、精神成长、文学影响的探寻，需要不断地追问作家，尽可能逼近或抵达作家心灵深处，让他们讲述最难忘、影响最大、具有节点性质的人与事，为理解其作品的创作主题、情感结构、人物行为及其心理提供多元精神参照和深层逻辑机制。

三要做好访谈所需的全部资料准备和往复式问答。一个好的访谈要做的前期工作就是对一个作家全部作品的通读，以及对其生活世界的多方面深刻了解。而在访谈过程中，往往是在多次你来我往的往复式问答中，才能逐步深入抵近作家心灵的最幽深处，不可能一蹴而就。

本书中的访谈都有这种往复式问答的过程，有着通读作品的艰辛准备。很多访谈是通过电子邮件往来，有的则是直接面对面交谈，如对梁鸿的访谈就是到当时她所在中国青年政治学院的教授工作间，与她对话长达三四个小时完成的。而事实上，除了作家和批评家之间的对话之外，编辑也在参与着访谈的最终形成。有的编辑修改了我的访谈题目，有的编辑对题目不满意，让我继续琢磨出醒目、深刻的题目。当然这些修改也要获得作家的认可。事实上，每一篇访谈都凝聚着作家、编辑和访谈者多方的心血。

这些访谈是我多年积累的成果，还有很多不足，诚请大家多多批评。

是为序。

2025 年 1 月 21 日

暨南园周转楼

刘玉栋：
年日如草，在现实纵深处潜行

一、童年、成长与审美探索

张丽军（以下简称"张"）： 您的许多作品中自然地流露出了对故乡的依恋和怀念。童年的记忆是生命原初的，也是核心的情感记忆。请谈谈您的童年生活，以及故乡的山川风物、土地河流。原乡情结和童年经验在您的创作中起一种什么样的作用？

刘玉栋（以下简称"刘"）： 我的童年是在鲁北平原的农村度过的。那个叫齐周务的村庄就在漳卫新河的河堤下面。漳卫新河是山东省和河北省的分界线，那被树林覆盖着的高高的河堤是我童年记忆中最美的风景之一。村子正东二十里有一座山，在无棣县境内，过去叫大山，现在叫碣石山，出自曹操的"东临碣石，以观沧海"，再往东不远就是渤海了。其实这是一座小山，只有六十多米高，但它是大平原上唯一的一座山，在乡亲眼中是一座大山。小时候，我们站在野地里、屋顶上，看山很清晰，伙伴们闹着玩儿时，也是互相拽着耳朵喊："看，看，看大山，越看越近便……"这座山让孩子们产生无边的遐想。后来走的地方多了，发现我的家乡实在算不上美，盐碱地多，用贫瘠来形容也不为过。但就是这片土地，让我魂牵梦萦了几十年，直到现在，有时候做梦还要梦到这个地方。仔细想一想，主要还是因为这片土地给了我太多的爱，太多的快乐和梦想，当然还有伤痛。这几天正读张炜先生的演讲集《午夜来獾》，说一只被人类所建的现代设施撵出自己家园故地的獾，天天午夜时分都要翻墙进院子里在故园停留一番。一只獾尚且念念不忘自己的家园，更何况是人。家乡故土对于一个小说家来说，重要性更是不言而喻。

张：少年时期是一个身体与梦想一起成长的阶段。您少年时代印象最深的东西是什么？您那时的梦想是什么？这种少年梦与后来走上文学道路有什么联系？

刘：刚才谈到童年，童年对于我来说是一个幸福、快乐、无忧无虑的阶段。可我一进入少年时期，这一切似乎戛然而止。印象最深的就是爷爷生病。在我十一岁那年，爷爷突然得了脑血栓，半个身子不能动。我爷爷是个木匠。新中国成立前，我们家是开木匠铺的，"刘记木行"在方圆几十里都很名气，尤其有名的产品就是用来播种麦子的耧。我爷爷木匠活非常好，但他又有文化，能写会算，新中国成立后当了三十年大队会计。一直到改革开放、包产到户，时代变了，重燃了我爷爷作为一个木匠的激情。他买好木材，一口气做好了三张耧的模板，就剩下组装了，突然得了病。我一直清楚地记得爷爷脸上那种沮丧、悲凉、不舍和绝望的表情。我在《平原六章》里描述过这段生活。我那时候最大的梦想就是成为一名医生，来治好爷爷的病，当然，这个梦想没能实现，可是我弟弟后来成为了一名医生。有一次跟弟弟聊天才知道，弟弟当医生的梦想也是童年产生的，并且原因跟我一样，也是想给爷爷治好病。父亲兄弟一个，又常年在外工作，爷爷是家里的顶梁柱。他的生病，是这个家庭的拐点。从此，贫困、拮据，以及一系列偶然和必然事情的发生，让处于少年阶段的我心理上变得早熟起来，很早就想到要为这个家庭担当点什么，中篇小说《我们分到了土地》是我内心情感的真实写照。后来走上文学道路与这些经历和体验并没有直接的联系，但是，这些经历和体验对我在文学创作道路上的成长起到了至关重要的作用。

张：中学毕业后，您的生命历程较为丰富。您并非科班出身的专业作家，请谈谈是什么促使您走上文学道路的？您什么时候发现自己有着一种语言的天赋？写作的信心最初是如何建立起来的？是否有过动摇？是什么支撑您走过来的？

刘：我的经历谈不上丰富，但绝不单调匮乏。从农村长大，在企业里待过五年，在社会上"漂"过几年，编刊物，当专业作家……回头想想，走上文学道路有些偶然，开始是因为孤独无聊，再加上朋友们的支持和鼓励，慢慢地感受到文学的魅力，到最后完全被文学所吸引。幸运的是，我在创作道路上遇到了几位天赋极高的文友，比如刘照如、卢金地、李纪钊。在20世纪90年代中期，有那么几年，我们每个月都要聚一次，拿着新写的小说，彼此阅读、谈想法、提建议，谈论感兴趣的作家和刚刚读过的好书。那是非常美好的几年，我最初的信心就是在那个时候建立起来的。对文学的热爱从来没发生过动摇，但有了孩子以后，因为需要养家糊口，差点儿去做影视编剧，这个时候，济南市文联接纳了我。所以，我非常珍惜这来之不易的创作环境。

张：先锋主义、魔幻主义对"60后"作家产生了重要的影响，不少作家言必称马尔克斯。在您最初的文学创作道路上，对您影响最大的国内外作家是谁？您此前读过哪些作品？最喜欢的有哪些？

刘：实际上，先锋主义、魔幻主义同样影响着我。我开始练习写作的时候，是从读文学期刊开始的。尽管先锋文学正由盛转衰，但在当时的文学期刊上，这一批后来仍然非常重要的作家还是主力。我模仿他们的写法写了一些小说，结果可想而知。后来我自觉地拓宽了阅读视野，而在创作上又朝内走，逐渐找到了适合自己的写作风格。不少作家言必称马尔克斯，这一点儿都不奇怪。马尔克斯实在是太优秀了，你读《百年孤独》《霍乱时期的爱情》《没有人给他写信的上校》，就会爱上文学。还有福克纳，一个真正的大师，不仅是因为他那几部名扬天下的长篇，他的短篇同样写得太好了。

张：《跟你说说话》《我们分到了土地》《给马兰姑姑押车》等作品都有着鲜明的童年视角。孩子们的成长在您笔下化为平静如水的倾诉，这类作品唤醒了生活在都市的人对乡村童年的追忆。您写作此类作品时内心深层的价值旨归在何处？这是否与您的童年经验有关？

刘：确实，我有几篇小说采用的是童年视角，但它们还是不尽相同的。写《跟你说说话》时，确实有现实层面的思考，但写《我们分到了土地》《给马兰姑姑押车》时，就单纯得多，就想这样写，觉得这样写舒服，能够充分地传递内心的情感。我想，这应该与童年经验有关吧。

张：您的笔下少有那些显赫的人物，大都是一些生活在社会底层的无法主宰命运的普通人。无论是《火化》中的连根爷爷、《葬马头》中的刘长贵、《大路朝天》中的高芦花和孙二九、《公鸡的寓言》里的陈大宝，还是《我们分到了土地》中的爷爷刘小鸥、《幸福的一天》中的菜贩子马全、《乡村夜》里的老油和孙子天赐，都是现实中地地道道的弱势群体。选取他们作为写作对象，您是基于一种什么样的考虑？是写作态度使然还是生活经历促成的？您希望您的作品能够带给现实生活中的小人物以什么样的力量？

刘：不错，我写的确实是一些小人物，至于为什么选取他们作为写作对象，我还真没有太深太全面的考虑。我想，这肯定是一种写作态度使然，但个人的生活经历还是起到了主导作用，因为他们都是我身边的人，或者说我自己也是他们中的一员。这样说，你就能明白我为什么要写这么一群人。我希望能在我的作品中赋予他们作为一个人的尊严。

张：齐周务村是您笔下乡土中国的一个象征和缩影。您一方面不遗余力地为土地唱赞歌，歌唱乡村的淳朴人性，另一方面又能正视乡村日渐倾颓和没落的现实，唱着土地的挽歌。倾向于任何一方面都会走向极端，您在写作过程中是如何把握这两方面的？其中的"度"或者说平衡点在哪里？

刘：十几年的乡村生活，我既感受到自然、土地、村落、乡人带给我的快乐，也目睹了贫困、闭塞、愚昧、无知所带来的痛苦和悲剧。作为一个写作者，一味地赞美、歌唱很容易让写作走向矫情和浅薄，而一味地批评和挖苦便显得片面、刻薄。我在写作过程中，并没有刻意琢磨如何平衡这两个方面的问题，更多的是尊重了自己的内心和经验。

张：您小说的语言风格是为读者称道的，老到、简练、精准、富有质感，作品中您对语言的运用近乎"苛刻"。语言对于一个作家来说既是表情达意的工具，亦是作品价值的有机组成部分。您是如何形成了这种风格的语言？今后会尝试改变吗？

刘：小说是语言的艺术，更是控制的艺术。控制语言本身就是一门艺术。

你看马尔克斯的《百年孤独》，那语言气势磅礴、汪洋恣肆，可若仔细分析，你看他控制得多么好，他的叙事多么干净！你再看汪曾祺的小说，那语言是多么自然、纯净、凝练、从容，而情感又是那么浓郁、深沉，但却丝毫感觉不到半点松懈。

二、在城市与乡土之间精神游走

张：在最初的创作阶段，您主要将写作的焦点对准了城市，如《后来》《淹没》《八九点钟的太阳》等。我们看到了一个不断尝试、不断创新、介入城市生活写作的刘玉栋。这其中能看到一些模仿的影子，一些与"60后"作家重合的审美视域和思维方式。请您谈谈这一时期审美观念的探索与形成。

刘：刚才我说过，我的写作是从阅读文学期刊开始的，这时候，时间即将进入20世纪90年代，中国文学的一个"黄金时代"即将结束，也正好是先锋文学由盛转衰的时候。但先锋派余威还在，当时我迷恋这些作品，喜欢读。像马原、莫言、余华、格非、苏童、洪峰、孙甘露，等等。后来我的朋友们就鼓励我写，一开始我还羞羞答答，后来一写，竟然上了瘾，跟吸烟似的，戒不掉了。但大家可以想象我当时的状态，那肯定是胡写乱写，没有知识的储备和生活的积累，没有经典和学术的滋养，更谈不上思想和精神。仅凭一腔热情和勇气，写作的质量可想而知。但后来一想，这又是一个必不可少的阶段，对我在写作上的成长很重要，对文字的训练，对如何结构故事，对语言风格的形成，都起到重要作用。

张：在城市书写的审美探索中，您获得了哪些新的审美经验和创作上的喜悦？是否遇到过某种审美理念或审美表达上的困惑、障碍与"隔膜"？

刘：当然，只要你努力做了，经验和喜悦总会有一些的。那时候我考虑最多的是"怎么写"，变着花样地尝试展示个人心中的那点感受，自己都不知道为什么要这样写，就觉得好玩儿。形式的、结构的、拿腔捏调的写法确实让我着迷过一段时间，不是说这些东西不好，是自己确实没弄明白就尝试。

后来读卡尔维诺、博尔赫斯和萨略等人的作品，才深深地感觉到人家是把兴趣、智慧、学识和对现实的思考融入了自己的创作。后来，困惑和障碍肯定越来越多，我想到我为什么要写作、写作在我生活中的价值等一些我必须面对的问题，我开始考虑 "写什么" 了。

张：1999 年，以在《人民文学》发表的《我们分到了土地》为转折点，您将写作的对象又从城市拉回了农村，写出了诸如《平原六章》《火色马》《跟你说说话》等一大批优秀作品，是什么力量促使您改变的？

刘：1999 年后，我之所以把目光又拉回农村，首先是出于个人情感和内心的需要。我在农村长到十七岁才离开，但总觉得没有真正离开过，我十分怀念那段日子，做梦做的都是农村的梦。其次是当时我对自己的创作不满意，觉得自己的小说缺少一种深入人心的东西。我分析自己，发现我的创作多是浮于表层的，也就是说，我的情感还没有真正回到内心。于是决定，写离自己内心最近的东西。这就是我刚才说的 "写什么" 的问题。我写过一篇随笔叫《通往内心的路》，就是那个时候写的。于是，我自然而然地回到了童年和故乡，这一下子便激活了我的经验。

张：您重新回到内心世界，与心灵深处的自我进行生命对话，取得了什么新的审美体验与生命发现？

刘：当你再次走回内心世界，感觉到的不是闭塞、狭隘，而是一个更为宽阔、广袤的世界，对福克纳所讲的 "他一辈子也写不完故乡那片邮票大小的地方" 有了进一步理解。在那个阶段的创作中，我并不刻意突出作品的乡土特色，而是试图超越那种狭隘、陈旧的地区观念，努力写出具有更为普遍意义的一些东西。

张：您的很多乡土题材小说，比如《给马兰姑姑押车》《跟你说说话》等，都自然地流露出一种极富魅力的诗意。您曾经在小说集《公鸡的寓言》的 "创作自述" 中提到，诗意并不是您所追求的最重要的文学理想，那您内心最真切的文学理想或者说文学梦是什么？

刘：我是说过类似的话，但那只是打一个比方。"诗意" 是一个非常内在的词，就如同人体内的神经，怎么能轻易剥离呢？小说富有诗意当然是非常好的，但若它主要的特点是富有诗意就有些值得怀疑了。我的意思是说，对于一部小说，肯定有比诗意更为主要的东西，比如作品的原创性、思想性，这就像人的血液和骨骼。像格拉斯的《铁皮鼓》、马尔克斯的《百年孤独》、福克纳的《我弥留之际》、乔伊斯的《都柏林人》等大作品，无不是既富有诗意，又思想深邃。

张：从《葬马头》到《幸福的一天》的乡土写作，您经历了一种审美理念的变迁。《葬马头》更多的是一种独特的生命经验性写作，而《幸福的一天》已经把现实经验虚拟化、魔幻化了，呈现为一种虚构的想象性写作。您是如何创作这两部作品的？

刘：我刚才说过，赋予那些小人物以生命尊严，是我写作的追求之一。从农村长大的孩子都有类似的记忆，就是每个村子里都有那么几个活得窝窝囊囊的人。这些人成为人们戏耍和嘲笑的对象，人们在他们身上得到乐趣，却甚少考虑他们的感受。有一次跟朋友聊天，他说他们村曾经买回来一匹滚蹄子马，走得慢，不能干活，净挨打。我一下子来了感觉，用了不到一周的时间，写出这篇《葬马头》。有评论说这篇小说"显示了尊重万物，敬畏动物生命的大地伦理情怀"，这倒是我写的时候没有想过的。《幸福的一天》也是我观察思考的结果，生活在底层的人同样对美好生活充满渴望，只是现实是一堵坚厚的墙。这篇小说的灵感是瞬间涌现的，我想如果这样写怎么样？大胆一试，就成了现在这个样子。换一种写法，小说的张力就产生了。

张：21 世纪以来，文坛出现了一种从纯文学向历史、人文、社会扩展的新美学原则，其中底层叙述出现了一种影响愈来愈大的写作风潮。您的《幸福的一天》恰好切合了这一风潮，您是有意为之还是无意中暗合了底层写作？

刘：一种写作风潮的形成，肯定有其深远的社会现实背景，底层叙述的写作风潮正是如此。社会的急剧变革使得人口的分布发生了巨大的变化，出现了分配不公和社会不平等现象，引起了知识界的关注、警觉和重视，他们呼吁作家带着良知拿起笔去进入生活，书写现实。这是非常有意义的。但小说的写作首先要看它的艺术底色，也就是说，我们在关注"写什么"的同时，一定不能忽略"怎么写"的重要性。

三、《年日如草》:"70后"作家的突破性写作

张:纵观国内"70后"作家群体,他们在中短篇小说创作领域都游刃有余,表现出成熟的叙述技巧和较为高超的语言组织能力。但是在长篇小说的创作上,整体质量不是很高。正是在这种创作格局下,您《年日如草》的出版让众多批评家眼前一亮,看到了"70后"作家在长篇小说写作方面巨大的思想能量和艺术潜力。请谈谈您是从什么时候开始进行这部小说的艺术构思的?

刘:那几年我短篇小说写得顺,发得也顺,不时被选刊转摘,接连获了两次齐鲁文学奖,上了两次全国小说排行榜,作品多次入选各种选本。我想如果这样写下去的话,类似的成绩有可能还要增加。但我选择了慢下来。当然,慢本身就是写作的一种状态。这时候,也就是2004年,我有了写一部长篇的想法,我在考虑作为个人与这个时代的关系,想写一个在农村长大的人如何在城市生活和扎根的故事。是一部直面城市化进程的小说,也是一部写"变"的小说,写城市之变、人心之变、价值观之变,写在社会的巨大变革中个人所普遍经历的挣扎。一旦下定决心,我就开始有些刻意地关注我的周围。我大量读书,去上海作家研究生班学习,感受不同的城市文化。我在为这部长篇小说的创作做准备。

张:从最初的艺术构思到写作发表,《年日如草》经历了多长时间?您说曾推倒重来,更换过名字,创作过程中经历过哪些变迁和波折?有哪些新发现、新思考、新喜悦?

刘:从最初的构思到发表,大概有五年的时间。开始写的时候并不顺利,稿子推翻了两次后,终于有了能写下去的感觉。一开始不叫"年日如草",叫"跳舞草",写了两次,每次都写到三四万字就写不下去了,把人物写死了,只好都推翻了。我打字慢,但天天磨,几乎没有大的间断,写了十五个月。

所以，写小说得先有一个自己心里觉得合适、舒服的名字。

张：您在《年日如草》中塑造了一个适应现代城市生活的二代农民——曹大屯。他一生都在追寻，寻找人生意义，他从质朴到油滑的蜕变见证着城市对人心的改变。在这改变的过程中，您赋予城市一种什么样的意义？对这个人物形象的最终建构是否不同于您当初的一些设想？您对曹大屯是如何定位的？城市化进程中，人心是堕落了、平庸了还是还原本性了，抑或是其他？

刘：不管我们对城市化有什么样的看法和理解，城市化都是不可阻挡的。实际上，城市远比我们平时认识到的要复杂得多，它不仅仅是人多、车多、楼高、生活方便、马路宽阔，是政府机关、学校、医院的所在地，它更丰富无比，它是万花筒，是多棱镜，既秩序井然，又藏污纳垢……中国原是一个农业大国，1949 年城镇人口约占总人口的十分之一，如今，城镇人口已经超过了一半。这个变化可不得了，想一想，在一个相对短的时间里，有这么多人涌入城市，城市的喧嚣和嘈杂可想而知。而这些人呢？他们肯定是怀揣着各种梦想，在追寻着，在一个陌生的环境里重新寻找自己的位置。而现实又是严酷的，这种撞击势必让人心发生偏移。《年日如草》中的曹大屯们正是如此，他们在艰难地寻觅着，用堕落、平庸，或者还原本性这些词语来形容他们的心，似乎都失之偏颇。

张：老舍的《骆驼祥子》、路遥的《平凡的世界》、苏童的《米》、贾平凹的《高兴》都分别书写了乡土与城市的复杂关系，您如何评价这些作品？您认为在这种城乡二元对立的空间文化伦理格局下，您《年日如草》中不同于以上作品的新思想、新体验、新生活，或者说其独特性是什么？

刘：这些都是经典作品，从不同的方面体现了它们的艺术价值。中国城乡二元对立的独特社会文化结构，应该有更多的作家和学者去关注。尤其是1949 年以后，独特的户籍制度使其变得更为复杂，它改变了许多人的命运和人生轨迹，影响到了人的身份、家庭、爱情、婚姻，以及各种错综复杂的关系，产生了众多悲喜剧，影响了几代人，还有很大的空间需要人们去研究、发掘。这确实为文学创作提供了土壤。《年日如草》发表出版后，您与马兵、房伟、赵月斌等几位师友谈得非常真切，进行了深入的分析。我自己就不多说了。

张：《年日如草》是一部关于城市的小说，您大胆地将小说的背景放在了济南这片非常实在的土地上，是基于一种什么样的想法？可否理解为您想把济南写出来的想法十分迫切，或者说这亦是您将 "济南文学" 转化为 "文学济南" 所做出的努力？

刘：我并没有刻意想做这样那样的努力。选择济南这样一个非常实在的地方做背景是这部小说自身的需要，它是写实的，是一部现实主义作品，它需要借助一些更为真实的东西来呈现人物的命运和时代的变迁，而济南正合适。一是我熟悉这座城市，对它充满了感情；二是济南不像上海、深圳、北京这些城市，本身具有许多符号化的东西。济南是实打实的，正好契合我这部小说的内在气息。

张：面对不断加速的城市化进程，乡下人的出路在哪里？是如《年日如草》中曹大屯的奶奶般固守乡土，还是像老曹和师母那样，分别从 "兽行" 中找到超脱苦难的乐趣，从云游中获得 "新生"？抑或如曹大屯般历尽千辛万苦寻找打开城市大门的钥匙？今天故乡似乎都已远去为一个虚无的梦想，故乡已回不去也尚未被城市接纳，生活在窘境中的人们应如何寻找心灵的栖息地？

刘：是啊，这是一个尤为迫切的问题！我们回不去了，一切都远去得那么迅速，让我们来不及琢磨、思考。当那些坚固的东西已化作一缕烟云，而新的东西还无法凝聚集结，我们的心灵肯定是处于一种悬空的状态。几千年来维系中国社会结构的家（家族）的作用越来越小，像曾国藩 "居官不过偶然之事，居家乃是长久之计" 这样的肺腑之言，在今天人们的生活中，已产生不了太多共鸣了。

张：与中短篇小说的创作相比，长篇小说的创作给您带来了哪些新的创作体验？是什么样的信念支撑您写到最后的？

刘：长篇小说的创作不仅仅是精神劳动，它更接近于一项体力劳动，需要精力、体力、耐力、心力。如何安排工作时间？如何分配精力、体力？这些都是值得重视的问题。我写这部长篇期间，只要不出差、不开会、不参加其他活动，几乎天天都是白天坚持写作三个小时，晚上坚持读书三个小时。长篇小说应避免写得过快，因为写快了无法保证质量；也要避免今天写十个小时，明天一个字也不写，因为这是一项长期、持续的劳动。当然，每个人都有自己的写作习惯和方式，但有一点是相同的，那就是，创作长篇小说需要作家付出艰苦卓绝的劳动。

张：您的中短篇小说创作之路已经走得相当顺利了，在创作的巅峰期却有意识地放慢了创作的脚步而转向长篇小说的创作，这是否意味着您写作题材和风格的改变？

刘：一个作家的创作，还是要尊重自己的内心。无论创作什么，一定要有创作激情。创作激情不关乎写作速度的快与慢，它是包藏在作家心中的一团火，不见得要熊熊燃烧，而应是一团"微暗的火"，应该探向那些"幽暗之地"。所以，对一个写作者来说，写作题材和风格改变与否并不见得多么重要，重要的是这种写作激情。一旦激情消失，写什么都是没有感觉的。

四、超越自我与创作"原典化"

张：任何一种艺术形式都来源于现实，您认为什么是真正的现实？在创作过程中，您又是怎样艺术地逼近这种现实的？

刘：真正的现实是现实背面的现实，是现实深处的现实。文学更能去逼近这种现实，尤其是小说，它可以在虚构中使得现实更为清晰。正如略萨所说的"谎言中的真实"，它往往更有力量，这种力量也更加持久。

张：您曾经在一篇创作自述中说过，您对自己的创作很不满意，认为缺少一种深入人心的力量。今天这种局限是否依然存在？作家的内心与现实存在一种什么样的关系？

刘：对自己的创作我从来没有满意过，直到现在，我几乎没有过成功的感觉，始终被一种失败感缠绕着，可我并不认为这是件坏事。后来我读到作家薛忆沩的一个访谈，他说，可能有成功的作品，但肯定不会有成功的作家。这句话我很认同。作家的内心永远不要与现实和解，否则还有什么可写的呢？

张：从 20 世纪 90 年代的左冲右突，到 2000 年走入内心深处的生命写作，再到后来您在创作谈中提出的，不仅要走入内心，而且要从内心走出来，请谈谈您文学审美理念的探索与变迁。如何"从内心走出来"，走向何方？

刘：走入内心就是走向本真，把文学作为自己心灵的依靠，用心去写作，去感受心灵深处微妙深切的颤动，再审美地呈现出来。从内心走出来，应该是一种更积极、更开放的态度，用一颗充满弹性的心去感受现实和历史。一个能从内心走出来的人，对这个世界的感知和理解是不一样的。

张：您的小说可读性很强，其中有生动的画面、个性独特的人物，简练、精确、老到、富有质感的语言，以及吸引人的结构线索。这种风格是如何形成的？可读性强在创作过程中是您追求的标准之一吗？

刘：谢谢夸奖。一部小说，可读性强是一大优点，我并不喜欢那些不知所云的作品，但可读性是相对而言的，不同的读者对作品有不同的要求和理解。我确实从来没有刻意追求过可读性。但我对语言文字的要求还是很严格的，尽量做到简洁、干净、准确。

张：纵观您的作品，没有躁动的主观化叙事，温情的叙事有效地避免了作家对于作品的过度介入，人物情绪也少有大起大落，呈现出一种温和之美。但这种叙事方式的弊端是语言穿透力较弱，作品的审美震撼力也大打折扣。这是不是您写作中的一种困境？

刘：不错，我的叙事确实存在你说的这种问题。这一是与我前些年主要写短篇小说有关，二是与我的艺术追求有关。我喜欢那些能够给读者提供思考空间的作品，喜欢作者和读者之间存在一种互动关系，不喜欢把主观的东西强塞给读者。任何事物有利就有弊，但我并不认为这是我写作的一种困境。

张：谈到文学，当下惯用的说法是文学边缘化或者文学已死亡。确实，当下人们似乎更倾心于通俗娱乐或者实用性的书籍，纯文学作品的受众越来越少。您怎么看待这样一种现象？

刘：文学边缘化是不争的事实，但文学不会死亡。文学死亡的说法，其实反映了一部分人的忧虑、失望和担心。物质的丰富和大众娱乐化确实让严肃文学的读者越来越少，但文学离生命最近，对美的追求是人生命的底色之一，因此总会有人选择阅读文学作品。还有一点，不管是作者还是读者，一个人如果相信文学在生活中的重要价值，就会获得一份平静和充实。

张：很多人对当代文坛持一种悲观的态度，认为当代文学前景十分堪忧，涌现出的作家数量和作品规模惊人，但真正的经典之作却相对缺乏。您如何看待小说的未来或者说当代文学的未来？

刘：这的确是当代文坛的现实。但不管是哪个时代，经典的作品总是少之又少。即便你是一个悲观主义者，也要相信未来。

张：您是一位阅读学习型作家，业余时间读了大量的文学作品和艺术理论。请谈谈近十年来对您影响最大的作品和理论有哪些。

刘：我读书很杂，不系统，逮着喜欢的书就读，感性大于理性。对自己产生影响的作品很多，很难说哪部作品影响最大。

张：您曾多次谈到文学经典问题，提到文学创作的"原典意识"。请谈谈您所说"原典意识"的含义。这是否为一种对文学创作的经典化追求？

刘：我是在强调一部作品的原创性。经典不经典要留给时间去检验，而一部作品若不具备原创性又何谈经典？一个作家一定要有原创意识，就像福克纳创作《我弥留之际》时一样，要时刻准备捕捉那瞬间产生的灵感和激情。即便倾其一生都没能捕捉到，也应该有这个意识。

张：您是如何评价"70后"作家这一群体的？这一群体的优势和困境在哪里？

刘："70后"这一代作家做得并不差。这一群体的优势在于他们真诚、良好的创作态度，在于他们的默默坚持和不懈努力。他们有属于自己的经验和感受。即便前方是连绵的大山，后面是汹涌的商业大潮，只要坚持用自己的心灵和审美去创作，他们就会得到尊重。他们需要的是时间和耐心。

张：您的作品大都植根于现实，温情写作的背后带给读者的是一种中规中矩的力量。您今后的创作有什么新的方向？

刘：新的方向肯定是有的。我还是要说，慢慢来，写作是一生的追求，作品要一部一部地写。

魏微：
于庸常中重拾开启生活的情绪

一、创作经历与审美倾向

张丽军（以下简称"张"）：您谈过中学时期校园生活的文学启蒙、"内心的狂野"，以及您参加工作最初的情况，能谈谈您的大学生活吗？

魏微（以下简称"魏"）：我没认真念过大学。高考考砸了，胡乱念了个学校。后来考上南京大学作家班，但是我在简历里从来不提，因为我不是正经的科班出身。南京大学是个好学校，但我不想沾这个光。

张：您曾经说您的写作准备并不充足，下决心开始进行创作的起因是受到年轻时女伴结婚的刺激。这件事为何刺激您去写小说而不是散文呢？

魏：她们结婚，我有什么受刺激的？我只是感慨，觉得她们当小姑娘的时光太短暂了。只能说《小城故事》跟她们有关系。为什么不用散文的方式写？因为散文写起来太受约束，不自由。

张：您曾经说从不认为写作是特殊的，大于日常生活，您不认为它是理想，对于您来说它是职业、是生存手段。某种意义上，这是对作家、写作崇高感的一种消解。您认为这种崇高感的消解对于您的创作意味着什么？

魏：我有理想，但我不愿表现出有理想的样子，我不想太强调某种创作姿态，所以才说了这句话。我最怕看到作家摆姿态，很多人都在那儿摆，我看着难受。

张：在今天这个时代，很多人都不敢跟人说理想，怕会被别人耻笑为幼稚或者傻。今天听您谈到理想，我觉得与您是同道中人，我认为这是一个优秀作家不可或缺的东西，所以很想请您谈谈您的理想是什么。

魏：怎么谈啊？我们又不能像小朋友写作文一样，把理想具体化，说自己想做个医生、老师什么的。我们也不能说要当个"好作家"，什么是好作家？标准在哪儿？青史留名？进文学史？获文学奖？著作等身？当著名作家？……我看不是那么回事。所以我想，成年人的理想应该指向一个空的地方，而不是实指。可能真正的理想是我们一辈子也不能实现的，你也不想实现它。于写作而言，你读过一些好作品，好作品之外更有好作品，它们都像灯塔一样照着我们。光影之下，我们暗淡而谦卑，但是写作的意义也许正在这里——我们一步步地往灯塔的方向驶去，希望离它近一点，再近一点；我们常常走一步，退三步，但是没关系。这个过程很重要，就是心里的某一块正在接近那光亮。我想写作的终极意义是在这里，好作品只是附带出来的，而且不可求。我是很看重写作的过程的。

张：您曾经说自己没有系统读过书，您的阅读习惯是"偏食"的。您读过哪些印象深刻的作品？这样的偏食对您的创作有什么帮助与阻碍？

魏：这话是我十几年前说的。我偏食的作品有：卡夫卡的、博尔赫斯的、卡尔维诺的、马尔克斯的……差不多在写作圈里受到追捧的现代派作家我都喜欢。国内的是《红楼梦》《三国演义》《水浒传》。现代文学作家里喜欢张爱玲、钱锺书、萧红，我认为他们仨是天才。后来加了一个鲁迅，我认为鲁迅是大于天才的，他是大师。所以我想，读鲁迅得有一定的年龄做支撑，我很难想象自己二十多岁的时候会喜欢鲁迅，那时被中小学语文课本弄坏了胃口……搞不清楚这种偏食对我的写作是否有帮助或阻碍，可能阻碍更多一点吧。我那么喜欢现代派，但我的小说里很少有现代派的影子，究其原因是我不想"抄袭"。我想化用好，化成中国的东西，但至今也没找到路子。

张：您说得很好。请谈谈您阅读鲁迅的"渐进过程"和心得感受。您对

现代派的理解非常有意思，我认为触及了现代派的内核。您是如何实现现代派"中国化"的？为什么说"至今也没找到路子"？

魏：我年轻的时候拒绝鲁迅完全没道理，可能是出于逆反心理，觉得他太主流了，被捧成"神"一样的人物。记得从小学一二年级开始，我们就在那儿摇头晃脑地背，其实小孩子能读懂什么？这种教育方式蠢得很，除了让人想要逃离，大概很难有什么好结果。到了青春年代，当然是喜欢那种才华横溢的文字，所谓华章丽藻，一打眼就很惊艳的，像钱锺书、张爱玲的文字都呈现出了这样的特性。而鲁迅是必得洗净铅华之后才能读的，就是人到了一定年岁，眼里不仅仅只能看见漂亮文字了，更想看见漂亮文字之外的很多东西，鲁迅呈现给我们的正是这样的东西。鲁迅的文字也很好，但它不属于青春激扬的文字，这个人一出生就老了。他用那种老咔咔的腔调说话，也平静，也愤怒，也偏激，也公允，这中间有无穷的张力，于是文字的魅力就出来了。我是从读鲁迅开始，意识到文字的魅力不仅表现在修辞上，甚至不仅是为了"达意"，而是完成"达意"之外还有些别的东西……我的意思是，鲁迅有把握事物复杂性的能力，也有把复杂的事物写得简单清楚的能力。具备这种能力的，百年文学中大概仅他一人。至于现代派，我以前用过"嫁接"这个词。我说现代派和本土的结合，不是剪个外国的花花草草插进我们的土壤里这么简单，我们得化，化成自己的血肉、筋骨。举个最简单的例子，我说《百年孤独》里的那块地毯只能在拉丁美洲飞，在中国它飞不起来，这是我们这片土地的气质决定的。现代派和本土的结合，我想应该从我们的古典文学里找头绪，从《离骚》开始，从我们的诗词歌赋、神魔小说里理出一条线索。当然，这些都是泛泛而谈，当真做起来还是很难。

张：您是否想过今后制订一个长期的阅读计划，有意识地去吸收某些艺术经验，从而充实、丰富自己的创作呢？您认为有这个必要吗？

魏：我正在做这个事情，已经做了七八年了。但我不列读书计划，而是由着性子读。但这样说也不对，因为有几年，我刻意地不读文学书，尤其是小说，觉得随便读什么都比小说有意思。这是因为，我在小说里浸的时间太长了，晕了。于是我就索性放下小说去读别的，以期将来蓦然回首，能找到一种与小说初相识时的惊艳。所以前几年，我就去读人文社科方面的书，可能历史类读得偏多一点。总之好书越读越多，发现时间不够用了就很懊恼，觉得前面浪费了太多的时间……其实我现在读书没有一点功利性，没想过要去借鉴什么艺术手法。就小说而言，形式探索也就这样了，从前走得太远，导致后来者要花很多时间来纠正。当然还是要探索的，要不好内容出不来，出来了也是陈词滥调。所以小说写到今天，就会觉得越来越难。要找到一些新鲜的表达，而新鲜的表达不单是新鲜的词语、新鲜的视角，可能还要有一个总体上的体察。这个慢慢来吧。但是我读书主要不是出于责任感或问题意识，而是一种乐趣。

张：您曾经有一份安稳的工作，您也说过如果不从事写作，自己也会过上庸常的生活。您如何定义"庸常的生活"？但您的性格似乎决定了您注定不会选择那样的人生，您的个性是怎样的呢？这样的个性对您的创作和写作风格产生了怎样的影响？

魏：那你不了解我，我要是做个小市民，没准也挺像样，成天柴米油盐，发一点小财就开心。我要是做白领也挺好的，现在至少是高管，因为我敬业、诚实、踏实，具有良好的沟通能力。只是因为后来从事写作了，这种能力没得到加强。基本上我是做什么像什么的人，因为我看重专业性，从事哪一行都讲专业性。写作当然也不例外，我希望尽可能做好自己的专业，不当混子，不人云亦云，有自己的理解，超脱于功名利禄。这就是我对专业性的理解。

张：您说您还不曾有一篇严格意义上的爱情小说，您的小说中向来没有或者很少出现直接的性爱描写。这是一种刻意的回避吗？小说中性描写的缺失对您作品的影响是什么呢？今后是否依然会去回避呢？

魏：这个问题挺难说的。我认为爱情小说很难写，千百年来基本上被写得穷尽了，再难写出新意了。当代作家不写爱情，去写身体，可能也有这方面的考虑。但就我目力所及，多还是滥调，哪怕进行了形而上的追问，至多追问到虚无，再不能给出新东西了。十年前我看过一部小说叫《我和王小菊》，是我读的写男女关系最好的文本，因为新鲜，没人那样写过。它追问不追问已经不重要了，它就是花里胡哨，指东道西，看上去很繁复，骨子里又很单纯，是那种很干净的小说。我认为写作的意义正体现在这里——在一群人的写作里，你总归得给出一点新鲜的东西来，要么题材，要么观点，要么形式……相对于新鲜而言，深刻什么的全得往后摆。我的意思是，文学最可贵的品质是创新，而不单在于思想。我写爱情少之又少，可能跟我的喜好有关系，我实在不愿在这方面花一点脑筋。我不觉得这是缺憾。反而写了是缺憾，因为写得不好。我读我以前的小说，稍有涉及男女关系的（甚少），恨不能删干净才算。人的心理是这样的吧？上了年岁就纯净了。当代作家里有很多热衷探讨男女关系的，待到中老年回头看，一定会哑然失笑的。所以，下笔要慎重啊，哪怕写给自己看，也要防着有一天会把自己看得毛骨悚然，起鸡皮疙瘩。我看现代作家就没这个毛病，个个写得很含蓄，很文雅，连粗口都避免，我读了就很欢喜。我现在很奇怪，读小说读到一句"他妈的"都会想，这句脏话是必须的吗？我啰啰唆唆，不知把你的问题回答了没有。

张：您在《每个人的文学青年时代》中说，每个人作为文学青年时总会有那么一段黑暗的日子，作品无法发表。您那段黑暗的日子是怎样的？支撑您走过那段日子的精神动力是什么？您认为该如何评价您那时的作品？

魏：我不需要什么支撑，我并不一定非当作家不可。那几年我正好是个文青，在南京大学念作家班，总归要写点东西的。我想发表，想当个作家，但是当不成也无所谓，我并不一定非要这条路走到黑的。我认为我早年有几篇东西写得不错，配得上发表，现在还能看。

二、小城叙事中的故乡与亲情

张：《异乡》中的主人公经历了在北京的漂泊，希望回到故乡得到安慰。回去之后却发现吉安的一切都变了，心目中的田园变得面目全非，失去的不仅仅是故乡那种世外桃源的宁静，似乎也失去了心灵栖息的一片净土。您似乎不喜欢这种变化，您怎么看待这样的改变？

魏：我来说说我对"田园"的看法吧。其实我没有一点儿田园情结，我脑子里进不来风景。我若是下乡住几天，哪怕住在茅舍里，四周是竹径、江河、春光、鸟鸣，我也没兴致看它们一眼。大概我会躲在茅舍里读书，读到两百多页，我就会很欢喜，跟自己说，今天没浪费，我读书，想事情了。我脑子里会闪过一些山河日月，但它们无关风景，而是跟人生紧密相连。我会计算这一天在我人生里的位置，那么虚无缥缈的一生，却度过了实实在在的一天，想到这一点我会很高兴。我也极少有故乡情结，从前小说里写到故乡，是因为我在那儿生活过，很熟悉，而不是因为爱。故乡现在住着我的父母、弟妹，若不是因为他们，那个地方跟我是没关系的。说这句话会遭人骂的，尤其是我的老乡们，但却是真话。大约我很小气，因为青少年时代的家庭变故直接伤害到我了，我记得很牢。其实田园、故乡什么的，我本应该写一写的，因为里头有一些新东西，异于人们的一般理解，就算是一家之言吧。我身上若是有情结，那便是县城情结。县城长大的小孩有一个共同特征，就是想尽可能地离开家乡，往大城市跑。那种奔跑的姿势真是很无情的，是决不犹豫，决不回头的。从前人有 "衣锦还乡" 这一说，好像在外面做事是为了做给家乡人看的，那说明他们心里还有 "故乡"，我是真的没有。我做事、写作都是给自己看的。有那么几年，连我父母都不知道我在写作。后来同学知道了，传出去了，虽然只是小范围的，但我心里顿觉遗憾。现在我生活在大城市了，但是老实说，我也没觉得大城市跟我有什么关系。曾经有人说过，我跟什么地方都没关系，乡村、都市、县城、故乡……我觉得说得挺准确的。总之，田园、故乡什么的是不能用来寄托的，当真走进去不是那么回事儿。

张：您对田园的看法与我对您的认识是不同的，您的作品中有很浓郁的乡村意识和价值取向。您愿意继续谈谈县城情结吗？您是否喜欢贾樟柯电影中的 "县城叙述"？

魏：我看过《小武》的剧本，是贾樟柯本人写的，文笔蛮好的。他早年是个文青，文笔要比很多作家都好。《小武》里充塞着 "县城味"，我太熟了，原汁原味的，所以特喜欢。就是那种特别质朴的东西，很羞涩，很忧伤，很少年——因为我跟他是同龄人，都是逃离了以后回头看 "县城"，所以那个味道就出来了。什么味道呢？就是那种很 "老旧" 的街巷，里头充塞着年轻人，蛤蟆镜、喇叭裤，流里流气的，所谓小县城的时髦；还有录像厅、游戏机、台球厅，男孩子们向漂亮女孩吹口哨……他是小男孩视角。而我是小姑娘视角，我看着"小武"们，心里蛮喜欢的。可能也不叫喜欢，是自以为懂得他们，但我从来不跟他们讲话，怕惹是非，不愿给我父母丢脸。我看见他们在路边打台球，就把自行车骑得飞快，连看都不看的，也许是不敢……呵呵，大概那时我就知道，我将来是要长成良家妇女的，所以刻板得要命。但是心里很敏感，后来我把这些敏感都写进小说里了。《小武》应该是贾樟柯最好的作品，他后来的电影像《三峡好人》，我没看出多大意思来，其实是不好。创作者到了一定阶段，他的野心出来了，藏不住了；也许是很潇洒的，他开始"玩儿"了。这是很要命的，原先那种真诚的东西没有了。也许他想有，但老实说，真诚、质朴这一类的品质，不是想保持就能保持的。成长是件太残酷的事。

张：现代文学和俄罗斯文学中有很多自然风景描写，与人物的内心风景交相辉映，彼此交融，取得了很好审美效果。近来，我在读格非的《人面桃花》，内心突然有了一种触动，作者描绘了一个"江南"。同时，读当代作家作品，有时会有不够从容、较为局促等感受，是否因为风景书写的匮乏？

魏：我想过这个问题，但没想清楚，当然做得更差。我是说风景描写，一旦出现在小说里，我很少看到有写得精彩的。像《红与黑》，一连十几页的风景描写，我看了真头疼，因为我没看出来那跟于连的堕落有多大关系。风景和人隔着老远，我怀疑作者是为写风景而写风景，他本人没"在"风景里。他想写出那个时代的世风，而风景也许是世风的一部分。我读俄罗斯文学，大量的风景描写也全跳过去，读不下去，很有隔膜。我要举相反的例子，就是我们的唐诗，因为我最近正在读，感触很深。我读唐诗里的风景，读到什么程度？读到身心荡漾，那就是作者把你带进去了。像"黄四娘家花满蹊，千朵万朵压枝低"，读到这两句，我真是高兴啊，因为杜甫写的时候就很高兴，他安居下来了，走在暮春里……你想象吧，什么人才能写出这样的句子？前提是，他一定得在风景里，他与风景合二为一了。像王维的田园诗，有很多是纯风景的，所谓"空山不见人"，但你知道，他字字都在写人，写他自己，那真叫好啊。所以我说，我没想清楚这个问题。现代小说里的风景描写当然是必要的，人世间很多复杂难言的情绪、事物，都可以通过风景描写来深化。但我觉得很多人没写好，也许是表达的问题，这个可以再探究。《人面桃花》我没读过。

张：《异乡》中许子慧的事业走向成功时也并不快乐，《化妆》中嘉丽也是一样。在这个时代没钱充满了苦恼，有了钱似乎也并不意味着幸福。可是我们又身处这样一个消费时代、商品社会，钱对于人们似乎那么重要，但得到之后却又感觉并非自己真正想要的。您怎么看这个问题？您认为什么才是快乐与幸福？

魏：我现在都不好意思说我幸福、快乐，别人肯定会以为我很假。而且我是写东西的人嘛，说这种话得有多大的胆量啊？尤其是现在，幸福和快乐越来越抽象了，有几个人能拥有？我身边有一些女性朋友，日子过得很安逸，可是痛不欲生，跑过来跟我聊。我说了些自己的生活，她们就笑了。笑什么呢？笑我现在很"励志"。我也觉得自己很不像话，有点对不住她们，因为原来是属于同一阵营的，是大多数"受苦受难者"中的一个，现在我把她们抛弃了，自己"享福"去了。我一享福，就忘了当年我受苦时的感受，那种生命的虚无感、焦灼感，连荣华富贵，乃至爱情都不能拯救的幻灭感。我曾经以为这是种很高级的情绪，但是现在呢，还是觉得低了些，没拔上来。我这么说，不代表我现在多么的"超凡脱俗"，但是这七八年来，确实有很多东西都不在我脑子里了，好像轻松了许多，有种解脱感。解救我的当然是书籍，但不是小说，也不是西方的书，而是中国的古书。也许是麻醉剂吧，但我觉得很好，读进去了，跟古人在一起，现实、时代渐渐隐去了，但生命的意义得以凸显：不是焦灼的，而是平静的，这背后有几千年我们阔大的历史背景做支撑，一想到这里我就很淡定。总之我读书，没有用之于文学，而是用之于生命，在我看来是极好的一件事。

张：您的作品中政治事件永远只是一个大的背景，小说中的人、小说中的城似乎永远远离政治纷争。就算在《家道》中，您也是带着深刻的自省着重去审视世态炎凉、人情冷暖。远离政治，是刻意为之还是下意识的？这对您的作品有什么样的影响？会不会造成某些历史与人文深度的缺失？

魏：是刻意的，也是下意识的。我的美学观是这样，政治是暂时的，而文艺永恒。先不说政治，我对时代算是比较敏感的，但最近我在想，甚至对于时代的书写，都不及对于人生的书写有意义。这两者当然不能分开说，但我分开说，你知道我想说什么。至于是否造成历史与人文深度的缺失，我一点儿也不在乎。写小说不是卖弄学识，单看鲁迅的小说，《阿Q正传》和《风波》写得多好，你能从中看出他的学识么？辛亥革命对他来说是"当代事"，而他是在写人，写生活，顺便"带"出了他的时代。《围城》好不好？当然好！抗日战争，多大的事儿，可钱锺书写了什么呢？我想说的是，政治也好，时代也好，用在小说里必须是"带"出来的东西，不能直接写，否则就没味道了。比如唐诗——不好意思，又拿唐诗说事了，因为最近正在读，举例方便——我就觉得，那些最好的边塞诗全是侧写，正因为侧写，我们才能感受到诗味。我们的文学受俄苏影响太大，我说不上这是好事还是坏事。直到现在，我们的主流批评界还在一边倒地呼唤宏大叙事，什么时代、历史、意义、深刻……这个风气很坏。我认为小说衰落到今天这一步，跟这种风气是有关系的，因为艺术性被搁置一边了。没有艺术性，小说还能活吗？

三、人生、生活哲学探索

张：作家从写短篇向写长篇的转变是一个质变，作家的第一部长篇对其创作意义非凡。您在创作长篇小说《一个人的微湖闸》时，写得顺利吗？在这个转变中有没有遇到什么困难？是怎样克服的呢？

魏：还算顺利吧，十几万字写了一年，在我已经是很快了。其实谈不上质变，都没什么准备，当时《小说界》的魏心宏老师约了几个年轻作者写长篇，于是就写了。这件事情说明什么呢？大概人在年轻的时候，写作真的不需要太多的准备，只要情绪饱满，就能够敷衍出作品来。情绪可以掩盖很多东西，像我现在写长篇，会考虑到结构、人物什么的，写起来硌得慌，因为里头有设计。而当年的写作不是设计出来的，而是完全凭直觉，水到渠成，呈现出来的是一种很天然的东西，可以说不像小说，但正是我心目中理想的小说。我现在自然写不出来这样的小说了，因为年龄渐长，情绪削减，写作要靠经验、"学识"来支撑，这已经是次一等的写作了。

张：我很赞同您对于理想小说的看法。您认为作家是否有"体验生活"的需要？或您觉得现在应如何"重新开启生活"？

魏：各人的方式不一样。我应该不会主动去"体验生活"，那太外在了，煞有介事的样子。而且我也不以为，那些奋战在第一线的作家，比如下乡挂职的、参加抗洪救灾的、支边支教的，就比我站在阳台上看见得更多。因为他们看到的不是生活的常态，只是偶尔所见，路人一般，他们本人并不在那些生活里头。我的意思是，要想了解一种生活，必得把自己砸进去，有感情，有情绪，全身心投入，最终成为这种生活中的一部分。这在我们写作之前谁都有过，所以童年经验、少年视角才会显得格外珍贵，一旦当了作家再去"体验生活"就全变味了，是很难走进去的。我也许太主观了，就觉得对于写作而言情绪是最重要的，就是那股子精神头儿，特别饱满、热情、冲动……其实这一切的支撑点是爱，我已经很多年不用这个词了，现在壮着胆子一用，是发现当初写作时的自己又回来了一些。不知道这是不是你所说的"重新开启生活"？

张：我认为您的小说中往往有一个"自我"和一个"超我"的存在。"自我"是安逸的但又是单调的，像日常生活；"超我"是富有激情的但又充满了危险。您怎么看待这两种人生？另一方面，在冲破一时的自我、获得一时的激越之后，久而久之是否依旧会走向安逸与庸常，又陷入另一种自我？您怎么看待这个问题？

魏："超我"的背后是生命能量在作祟，所以就折腾呗。好不容易推翻前面的，换来的却跟以前没什么两样，如你说的，"依旧是安逸与庸常"；如果还有能量，那就再折腾呗……歌德不是到了七十多岁还闹着谈恋爱么，一般人比不上，扑腾几下也就消停了。

张：您在作品中经常会从孩子的角度去讲述童年与故乡的人与事，如《一个人的微湖闸》《乡村、穷亲戚和爱情》《姐姐和弟弟》等。小说中成年人站在孩子的角度去回忆、感受童年与过往的一切，以孩子的口吻去表达感情。这样写，很大程度上是不是带有成年后的感想与思维？是不是一种变异了的童年感受与回忆？例如《一个人微湖闸》中的小桔子、《姐姐和弟弟》中的姐

姐，在思想与感情上感觉都超越了那个年龄，有时候多情与成熟得让人难以置信。您怎么看待这个问题呢？

　　魏：你可能是健忘，记不得你小时候的心理感受了，要不你就是那种很迟钝的小孩子，而我写的是那类敏感的小孩子。

　　张：您曾获鲁迅文学奖、人民文学奖、中国作家大红鹰文学奖等奖项，您对各种文学奖项的设立是怎么看待的？这种文学机制对您的文学创作有什么影响？

　　魏：没什么影响，获得鲁奖最大的好处是帮我找了一个铁饭碗，要不我现在肯定写电视剧去了。其实文学奖项不是标准，连诺贝尔奖都不能成为标准，更何况其他。但国内照样有人很看重。我自己得过一些奖，心里坦荡又透亮。坦荡的是，我没有因为任何奖而动过小心思，更别说有什么小动作了，获奖前，有些奖项我事先都不知道。透亮的是，真正的作家心中是有一杆秤的，你的文字是什么程度一打眼就知道，跟是否获奖，读者多寡，名声多大没多少关系。就把文学奖当作游戏好了，我是这么看的，但很多人不这么看。

　　张：在未来一段时间或更长时间，您有什么创作计划吗？您是否计划改变自己写作风格？

　　魏：正在尝试吧，从《沿河村纪事》开始，还有一篇《胡文青传》，都是跟以前不一样的东西。写得好坏我已经不在乎了，我在乎变化。

金仁顺：
以沉静之心建造心灵后花园

张丽军（以下简称"张"）：童年时代的经历会对作家的创作产生深远影响，鲁迅就因为幼年的经历而冷静尖刻地思考世界。我了解到您的童年与煤矿有关，您也曾提到"我在这群人中间长大，在这些故事中间长大，我习惯见到一些缺胳膊少腿的人，我也习惯于见到死亡"。那些司空见惯的死亡是如何在您的内心沉淀的？您如何看待那些轻易发生的死亡呢？请谈谈您的童年生活。

金仁顺（以下简称"金"）：我爸从工业学校毕业的时候被要求下基层，他就下到了煤矿。我是在煤矿出生的，也在煤矿度过了少年时光。我住的那个地方有些特殊，它由三部分组成：小镇、一个大型的国营煤矿、一个中型的国营冶炼厂。周边是蔓延开来的农村。回想起来，居住环境相当丰富多元。

煤矿工人的工作不见天日，脏累不说，还挣扎在生死线上。他们收入高，但花钱大手大脚，性情又暴烈，动不动就打架斗殴。小镇原来的居民很讨厌这些 20 世纪 60 年代末突然涌来的工人们，而冶炼厂的工人们也自有他们的骄傲，所以几方各有自己的世界，互相不买账。可想而知，我们那儿的社会治安很成问题。派出所所长跟我们家是邻居，我对他的制服、腰间那条宽宽的皮带及手枪印象深刻。仿佛连带着他那个人也发出腥冷的气息。

煤矿总是经常死人的，残疾的也多。但因为有钱，矿区生活又异常生机勃勃，文艺活动尤其多，这种活跃和繁荣把死亡和伤残事件变成了背景。对小学生、初中生而言，死亡既在身边又在远处，暴力事件也是一样。我就是在这样的氛围下长大的。

张：您在早期作品《五月六日》《鲜花盛放》《恰同学少年》中书写的都是少年，他们都有着看似并不符合年龄的早熟与残忍。祁政见到田原原落入深井时所表现出的极度冷漠；李紫死于同学们的嘲笑与嫉妒……一群本该天真无邪的孩子身上却充满了成人间的报复与陷害。为什么在您的心中孩子也如此冷酷无情？除了您童年时关于死亡的经历，还有什么促使您写出如此冷酷的故事？您对于儿童的这种早熟又是如何看待的呢？请谈谈您少女时代的生活。

金：我作品中的主角是少年，跟我自己在煤矿时的年龄有直接关系。年龄、记忆跟环境、事件息息相关。我并不认为孩子的天性冷酷无情，但那个年龄段的孩子们确实在很多事情上表现得既冷酷又冷漠，他们对于人生还是个"新兵"，还不懂得怜悯为何物。我写这些孩子的时候已经长大和远离了当时的环境，但也恰因为如此，我看他们看得清晰，脉络分明。

张：您什么时候萌生了当一名作家的想法？第一部正式发表的作品是什么？是怎样创作和发表出来的？

金：很晚很晚我才觉得自己是个作家。我从来没有过这样的奢望，认为自己能当作家，写出什么响当当作品之类的。即使在我写作了一段时间并且发表了一些作品之后，我也没觉得自己是个作家。作家对我而言，是世界上最最意味深长的称谓。但后来我不断地被外界这样认定并称呼，而且从职业上说，我还是"专业"的，所以，不是也是了。

大学的时候我发表了一些小说，十万字左右，那应该算是我为写作做的准备和练习。1996年我在《作家》杂志上发表了一篇小说叫《爱情试纸》。算是我第一篇正式发表的作品吧。

张：您毕业于戏剧专业，对于写出一个好故事的要求一定很高。那么这种写好故事，写新颖且具有戏剧张力故事的内在要求，是不是您最初写作风格冷酷而内敛的一个诱因？请谈谈大学时代对您的影响。

金：我读的是艺术学院戏剧文学专业。相对于其他中文专业的学生而言，我的文学体系缺少坐标，杂乱无章。这对于写作倒无伤大雅。我对戏剧性确实很有兴趣，但当然，不是晚报新闻的那种戏剧性，而是真正源于人物内心世界的、充满张力的那种紧张感和荒谬性。好的戏剧中，每句台词、每个动作，甚至沉默，都负载着使命和意义。这一点确实对我的小说写作有影响。

张：您的作品多数都以悲剧收场。有人认为您的作品"埋藏着悲剧性的，近乎残酷的宿命苦果"，您是怎么看的呢？古往今来的戏剧中，悲剧更能触碰人的灵魂，您的创作是否受这种悲剧情怀的感染呢？您是想用悲剧来深化您作品中的故事，还是您本身就带有这种悲剧的情怀？

金：人是脆弱的，人性是复杂的，生命是无常的。这几样因素集中在一起，悲剧结局是自然而然的，不是我刻意这样写，而是生活原本如此。我很希望自己能写些喜剧故事、温暖的故事，但前提是，这种喜剧和温暖是真实、不做作的。这个真的很难。

张：您的作品《水边的阿狄丽娜》被改编成电影《绿茶》，您有没有看过呢？您觉得这种改编是升华了《水边的阿狄丽娜》，还是仅呈现出了其精彩之处，抑或是没有达到你想要的效果？

金：刚刚公映的时候，觉得还不错。遗憾当然也有很多。但对于一个短篇小说的衍生物而言，过得去吧。2010 年，我又看了一次这个电影，就非常不喜欢这个电影了。对白如此油滑，令人汗颜。

我后来参与了另外一部电影《时尚先生》的创作，它的阵容没有《绿茶》那么豪华，形式上又不许我做根本改动。电影因为反映时尚生活，难免浮华浮夸，但那个故事和人物的品质，相对而言倒是朴实真诚的。但谁知道呢？也许过几年，我会再度汗颜也说不定。

张：您非常欣赏的中外作家是哪几位？喜欢他们的那些作品？他们对你的创作产生了什么样的影响？

金：这个单子要是列起来，真是太长了，一定要说吗？

这么说吧，每个时期喜欢的作家作品都不同。有些作家作品是一以贯之地喜欢，什么时候读都喜欢，像马尔克斯；有些则随着时间淘汰掉；而有一些以前没发现有那么好，随着阅历的增加，回头读，越读越好，像托尔斯泰。

我现在喜欢的作家，是理查德·耶茨这类的，诚恳、真实地描摹人生，像卫报说的"耶茨是个讲真话的无情作者，他从不考虑让读者心里好受点儿"。而且即使经过翻译，文字也仍旧精准、精彩得让人吃惊。

张：您的作品中很大一部分是描写爱情，都市爱情故事在您的笔下充满了浮华与游离。在您的作品中爱情是脆弱的，欲望与冲动才是支配感情的原动力。您试图用各种爱情故事探寻人性和情感的肌理，那么您在这种探寻中有没有找到爱情本来的样子？或者说您在用这些故事质疑和揭露什么呢？是想用冷酷的爱情故事击碎什么吗？

金：就如同你说的，爱情是脆弱的，欲望和冲动才是支配感情的原动力。我们对爱情有各种各样的质疑，但谁都不能否认，爱情是生命中的传奇。人生如果没有爱情，那该多么乏味。

爱情充满不确定性，能让人上天堂，也能让人下地狱，还能似是而非、似非而是地暧昧不明。激情消退后，它又因为跟婚姻关系挂着钩而对家庭和社会影响深远，这样的主题，文学怎么能回避？

至于冷酷，我小说里面的爱情冷酷吗？我并不觉得冷酷，最多是直面现实吧。爱情容易让人耽于幻想，而幻想是非常不可靠的。我写爱情的时候，只不过是在孔雀开屏时把它的背面也展示出来了而已。

张：您的发表从 1996 年开始，至今您的作品数量并不算很多，但您作品的笔力却是沉厚的。您对写作的态度如此认真，那么写作对您来说意味着什么？写作给您带来了怎样不同的人生呢？

金：写得多或者写得少，都是习惯而已。除了收入上有差距以外，对大多数作家而言没有太大区别。有些时候，少就是多，多反而是少。

人生很短暂，能让我们认真对待并且一以贯之地保持严肃态度的东西并不多。文学，至少小说写作对我而言，不只是职业和兴趣。随着写作时间的增加，它类似于我的信仰。有些东西，只有在你真正陷入其中并抵达一定的深度时，才会明白个中的奥妙和意义。

写作最了不起的地方，是给予了我一个内在的世界。这个世界的存在，使我可以在外部世界的动荡中保持平衡。而且每篇小说，无论长短，都是一个走向自己内心深处的通道。这种沟通非常迷人。

张："写作，或是任何形式的艺术创作都不仅仅是自我表达。这是一种交流。"这是当代小说家雷蒙德·卡佛说过的一句话。您的作品也绝不仅仅是一种自我内心的简单表达，更是在通过小说在与读者交流。您的爱情小说总是充满着神秘与受挫，您想用这样的爱情故事与读者交流怎样的爱情观呢？

金：爱情观说到底是人生观的一部分。当然爱情有很多偶然性和不确定性，爱情的功用太多了，既能让人把最真最好的部分袒露出来，又处处都是伪装和表演，同时还是白日梦最适合的空间。多少女生以为自己是暂时沦落市井的灰姑娘，早晚能邂逅王子；而多少男生以为自己能遇到朱丽叶，纯情、富有，愿意为他殉情。醒醒吧，爱情不过是个荷包蛋，每天都能见到或者吃到。荷包蛋，往深刻了说，月色清明和太阳朗照并存；讲实用，它营养身体和神经，价廉物美，多么好！

张：您作品的语言可以用干净来形容，没有繁复的词汇，只有深入灵魂的文字幽灵。很多先锋作家喜欢玩弄文字，将文字作为一种挫伤读者阅读经验的手段。他们认为这是一种新文学，是先锋性的体现。那么您对好的文字是如何理解的呢？

金：我个人的理解是，好文字比美貌、美景更加赏心悦目，因为文字直抵心灵。好作家通常有好文笔，而所谓好文笔，至关重要的是"准确"。增一分则长，短一分则短，施朱太艳，敷粉太白。而准确本身带来的优美，令人回味无穷。

张：您作品的结构都很简单，沿着一条线索写下去，视角也并不像许多先锋作家那样，做随心所欲的空间转换。您的长篇小说也呈现出传统的叙事结构。您是怎样看待传统叙事方式的？对于现代与后现代的形式实验您是如何看待的？

金：刚开始写小说的时候，我也"探索"过。我写过一些形式大于内容的小说，比如《听音辨位》《名叫马和》之类，但写得越多，越觉得那种浮华的形式并不重要。相反，线条简单，故事的含金量反而会相应地增加。传统的叙事方式并没什么不好，旧瓶里装的东西有无真正的价值、有多少价值，才是重点。

写作时间越长，我对于现代以及后现代的形式实验就越没兴趣。尤其在现在这样的时代，抖机灵，玩形式，完全可以选择其他的领域。当然我这么说不是说写作就该从此停滞不前，只向后看。事实上，写作的内容跟时代精神是血肉相融的，它的与时俱进、与时俱变是必然的。

张：您的作品《春香》写得华贵唯美，大气磅礴。但相对于文字的华美，人物的命运与人性的叩问显得有些轻了。您在写给《收获》杂志程永新老师的一封信中表达过您写作长篇的困扰，请谈谈您的长篇之困。在写作《春香》时您是否也遇到过写作的困扰呢？在《春香》中您的困扰是否得到了解决？

金：写《春香》初稿的时候，我心态相当放松，只想写故事，写人物，好玩儿的那种。但完成初稿后，所有关于长篇小说写作的问题一一摆到眼前，我这才发现，我还没准备好写长篇呢。所以，这个小说就放下了。此期间我在《收获》上发表了两个短篇小说，《爱情诗》《彼此》，跟程老师时有交流。他想起来了就会问问我，有没有改《春香》？我说没有，说说也就放下了。2007 年他又打电话给我，还是希望我能把那部小说写出来。我想，作为素材放了这么久，也确实到了该有个结果的时候了，于是下决心改，就改成了现在这个样子。要说困扰，现在也是困扰的。我觉得写作中的困扰或者说困难是永远伴随的，写每部作品的困扰和困难都不同，但都存在。

张：《春香》在故事情节与人物性格上都很像您早期的一部短篇小说《伎》。您在写作《春香》时，是否在继续书写《伎》中的许多故事？《春香》又在《伎》之外揭露出了什么？您觉得《春香》的创作是否存在遗憾？

金：二者本来就是从一个民间传说里面衍生出来的。《伎》是短篇，还是过于简单了些，无法把这个故事的复杂性呈现出来。所以，在写完《伎》七八年后，我写了《春香》。

《春香》有很多不足，但我倒不觉得怎么遗憾。它充分体现了那个时期我写作的特点。

张：您在散文集《时光的化骨绵掌》中曾说过，"写作十年，我的生活如今可以用'沉静'来形容。我的写作始终不能——我也不想——把'超越'、'理想'、'崇高'之类的词具象化。对我而言，写作更像是一个可以独处的房间，能让我看看树，看看天，无所事事"。您的写作是完全个人的事件，您似乎并不想进行自我超越。您遵从内心来写作，是什么让您对于写作有如此沉静的心境？是什么让您的内心如此平静又如此深刻？

金：我是在阅读中成长，在阅读中成熟的那种人。学校教育的意义对我倒不大。阅读是令人沉静的。

在写作上，我没有什么野心，也没有什么目标，顺其自然。劳伦斯有句话挺逗的，"我做的是艺术。如果我想写，我就写；如果我不想写，我就不写"。在当下中国，纯文学写作能带来的名与利可以忽略不计。但遵从自己内心的需要，想写就写，不想写就不写，写作这件事是多么优雅奢侈啊。

张：您的作品大概可以分为三种类型。一种是少年青春小说，一种是都市爱情小说，一种则是古典爱情小说。这些小说很少涉及地域背景，很少触及时代与历史，虽有时代与历史的外衣却很少深入探讨故事与之有什么关系。您为什么不将地域的标志写得更强烈、更清晰呢？

金：不强调背景的好处是，读者会把注意力都放在小说的故事及人物身上。就像舞台上的追光，起到突出强调的作用。太阳底下无新事，时代不同，地域不同，但人性是相似的。在人性方面挖掘，远比罗列背景有意思。

有些小说中，比如古典题材的，我还是多写了几笔的，尤其是在衣食住行上。一方面这会让小说更有质感，另一方面是这些闲笔里面处处埋伏着人物的情感。

张：您是朝鲜族，这种少数民族身份对您的写作是否有影响呢？您的一些朝鲜族叙事作品写得很好。《桔梗谣》写得很温暖，也很动人，后来的《春香》在一定程度上延续了这种细腻的温情力量。这是不是您写作的另一个路数，抑或是一种新的突围与人生发现？新作《爱情走过夏日的街》与您的短篇相比也少了早期的冷酷与寒冷。是什么让您将作品写得如此温暖，不见了

冷酷人生的沉重思考，只有对温情的一往情深？

金：年纪渐长，阅历增加，难免发现少年时代的锋芒虽真诚却也幼稚。这样就难免想写点温暖人心的作品。但写这类作品的前提是，不能虚伪。

朝鲜族身份对我而言是个很重要的符号，以前我只在古典题材创作方面涉及朝鲜半岛背景，但后来我陆续写了《桔梗谣》，还有《梧桐》《云雀》等小说，视线放在了当下的朝鲜族人群中。但《爱情走过夏日的街》不能算数。它不是小说，是个影视故事。

张：在您的作品中，女性总是飘忽不定又自立自强的。她们对于身体并不坚贞，而对于爱情也并不坚定，如《月光啊月光》《爱情冷气流》中的女人、《啊朋友，再见》中的白芷。您对于这类女性是如何看待的？是什么造成了她们的爱情错位？

金：爱情对很多人都是错位的，只是千姿百态的人有千姿百态的错位方式。在现在这种社会，女人常常是纠结的，就业机会让她们能像男人一样自立自强，但情感方面几千年来的传统意识又时常困扰着她们，患得患失是必然的。女人对身体的态度也发生了重大变化，坚贞的重要性远远低于自立自强。

张：您是"70后"作家，可以说您这一代作家所经历的历史与"60后"作家是有天壤之别的。"60后"作家经历了很多历史所带来的伤痛，他们对来自时代与历史的痛感更加敏锐也更加勇敢，因此在他们的作品中经常可以看见历史的尘埃与时代的波涛。"70后"作家的作品中题材是多元而复杂的。您对于"70后"的写作方向有什么看法吗？您遇到的长篇创作困境，您认为是个人性的，还是"70后"整体性的？您是否认为中国"70后"作家面临着长篇创作困境？

金："60后"经历了"文革"，所以他们生来就带有历史的痛感。而他们发表作品时，正好是中国20世纪80年代的黄金期，"文革"刚结束，国人对文学的热爱前所未有的热烈，他们的写作真是恰逢其时。而"70后"，一方面写作时间开始得相对晚一些，另一方面，当我们开始写作时，金钱至上的理念已经风行全国，文学退回到它原本的地位，边缘、守望、思索。这种背景注定我们的写作是多元的，跟"60 后"比，也注定要缺少一些历史感。

写作是相当私人的事情，非常因人而异。"70 后"整体的写作困境到底在哪儿，我不敢遑论，但一个共同的困难也许是在写作持续力上。很多这个年龄段的作家涌现出来，很快又消失掉，这个世界变化之快、选择之多，令人目不暇接。人生观和价值观的程序处于不断更新中，我们必须努力在外部和内部的双重震荡中寻找内心的平衡点。有了这个平衡点，才能更好地表达我们对这个世界的看法和态度。

张：作为当前国内颇具实力、潜力和资质的作家，您认为您是否已经形成了自己的艺术风格？您取得如今成绩的创作经验是什么？

金：断断续续写了这些年，不知不觉有些模式了。模式，或者说风格，难免有两面性，受到表扬的同时也要被批评。我个人的经验是，不要因为写作时间长了变得油滑，追求所谓"腔调"，这是非常令人厌烦的。诚实、诚恳地写，并且持续下去，我们或许抵达不了什么高峰，但为自己营造个心灵的后花园却是完全可能的。

张：您谈到了长篇创作的困扰，不难发现，您对自己的创作情况是很清醒的，也是要求很高的。您认为自己的不足或局限是什么？

金：我的局限应该来自生活和经历。线条简单，也没什么波澜。有些作家可以依靠自己的经历写作，我肯定不属于这一类。所以，拓展自己就非常必要了。

张：请谈谈您未来十年的创作计划或想法。

金：没有什么具体的计划或想法，一直写下去就很好。

常芳：
温情书写与诗意建构

一、生活经历与文学创作

张丽军（以下简称"张"）：您的童年生活应该对您走上创作道路产生了很大影响，请谈谈童年时期的生活经历，及其对您文学创作的影响？

常芳（以下简称"常"）：我童年生活在一个小镇上，因为父亲在邮电局工作，每天的工作就是分发报刊，我从小接触最多的就是报刊、图书，对印在纸上的文字充满了好奇。上了小学认识一些字后，父亲又开始给我订阅《儿童文学》《少年爱科学》等刊物。可以回忆的就是，放学后当别的孩子扔下书包在大街小巷追逐疯跑时，我会安静地坐在家里，一页一页地翻动那些刊物，读得津津有味。童年的大部分时间，我是跟着爷爷奶奶生活的，他们房子的后面有一大块空地，那是一个说书人云集的"广场"。记忆中，每隔几天就有一些前来说书的人，或者敲着鱼鼓，或者弹着扬琴，说书人声情并茂，听书人如醉如痴。那时候，我跟在爷爷身边，对这些滔滔不绝的说书人，总是充满了一种莫名的敬畏。

张：您先是从事诗歌散文创作，后来才开始小说创作，而且您的小说给人留下了深刻印象。请谈谈是什么原因促使您由诗歌散文创作转向小说创作的，以及您发表的第一首诗歌和第一部小说。

常：开始发表诗歌作品是在 20 世纪 80 年代末，在我们当地一家报纸上，

当时叫 "临沂大众"，现在叫 "临沂日报"。已经忘记了是一首描写什么的诗。那时中学毕业，一门心思地想上班挣工资买书，因为家里的几本小说，不论是《红楼梦》《林海雪原》，还是一些戏曲唱本，没有一本不是被哥哥、姐姐们看得没有了头尾。到我看时就特别着急，想知道书里那些人物的结局到底是什么样的。后来到一家工厂当化验员，每天的工作就是取样分析大豆的出油率，毛油和混合油的含油量，以及精炼油的酸价、杂质、水分等，然后和要好的姐妹们嘻嘻哈哈，多愁善感。不上班的时候，时间就是自己的了，所以有足够的空闲去读书。读的是各类小说，但写的却是诗。写院子里的栀子花，写少女的心事，也写田野里摇曳的庄稼，写袅袅炊烟中劳作归来的人。现在来看，那些诗歌免不了都有 "为赋新诗强说愁" 的味道。可能是因为当时家里《临沂大众》比较多，觉得它是当地的报纸，心态上比较亲近。按上面的地址寄过去，没想到后来就发表了。记得诗歌发表后，我的一位中学老师在路上遇到我，非常激动地告诉我，他从报纸上读到我写的诗了。

2005 年到山东大学作家班学习时，开始转向小说创作。一种文体有一种文体的表达空间。之所以下决心写小说，也许是因为过了用诗歌 "强说愁" 的年龄吧。对世界、社会、人生都有了另外的价值判断，推己及人，格物致知，觉得有些东西用诗歌已经无法完整地表达了。诗歌虽尖锐，但表达的空间毕竟有限。而小说由于它的浑厚与波澜壮阔，也许更适合我的某种表达需要。第一篇小说《芳邻》发表在《北京文学》杂志，一万五千字左右，短篇，从一个第三者的角度写了一群夜总会的小姐，发表时还配发了一篇创作谈《陌生的世界》。创作初衷很简单，我想表达我们自以为熟悉的世界，其实很多时候都是陌生的。就像小说主人公楼上那群被世俗社会所唾弃的小姐们，她们的世界也需要被重新认识。这篇小说写完后，专门在作家班老师们组织的同学作品交流研讨会上讨论过，还请了现当代文学专业的一批硕士研究生和一些文学刊物的编辑参与讨论，有一位编辑直言不讳地说它根本不是小说。所以，在这里，我要特别感谢《北京文学》对我的鼓励，他们能够很快地决定发表这篇小说，对我的重要性是可想而知的。同时，也让我充分理解了 "文无定法" 这句话，小说可以那样写，也可以这样写。

张：您在工厂、机关、报社等诸多单位工作过，社会接触比较广泛。请

谈一谈您这些年的人生经历和工作情况。您都接触过哪些群体？这些阅历是怎样激发您的创作灵感的？

常：青青子衿，悠悠我心。我写小说一直关注两类人，一是知识分子群体；一是普通人，其中包括农民、市民和城市里的外来务工者。我在《太阳太阳》《上海啊上海》等多篇小说中写到了外来务工者这个群体。二十年前，媒体对这个群体有一个带有侮辱性的词汇，叫"盲流"，和我们现在说的"京漂""深漂"还不一样。盲流的意思应该是"盲目流动"，其实这些从乡村到城市寻找工作机会的人怎么能是盲目流动呢？他们的流动恰恰是有目的和目标的行为——为了追求自己的幸福生活。他们明白幸福生活要靠自己的劳动去创造、争取，他们应该是怀揣梦想的淘金者。幸运的是，后来媒体及时纠正了这个称呼，也算是人们认识上的一大飞跃。因为社会、制度、人生、物质等种种外在条件的束缚，我们的人生是不自由的，但是我们的心灵时时刻刻都需要自由，真正的自由。每个人都有自己的难言之隐，像大家常说的"人在江湖，身不由己"。所以，我想写出不自由的人自由的心灵渴望，写出人艰难的自我拯救。

张：当今文坛存在创作快餐化、文学市场化现象，一些人创作是为了获取经济利益，作品也比较浮躁。您所秉持的创作态度是什么？您认为一部好的作品应具备的素质有哪些？

常：我认为一个严肃的作家一定要有自己的理想倾向。有时候这种理想倾向可能会有乌托邦的性质，但这是一种境界和高度。因为你关心什么，就会思考什么，也就会写下什么。写什么和如何写是其次的问题，重要的还是为什么写的问题。一部优秀的作品需要给时代以启示，给人生以光亮。我们的文化传统中有一个词叫"道德文章"，道德在前，文章在后；道德是本，文章是末；道德是根本，文章是枝节。一个作家的道德使命决定了他作品的高度。

张：您比较喜欢读哪些作家的作品？哪些作家作品对您的创作产生了重大影响？

常：读书是一件持续的事，每一个作家都有其独到的地方，每一部作品都有其精彩的地方，很难一一列举。但是有两部作品需要用一生的时间来反复阅读，才能品味其奥妙。一部是中国的小说《红楼梦》。张爱玲说，中国真正的传世之作只有三部（另外两部是《金瓶梅》与《水浒传》）。这样虽说有点苛刻，有些偏颇，但是真正能够经得起推敲、给人文学滋养的还是《红楼梦》。无论是故事架构还是人情风物，都无法让人穷尽其美。《红楼梦》不再是单纯的小说，不再是单纯的文学作品，而是一门学问，就像曹雪芹构建起的一座殿堂，让人流连忘返，每一个年龄段读都会读出新意，都会有新体会、新收获。还有一部外国小说，塞万提斯的《堂吉诃德》。非常有意思的是，这本书和中国明清话本出现在同一个时期，在欧洲正是文艺复兴的黄金时期，文化巨人辈出，同时出现的还有拉伯雷的《巨人传》等。中国明清时期的小说也写人性的善恶与反省，但是文艺复兴时期的小说向前走了一步，开始探寻人的困惑与存在的意义。就现代意义上的小说来说，《堂吉诃德》几乎臻于完美。

张：请谈谈您的学校生活。在山东大学研究生班的学习生活对您的创作有什么促进和影响？

常：我后来是因为想当律师，考律师资格证，学完汉语言文学专业后，又去学了法学。法律教材看了一大堆，最终却又没有当律师。2005 年春天，山东大学开办作家研究生班，我没有犹豫就去参加了，想给自己补充一些东西。原来一直是写诗歌与散文，小说一直读，但是没有下决心写。到了作家班后，班里有好几位同学都是写小说的，于是自己也想试试，一年的时间写了七八个中短篇，二十多万字，发现自己也能"写小说"。如果不是参加了山大作家班的学习，也许现在我还没有开始写小说。所以，我一直都在内心感谢山大作家班，感谢在课堂上给予我无限文学滋养的每一位老师。

张：您是临沂人，您的很多作品像《爱情史》《青黄》等，都带有齐鲁大地浓厚的乡土气息。您对乡村文明的创作和反思是否受到故乡地理、文化环境的影响？

常：影响是一定的。我的故乡小镇处在城市的边缘，这些年，一天天看到的都是周围的土地被城市所包围、蚕食。老百姓对土地的认识也处在一种从来没有过的矛盾之中，一方面离不开土地，一方面又因为生存的艰难、劳作的艰辛，拼命想逃离土地。人其实是需求非常简单的动物，一杯水、一点食物足矣。我们小时候听的故事里，不乏洪水到来时有人带了银子逃出来，有人没有银子但却带了活命的食物的情节。于是，在等待平安重新降临的漫长过程里，带食物的人活了下来，带银子的人却因为饥饿毙了命。这就是说，当灾难降临时，黄金和王冠的价值不敌一块面包，所有的荣耀和梦想都不复存在，也没有了任何意义。而食物是大地的馈赠。尤其对于我们这样一个农耕文明的泱泱大国，土地的命运即人的命运。反过来也是如此，人的命运多舛，土地的命运也是一样。当我们一步步拒绝大地的怀抱的时候，人类必然就踏上了不归之路。这不是危言耸听。我们现在面临的所有已经出现的问题，政治的、道德的、经济的、情感的，也许就在于人们对这一根本问题缺乏足够的反省。人们从内心深处对土地的纠结，才导致整个社会在今天产生了价值观上的混乱。

二、温情书写中的反思与批判

张：您的小说植根于现实，具有很强的现实意义，请具体谈一下您是怎样认识现实生活的。您怎样看待命运与现实之间的冲突？

常：有人说，真理是不言自明的，不过有些时候简单的真理却会让我们很难堪。举一个一米线的例子，公共场所需要排队的地方，都会有醒目的一米线标识，有的是一条线，有的是排队栏杆。这些看似周到、细致入微的设置，却在无意中拷问着我们的心灵，如此简单的规则却需要这样"手把手"地指教，难道我们的修养真的不够高吗？还是我们的修养被异化了？难道我们的文化本身就拒绝排队，拒绝礼让，不尊重隐私吗？不是的，传统文化中言辞凿凿，中华文明，礼仪之邦。彬彬有礼的古人曾经让我们多么骄傲，我们到底在哪里把文明和礼仪丢失了呢？

我常常想，如果一个作家写下的东西对周围的人没有任何启发与帮助，仅仅是自我迷恋的呓语，对现实人生没有任何关怀与鼓励，那么即使卷帙浩繁又有什么意义。莎士比亚的伟大就在于借作品中人物之口指出了一个时代的症结,"存在或者毁灭,这是一个问题"。这不仅是哈姆雷特王子复仇的问题,而是一代人"向何处去"的问题。莎翁的言外之意很明白,文艺复兴如火如荼,所有人都不能袖手旁观,不能置之度外。我们现在回望欧洲历史,正因为有了文艺复兴对人的自由的呼唤,对现实毫不妥协的批判与指责,对命运永不言败的抗争和呼唤,才会有后来的宗教改革与法国大革命,才会有欧洲的文明和繁荣。

张:您凭借敏锐的感觉和细腻的笔触,关注着底层各色人物的日常生活,对他们生活状态和生命状态的呈现被赋予了生活深层的意义。请谈一下您笔下的这些小人物承载着怎样的审美旨趣?您是如何观照他们的主体地位的?

常:法国哲学家帕斯卡说,"人只不过是一根芦苇,是自然界最脆弱的东西;但他是一根有思想的芦苇"。他又说,"人的全部尊严在于思考"。同样的道理,我们的文化传统中也到处是这样智慧的劝告,孔子就说,"朝闻道,夕死可矣"。虽然这些底层的小人物无关国家命运、时代风云,但是他们的悲愁与欢喜却一样见证了一个时代,并且与时代息息相关。每一个生命的存在都是上天的美意,所以,人不单单要活着,还要活得更好,活出自己的责任与担当。

张:您是怎样看待日常化叙事的?当代女性作家的写作是否对您的创作有重大影响?

常:2011年的一件大事就是纪念辛亥革命一百周年,史学界有一个讨论,观点比较新,也很坦荡,是说假如李鸿章接见了孙中山,辛亥革命还会不会发生。因为1894年,孙中山曾精心写了一篇八千多字的《上李鸿章书》,想见到李鸿章,阐述自己救国救民的理想。因为李鸿章正在筹划同日本打仗,没工夫也没心思听这个二十八岁青年的治国大道理。大概李鸿章想等仗打完了再说吧。孙中山碰了一鼻子灰,满腔热血化为愤怒,从此走上了推翻清政府的革命道路,屡战屡败,屡败屡战。十几年后,终于守得云开见月明,把一个王朝送进了历史。假如李鸿章当时接见了孙中山,聘用孙中山,孙中山是不是还会如此果决地以反清为己任呢?当然历史不能假设,但是这种人性深处的揣测并非毫无意义。我想说的是，如果说辛亥革命是宏大叙事，那么孙中山给李鸿章上书就是日常叙事，是历史的一个枝节，像微风拂过湖面泛起的一丝涟漪。但是涟漪却不断荡漾开去，最后形成滔天的巨浪。这大概就是我们常说的"风起于青萍之末"吧。从这样一个角度来看，日常即全部，宏大叙事隐含在日常叙事之中。写好日常叙事是一个作家的基本功。

所谓开卷有益，我对当代女作家的作品一直非常关注。无论是铁凝、王安忆、方方、池莉、范小青、叶广芩、迟子建等著名作家的作品，还是卓有成就的一批青年作家的作品，都会找来认真看一看，借此发现自己的差距和不足。

张：您作品中的很多人物都有着对美好生活的梦想，但却总是遭遇变故：新婚妻子走丢、衣食无忧的男女在婚外恋中举步维艰、妻子死于难产、为了给临死的母亲弄到一碗大麦汤送上性命……接二连三的灾难不断摧毁着人物的精神。谈谈您对灾难的理解，以及这种灾难叙事的审美意义。

常：在电影《2012》中，上帝给人类留下的最后家园在青藏高原，诺亚方舟一"票"难求。由于方舟远远不能容纳从世界各地闻讯涌来的人们，谁去谁留成为挑战全人类的道德抉择。所有人都是平等的，都有平等的生存机会——这是影片导演的愿望。当灾难巨大到人类无法承受时，国家、种族、政党、财富等种种外衣就不再重要，这时候人类的愿望变得非常简单，仅仅是要活下去。可是，很多时候"活下去"也不是容易的事情。所以我在《桃花流水》的封面写了这样一句话："爱情的悲欢离合，人生的仆仆风尘，看似天意难违，正像我们所历经的许多天灾一样，其中又有多少不是人之所祸呢？"

张："人是人的镜子，每个人都从他人身上看到自己，也从自己身上看到他人。"从你小说中的人物身上，我们照见自己，期盼真情却不去珍惜，渴盼自由又割不断绳索……现代文明与人性发展的冲突如此尖锐，人性这样复杂和令人困扰，这是不是现代人的精神困境？

常：记得我们小的时候，准确说应该是四十年前，也就是20世纪80年代，在动物园或街心公园看到石头堆积的假山，我们会觉得那是风景，因为那些堆积假山的石头都是真的和美的。现在呢，公园里的假山大部分不再是石头堆砌的，而是用水泥和钢筋、石膏板做出来的，我们心底里再也不会泛出对假山的流连，因为知道那些石头都是假的。这就是我的那些小说主人公要勇敢面对的一个问题：咫尺即天涯，面对如此陌生的世界，面对越来越"假"的生活环境和氛围，我们该如何应对，如何自处。

我曾写过一首题为"飞天"的诗，其中有几句："有哪一片土地／可以被称作净土／唯有爱情的花朵在上面摇曳……请让我的心平息下来／别再大海一样的翻腾／一如海啸"。置身今天这样一个时代，我们平静的生活已经被打破，技术的进步、经济的繁荣、物质生活的极大丰富裹挟着我们。在时代的滚滚洪流中，个体的人像一片片漂浮的苇叶，被滔滔河水裹挟。我们渴盼内心像湖水一样平静，渴盼"日出而作，日落而息"的安宁，可是这一切却永远逝去了。在貌似自由的世界中，我们的心灵却失去了它应有的自由。人类在过去的一百年里尤其深切地感受到了这一点。对人性的解放与追逐，曾经让我们兴高采烈、手舞足蹈，束缚人性的黑暗笼子打开了，但人性的"恶"也跟着一起被放大了，并且变本加厉，成为了我们新的牢笼。

张：《爱情史》是一部不可多得的长篇乡土小说，直面 20 世纪乡土中国的种种困惑；《芳邻》更是人们在现代文明的社会失去方向的写照；《一个人站在高高的云端》《告诉我哪儿是北》等，更是写出了城市与乡村的对立，人与城市、城市文明与乡村文明关系的复杂与不可调和。您是如何认识这两种文明、两种空间的关系的？

常：前些年有一种反思的论调，叫"现代化的陷阱"，是说现代化造成了人的异化、社会的异化。其实我们曲解了现代化，准确的表述应该是"技术的陷阱"。我们今天的生活过分依赖技术进步，技术发明在各种领域的应用功不可没，但是技术有技术的缺陷，总有图穷匕见的一天。技术越先进，社会就越脆弱，就越容易出问题。

其实，城乡之间的矛盾并非天然存在的。我们所理解的对立与矛盾，并不是真正的矛盾，这一切的背后都是人为因素造成的。我们看欧洲等地的一些发达国家，他们并没有严格的城乡分野，除了经济社会高度繁荣外，制度的设计也为和谐发展奠定了基础——每一个公民都是平等的，人是不具有城乡属性的，在巴黎生活的市民和在西班牙小镇生活的人没有区别，没有城市与乡村的身份界定，也没有市民和农民的身份等级鸿沟。如果愿意，小镇上的人可以搬到巴黎去，巴黎的人也可以到小镇上去生活。我们现在所看到、理解的所谓城乡矛盾，只是新中国成立后设置的管理制度造成的。这一点理解了，就会发现一个上海人到乡村定居与一个乡村人到上海生活，其实是自然而然的事情，不是什么进步或退步。只有将城乡之间的鸿沟渐渐填平，使二者互为倚重，最终融为一体，才能实现真正的"现代化"。

张： 乡土文学的创作从"五四"时期兴起后长盛不衰，并且在不同的时期有着不同的时代烙印。您对当代乡土文学的发展是如何看待的？您如何看待乡土叙述中的民俗描写？

常： 去年在鲁迅文学院学习的时候，施战军老师曾经谈到，白话文运动以来，中国就成了一个乡村文学的大国。大家一说到写乡村的小说，就认为它是乡土文学。其实乡村小说与乡土文学是有区别的，我们常常混淆了它们。乡土是回望式的、带着回忆的、想象中的、有情味的，绝不是现在时态的。沈从文《边城》那样的小说才是典型的乡土小说，他笔下的那个湘西，已经完全是他记忆中的湘西了，是对一个乡村旧梦的追寻。

因此，我们现在看到的很多小说，其实都应该划入乡村小说的序列中，而不是乡土文学。乡土文学应该有一种高度，一种精神的关怀。

"城中桃李愁风雨，春到溪头荠菜花"，这是辛弃疾的一句诗。在中国，乡土文学无疑是我们文学的源头。无论什么主义、流派，追根溯源，都是从乡土文学衍生出来的。无论中国还是西方，当所谓的先锋文学、实验文学到了穷途末路的时候，无一例外都要向乡土文学寻求营养，从乡土文学中得到启迪。乡土文学就是溪头的荠菜花，虽然没有灯红酒绿的妖冶，但是养身、养神、养心。说到乡土文学，就绕不开民间文化与民俗书写，这些原生态的东西使我们的生活生机盎然。但是，我们也要警惕低级趣味的东西，如果只是为了迎合读者的趣味则失去了意义。所以这里就还有一个审美和审丑的问题。

张： 您作品中对于底层人物梦想破灭的悲悯，显示出宽厚的人道主义关怀；而对于梦想破灭原因的直面与追击，则体现了犀利的批判色彩。您的作品不是像先锋文学那样把血淋淋的现实揭露给人看，而是透露着温情的反思和批判。您是如何把握作品中反思与批判的平衡的?

　　常: 今天的一切都可以拿来娱乐, 娱乐至上, 可以说已经达到了娱乐至死的地步。这可以理解为一种进步, 也可以说是可怕的倒退。看看媒体不断披露的那些让我们心痛的新闻, 我们不能不惊诧于时代的"没心没肺"。是什么造就了没心没肺的一代人? 还是要从我们自身找寻原因。如果一代人或者一个时代都活得没心没肺, 肯定是不正常的。对于生活中应该反思与批判的地方, 我们作家做得还远远不够。鲁迅对于其小说中的人物, 常常是"哀其不幸、怒其不争"。其实在有些方面, 我们今天仍然没有超越鲁迅那个时代, 有些地方甚至还倒退了。我们每一个人都在如履薄冰地生活着, 世界充满了谬误和玩笑, 让人们的生活充满了纰漏与不确定。我一直要求自己在小说里写出现实与人性的光明来, 期望能让读者看到希望, 看到温暖。

三、诗意建构下的审美期待

　　张: 您的长篇小说《桃花流水》是一篇非常少见的写活了老济南的文学作品, 您写这部小说的初衷是什么? 是什么让您写出了一个如此可感可触的济南? 您对老济南的感情如何? 在《一日三餐》《拐个弯就到》中, 您对于当代济南人"生活流"存在状态的描绘获得了研究者和读者的好评, 您是如何酝酿构思的? 您是否有写一系列市井人物形象的想法? 是否还有书写济南历史风物的文学创作计划?

　　常: "谁令堕尘网, 宛转受缠绕。"这是元代大书画家赵孟頫客居济南时写下的一句诗。无论是市民还是游客, 当你站在大明湖畔、百花洲或者趵突泉边, 透过氤氲的水汽看见清冽的泉水中那些摇曳的水草时, 相信心中涌动的暖意都会如水草一样缠绕着你。相比急匆匆的北京、上海等地, 济南是一个生活节奏相对缓慢的城市。但这种慢是一种文化, 是一种价值标准——不墨守成规, 也不鲁莽草率; 不大惊小怪, 也不三心二意。我在《一日三餐》《拐个弯就到》等多篇小说中写到英雄山下唱歌跳舞的人们, 有老人、孩子、退休干部、下岗工人, 也有外来务工者。三个一群, 五个一伙, 简单的乐器,随便一点空间，但想唱就唱，想跳就跳。置身于这样的情景中，无法不被感染，不去学着放下一切融入他们。有外地的朋友到济南来，我总是喜欢带着他们到英雄山下的广场去转一圈，让他们感受一番济南这道独特的文化风景。

算起来，我在这座城市已经生活了很多年，这种人生暖意常常让我留意周围的世界。所以，无论是在长篇小说《桃花流水》中试图还原一个人与一座城市的命运，还是在中短篇小说中构筑普通济南市民的心灵家园，我一直都努力在作品中传达这种暖意。其实20世纪20至30年代的济南是很辉煌的，得风气之先。胶济铁路通车，山东大学堂的创办等，这一切都活在这座城市的记忆深处。我一直在酝酿一部长篇，希望能够通过一部小说重现这座城市的历史风云。

张：《桃花流水》题材重大，时间跨度长，融汇了八十年间的历史变迁。这是不是您创作道路上的一次突破？您是如何驾驭宏大历史题材的？

常：我们知道，一些永恒的问题其实是没有答案的，探讨这些问题也是明知不可为而为之。比如自古以来文学的母题，故乡、爱情、时间等。时间是一面镜子，我们只有回头看才能迷途知返。从某种意义上说，我们活在当下，其实我们也活在历史中。在时间的深处，我们会发现一些秘密。即使身处一个伟大的时代，人生也可能无比艰辛。在流逝的时间中，个体的人无能为力，只能无怨无悔。我们描述一个人崇高或者卑微，都会附加太多牵强附会的东西，只有时间才会告诉我们真相。这也许是我在《桃花流水》中最想表达的。

张：作品的内核决定其思想深度。您怎么看待作品的内核与作品史诗性建构之间的关系？

常：一部优秀的作品之所以称得上优秀，是因为它给我们提供了新思考、新视点。这是至关重要的。作家的视野和胸怀决定了作品的视野和胸怀，时代和人生会不断给我们提出新问题，但是作家却不能一味跟在时代后面跑。很多时候，要超越时代，超越人生，才能高屋建瓴地写出一个时代的焦虑与关怀。

张：您作品的语言是非常诗意的，尤其像《桃花流水》，对于景物的描写十分细腻、优美，读您的小说像读散文一样。您觉得这是不是一种创作上的优势？独特的诗意叙述风格是怎样形成的？

常：其实，把小说写得像散文与诗歌一样优美未必是什么好事，因为这样会影响故事节奏。虽然这是古典文学的传统，但在今天这个生活节奏越来越快的时代，让读者沉下心来完整读完这样一部小说，是一个巨大的考验。尽管如此，我还是不想把小说写作处理成急匆匆地讲一个故事。每一个人对周围世界的感知都是充满诗意与感动的，只不过有的人能够表达，有的人不能表达，有时能够表达，有时无法表达。我们每个人都有会心一笑的经验，于无声处听惊雷。就像京剧和昆曲的唱腔，年轻的时候我们可能会因为其咿咿呀呀的"慢"而没有耐心听下去，但随着年龄的增长，我们就会从这种"慢"里听出玄妙，品味出人生的永恒之美。老子在《道德经》中说，玄之又玄，众妙之门。我的体会是，很多时候，因为我们的无知，所以理所当然地认为自己已经掌握了真理。当我们认为自己掌握了真理的时候，其实已经远离真理了。在"玄妙"的世界面前，我们永远是无知的。

张：您的作品中有很多隐喻意象，像《一日三餐》中的苍鹰，《告诉我哪儿是北》中的古旧市场，《纸环》中的纸环，《一个人站在高高的云端》里的萤火虫，《桃花流水》中的百花洲，等等。请您谈一下这些意象的审美意义。您为什么能把这些意象很好地融入故事的叙述中？

常：刘勰在《文心雕龙》里对情与景的关系做过这样的论述："岁有其物，物有其容；情以物迁，辞以情发。"很多时候，无言胜有言，正如老子说的"大音希声，大象无形"。人物需要呼吸，作品也需要呼吸。这些意象就是呼吸的洞口，是作者抵达作品的曲径，也是读者抵达作品的捷径。

张：您认为对历史进行反思的正确态度应该是什么样的？您觉得应该如何把对于历史的反思融汇到文学创作中？我们今天应该如何看待历史，回归历史？

常：我们今天去书店里看一看就会发现，公众对历史的关注度是如此之高，差不多有五分之一的畅销图书是关于历史解读的，其余就是青春、玄幻、官场、励志、养生类图书了。流行音乐中也出现了《青花瓷》《本草纲目》等古风作品。文学中当然也出现了一批以古典意象为标题的诗歌、小说作品，尽管有些作者对这些历史文化的理解还限于生吞活剥、支离破碎的水平，但是这表明了人们向传统历史文化的回归。

公众关注历史是一种进步，其实关注历史就是剖析现实，是一种对比、一种启蒙，是对现实生活中种种现象无言的批评。尽管这些解读历史的书良莠不齐，甚至其中有的价值观点是错误的，但是每一个人都有发言的权利，这也是一种进步吧。随着一批批国家档案资料的解密，我们昨天在教科书的熏陶下所形成的判断，今天可能也要打上问号。所以胡适说"历史是一个任人打扮的小姑娘"，这句话尽管让人灰心，但是也说明了每一个人都可以按照自己的理解来诠释历史。1983 年，诗人韩东写下了《有关大雁塔》，他写"有关大雁塔 / 我们又能知道些什么"。借用一下，这句话其实也可以这样说："有关历史，我们又能知道些什么。"

四、对文坛现状的解读与自我期待

张：您对自己的作品比较满意的有哪些？您觉得自己创作中的不足有哪些？

常：面对同样一篇作品，因为生活阅历、个人经验、阅读趣味、价值标准的不同，每个人都会产生自己的一套品评标准。如同样是嗜酸，还是有人喜欢南方的杨梅，有人喜欢北方的杏子。作者自己喜欢的作品，读者也许不买账，作者不看好的作品，编辑和读者反而可能喜欢。在已经发表的中短篇小说中，《告诉我哪儿是北》《一日三餐》《你在木星上有多重》等写出了当下社会的紧张感，这种紧张感弥漫在我们周围，社会、时代、自我，无时无刻不在试图摆脱它。比起同龄人的创作，我的小说更多的是思辨，理性的成分更强一些，哲学意义上的思考更多一些，这对小说的可读性可能有影响。

张：您在《北京文学》《中国作家》《十月》《上海文学》《收获》等期刊发表过多篇小说，作品也获得了《上海文学》奖等诸多奖项。读者的认可对您的文学创作有什么样的影响？

常：诗经中说，执子之手，与子偕老。这不单纯是爱人之间的表白，也可以作为作者与读者关系的表白。我想，作家是需要读者，但是也不能一味地为迎合读者而写作。作家需要的是自己作品的知音，与读者一起成长。感谢这些年所有热心读者对我作品的关注与批评。今天我们的社会深深地被媒体所影响，被时尚所左右，被网络所挟持，一个人的生活从来没有像今天一样不由自主，流行的说法是我们已经"被生活"了。在这样一个时代，平心静气地阅读已经成了一件奢侈的事情。当然，平心静气地写作同样也成了一件奢侈的事情。这对一个传统作家来说，尤其是一个挑战。

张：请您谈谈对"70后"作家创作整体现状的看法。您喜欢哪几位国内"70后"作家的作品？您是否认同"70后"作家处于历史夹缝、被遮蔽的尴尬状态的看法？您认为"70后"作家如何才能冲出历史的重围？

常：20世纪70年代出生的一代人现在算起来已经超过四十岁了。孔子说，四十不惑。这一代人开始有了自己的价值判断与立场，思考开始成熟。一代人的成长受时代和社会局限，成也时代，败也时代。20世纪50年代出生的一批作家在80年代写出了他们的代表作品，除了凭借他们个人的天分外，还因为时代的剧烈变动给他们提供了思考与倾诉的机遇。当社会大众还处在失语状态时，他们得以迅速成长并取得话语权。就像恩格斯形容文艺复兴时说的那样，那是一个需要巨人也诞生了巨人，需要大作品也诞生了大作品的黄金时期。20世纪70年代出生的一代人则基本生活在越来越"货币化"的空间里，财富成为衡量一切的标准，整个社会的价值观念越来越扭曲。他们长时间随着社会大潮摇摆，难有自己的判断与标准，难以发出自己的声音，这是"70后"作家被遮蔽的主要原因之一。

换一个角度看，如果存在遮蔽，也是在一个相对时间内的遮蔽。古人说得好，青山遮不住，毕竟东流去。时间是公正的，浮躁的时代总会沉淀下来。当读者和时代厌倦了肤浅、造作、哗众取宠，好作品的光芒自然会有人注意到。尽管我们可能没有司马迁"藏之名山，传之其人"的胸怀与自信，但是坚守文学理想的品格还是有的。守住孤独，耐住寂寞，因为文学创作本来就是一场真正意义上的马拉松，其功不在于一朝一夕。

张：您喜欢哪些外国作家的作品？原因是什么？

常：狄更斯在《双城记》里有一句话曾被无数人引用，大意是说，这是一个最好的时代，也是一个最坏的时代，这是一个讲信用的时代，又是一个欺骗的时代，这是一个光明的时代，又是一个黑暗的时代。这句话对每一个时代都能适用，因为每一个时代都有无法回避的矛盾，都有迫切需要解决的问题。作为19世纪英国现实主义文学代表作家，狄更斯对当时英国社会潜伏着的严重危机深深担忧，所以这部小说意在以法国大革命的历史经验为借鉴，给英国统治阶级敲响警钟，为社会矛盾日益加深的国家寻找一条出路。狄更斯可谓用心良苦，拳拳赤子之心。再如雨果的《巴黎圣母院》，作者置身19世纪，却用一个虚构的四百年前的故事来影射现实生活，借表现庞大沉重的黑暗制度与挣扎着的脆弱个人之间的分裂、冲突，引发人们对于人性的重新思考。变化的世界总是会出现不同的审美和价值取向，可是对美的追求永远发自人类内心，这样的美不仅仅出于对人生的思考，更源于对人生意义和世间万物的思考。这些经典作家的作品对现实生活的批判力透纸背，直到今天仍然让人难以望其项背。有意味的是，当代中国作家由于种种原因，似乎没有了"壮士断腕"的批判勇气，这一点甚至还不如古代的文人。清代戏剧家孔尚任的《桃花扇》里有一句唱词："眼见他起高楼，眼见他宴宾客，眼见他楼塌了。"三句话写出了王朝更替、人生世态，淋漓尽致，实在让今人汗颜。现在，无论从哲学高度还是思想深度，我们都几乎没有超越古人。许多看似创新的东西，都只是在外壳上，其实内核并没有多大的改变，或者根本就没有任何改变。

张：您如何看待当前网络文学的创作？您认为在网络时代，文学创作和审美是否有不同于过去的新内容、新特质？

常：世易时移，变化不已。在前面我说过技术的陷阱问题，人类今天越来越被技术所挟持，网络就是其中之一。当然，网络为每一个人提供了自由发言的渠道，每一个人都是记者，也是编辑；没有禁忌，畅所欲言。正因为没有门槛，所以一些作品往往流于宣泄，流于简单，趋于肤浅，经不起时间的考验。当然网络上也不乏一些非常出色的东西。在这个越来越浅的时代，如何深下去，如何写得宽阔，是作家的责任，也是对作家的考验。

张：我们都非常期待您能创作出更加优秀的作品。未来一段时间有什么样的创作计划？是否期待在长篇小说创作上有更大突破？

常：我现在充分理解了"酝酿"这个词的含义。从一个念头的涌现，到一部长篇小说的诞生，需要的不仅是时间。长篇小说的创作对作者是一个巨大的挑战。

现在，我正在着手写第四部长篇，题材不新鲜，是关于抗战的。想以1938年2月开始的临沂阻击战为背景，通过一个家族的抗战历程，再现一个民族同仇敌忾、慷慨悲壮的历史。临沂阻击战历时两个月，我方军民死伤两万多人，消灭日军五千多人，为台儿庄大战赢得了宝贵的时间。虽然从鸦片战争以来，我们这个古老的国家就备受外族侵略之苦，但是都没有亡国灭种的危险。但抗日战争不一样。从九一八事变到抗战结束，整整十四年，其间有一代人看不到希望含恨死去。尤其南京失陷后，国将不国，每个人都无法平静，无法置身事外。杜甫说"国破山河在"，简单明了的五个字，却字字滴血。这部小说，我想写出每一个人心中的"山河"。希望自己能把它写好，算是献给故乡和先辈的一份礼物吧。

李骏虎：
于传统束缚中开疆辟域

一、创作经历和审美倾向

张丽军（以下简称"张"）：请谈谈您的童年和少年生活及其对您创作的影响。

李骏虎（以下简称"李"）：人最初、最美好、最基本、最真挚的生命体验就来自童年和少年时期的生活。从事创作多年以后，当我用自己的心灵和笔触去表现我所熟知的乡村社会和人物精神世界时，那曾经把我从土地上逼走的艰苦劳作及身心痛苦早已荡然无存，我所能记起的是乡村生活的诗意和农耕文明对人生命和灵魂的滋养。相比现代社会和城市乱象，过去的乡村的确是个乌托邦，但它就是那么真实地存在着。我的长篇《母系氏家》表现的正是我童年所认知的乡村社会形态和人物，这样的书写是一种享受，也让我的创作进入随心所欲的状态。

张：《奋斗期的爱情》作为您早期的代表作是不是带有自传的性质？在这部作品中，您是否借助主人公李乐之口传达了自己的文学观呢？李乐"要找到一条严肃文学畅销之路""决不让创作违背高雅艺术追求"，这是不是一种文学崇高感的表达呢？您怎样看待作家这个职业？您的文学观又是怎样的呢？

李：《奋斗期的爱情》可以看作我的心灵自传，也是我最初和最纯粹的文学观念形成时的重要作品。现在看，艺术上虽然粗糙了些，但精神指向却是纯粹的。那个时候，我刚刚读过卢梭的《忏悔录》和陀思妥耶夫斯基的《被侮辱与被损害的》，受到很大震动，激发了创作冲动，调动了生命体验，写作难免笔调沉重、有痛感，但它们却是我文学观形成的基石，是一个文学青年对文学诚挚的敬礼。现在，经过多年的创作实践和对社会、人生的思考，我基本明白了文学就是表现人和社会及二者之间复杂关系的，载体是社会和生活，指向是生命和精神。明白了这个，就好写多了。

张：您曾说，文学创作关键在于天赋。写作不重要，阅读最重要。阅读是第一位的，该完成的阅读一定要完成。应该读的传世经典、大师作品一定要读，这是必须的。因为只有见过什么是好的作品，才知道什么是好作品，才可能写出好的作品。您说的"天赋"指什么？您强调阅读的重要性，您所说的"好"作品又是如何界定的呢？

李：所谓文学天赋，就是写作者先天的艺术感知力和表现力，这与人的性格和思维方式是息息相关的。所谓有艺术天赋的人其实很好理解，有些人天生就喜欢机械修理，并且学得很快，不费什么劲技术就很好；艺术家也是如此。有人天生对音乐敏感，有人天生对色彩敏感，他们就有做音乐家或画家的潜质。文学创作也是这样，有人天生对事物的变化敏感，善感多思，也富有表现力，容易成为作家。没有禀赋的人，学习再多的技巧，作品仍然缺乏感染力。热爱文学和搞创作是两码事。关于阅读，我个人认为能够把自己真正感兴趣和阅读的时候有共鸣的经典读完就很好了，读来有趣并且理解不费劲的书就是好书。我没有上过大学，我的阅读基本上是受我弟弟马顿和我的朋友杨东杰的影响，我读陀思妥耶夫斯基、卡夫卡、海明威等大师的作品基本上是由于他们的推荐。当然，到现在我还是觉得自己最爱托尔斯泰和雨果，他们是我自己的选择。

张：您在作品中经常会提及某些大师的著作，如在《奋斗期的爱情》中就提及了大小仲马、陀思妥耶夫斯基等人的作品，那么哪些中外作家、作品对您的创作影响较深呢？它们对您的创作产生了什么样的影响？您又是如何将阅读到的精髓转化到自己的创作中的？在当代中国，您认为一个作家的创作达到了怎样的水平才能被称为大师？

李：我最早阅读的是海明威，后来是马尔克斯的《百年孤独》，但真正对我产生影响的是陀思妥耶夫斯基的《被侮辱与被损害的》，还有雨果的《悲惨世界》。我一度热衷于米兰·昆德拉，他有一部中篇叫《认》，后来译名改为《身份》，我很喜欢。我终于开始写我最熟悉的乡村，是因为受到哈代的"人与自然及社会"三者关系的影响。现在我越来越放不下的是托尔斯泰的作品。这些就像灯塔和天上的星辰，指引和修正着我的探索方向。在当代中国，我最服气的是陈忠实老爷子，或许和国外或者 20 世纪初的中国大师比他少些思想力，但在当代文学中没有一部作品是能和《白鹿原》比肩的。陈老师缺乏大师的思辨光彩，但他仍然是顶级的大作家。我个人认为，大师和大师的作品，是能为一个国家和民族耳熟能详，并且对国家和民族产生影响的。当然这个对象是全人类更好，比如说托尔斯泰。

张：您在创作初期，也可以说是艺术创作的探索阶段，创作了一些寓言性、象征性很强的作品，例如《局外人》《女儿国》《乡长变鱼》，颇有王小波的后现代风格。王小波在您的创作中有什么样的影响？您是否有意识地去借鉴了？那么您又是怎样去吸收、融汇，在哪些方面实现创新、突破，从而形成了自己的风格呢？

李：我曾经用了三年的时间来模仿王小波，后来还把这些作品整理起来出了一本书，副题就是"向王小波致敬"。1997 年，当我弟弟把王小波的"时代三部曲"带给我的时候，我正处于创作的迷茫期，写东西很困难。是王小波让我看到了一个汪洋恣肆的世界，让我的笔也洒脱了起来。后来我无意识地摆脱了他，但他的文风和思维方式已经渗透进了我的思想和血液里，我的每部作品都有着王小波影响的痕迹。

张：您曾在作品中说，一位艺术家穷尽一生的经历和探索，才能达到相对较高的艺术境界。这个时候他的艺术精神和领悟程度就会自然地冲破传统技法的束缚，从而创新和变形，以达到他表现的极致。那么您作为作家，是如何处理传统积淀和创作创新二者关系的呢？您认为自己的作品在哪些方面冲破了传统技法的束缚？又实现了怎样的突破？

李： 这段话是我对毕加索艺术创作的理解，其实文学也是如此，掌握技法是为了摆脱技法从而形成自己的风格。但这很难，很多人一辈子都在自己所模仿的那个人的阴影中写作，这是幸运，更是不幸。我一直在潜意识里寻找着自己的风格，入选中国小说学会2009年度中国小说排行榜的中篇《五福临门》算是最明显的，《弃城》也是如此，就是有意识地"去小说化""找历史感"，还原乡村世界的本原和追寻历史的真谛。

张：您是否想过今后有一个长期的阅读计划，有意识地去吸收某些艺术经验，从而充实、丰富自己的创作呢？您认为有这个必要吗？

李： 阅读是成为一名作家的基本条件，但为了创作做阅读计划就违背了艺术规律。我现在反反复复阅读的是托尔斯泰的《战争与和平》《安娜·卡列尼娜》，不为创作，只为喜爱。

张：您对文学的热爱深受父母的影响。您的父亲是位文学爱好者，可以说是他为您打开了文学艺术世界的一扇窗。那么您觉得父母是否影响了您的阅读习惯、写作兴趣呢？

李： 这个谈不上。我的父亲曾经是位文学爱好者，我的母亲是一名纯粹的农村妇女，他们基本没有文学观点，反而是他们的道德观对我的为人处世产生的影响更大一些。但我的创作的确是受父亲的熏陶和引导，没有父亲年轻时对文学的狂热，就没有我现在从事的事业。

张：从1995年至今，在您漫长的创作生涯里，总会有那么一段时期作品无法发表，您的那段时光是怎样的？在那段日子里您创作了哪些作品？是什么在支撑着您的写作？您怎样评价自己那时的作品？后来，当您的作品有了更多的读者，再到问鼎我国文学最高荣誉之一的鲁迅文学奖，年轻时支撑您的信念是否依然还在呢？

李： 现在回头看，我的创作道路基本上是很平顺的。1995年处女作《清早的阳光》在《山西文学》发表后，经历了五年的迷惘期，但那基本是因为缺乏生活素材。2000年就在当时负有盛名的《大家》发了一个四篇小说的专辑，而那五年创作迷惘期的生活也成为我的第一部长篇小说《奋斗期的爱情》

写作的基础。之后一直很顺利，但是从来没发表的小说包括一部分发表了的小说都存在着问题，主要是因为对生活理解不够深。从拿着作品苦寻发表刊物，到现在欠着刊物一屁股"债"还也还不完，我对文学的热爱没有什么变化，我对自己的作品也没有满意过，所以说能支撑一个人一生的才叫信念。

张：您的全部作品中，您对哪一篇最为满意呢？为什么？它对您和您创作的特殊意义在哪呢？

李：我最满意的还是《前面就是麦季》，它融合了我自己的风格和当代中国小说的审美标准。他对我的特殊意义就是让我得了一个鲁迅文学奖，让我可以放开手去遵照自己的风格写作，而不必再为了评奖屈从什么标准。

张：2005 年你挂职到基层体验生活，挂职期间对您触动最大的事情是什么？这段生活提供了哪些素材给您？除了素材的供给之外对您的创作还有什么其他帮助？您思想上（生活、创作方面）在挂职之后是不是也发生了什么变化？您怎样评价自己的这段有意识的挂职体验呢？

李：其实挂职对我创作的影响并不大，我至今只用那四年生活的素材写过一个短篇《焰火》，还是为了刘醒龙老师在《芳草》上给我开设的年度专栏。挂职更多的是改变了我这个人，让我深入地认识到了中国社会的本质和中国人的本质，可以说我由此换了一种眼光看待社会和生活。挂职给予我的东西以后可能会体现在我的很多作品里，但我不会为它单独写一部小说。有时候，人明白得多了，不是什么好事情。

张：您说"小社会是大社会的缩影。挂职期间我才真正了解了中国基层社会"，那么您所了解的真实中国基层社会是什么样的？与挂职之前所认为的又有什么不同呢？

李：这个问题还是用小说作品回答会更准确些。

张：您说自己一直有个理想，就是写一本风靡全国的书。它能对人们的社会生活产生重要影响，同时对当下时代发展有反观、借鉴和推动作用。可不可以具体谈谈您想要创作的这个理想作品是怎样的呢？对于纯文学观与现

实主义文学观，您是怎么看的呢？

　　李：这个很难说，因为毕竟是个理想，理想的光芒永远是模糊的。我个人认为，纯文学观就是现实主义文学观，现实主义是最先锋的。

二、从为同龄人画像到乡土的回归

　　张：在现当代文坛上始终有 "写什么" 和 "怎么写" 这两个重要的问题。回首山西老辈作家，他们运用现实主义的艺术手法和原生态的地方语言，淋漓尽致地表现土生土长的山西农民的生命史，而表现城市社会以及各种人物一直是山西文学的薄弱环节。您作为山西新锐作家却将这一局面打破，大大拓展了写作题材，《公司春秋》《婚姻之痒》《流氓兔》《师傅越来越温柔》等，都为读者展现了城市中上至公司老总，下至工厂工人的生存状况，揭示了城市人生存的荒诞与危机，使山西文学的面貌变得多姿多彩起来。那么从山西作家整体的创作来看，您怎样评价自己创作题材上的开拓？您是否有描写城市生活的野心？您怎样看待乡土中国的城市化进程？

　　李：您实在是过誉了，也是误解了。我当初写都市，正是因为对都市的陌生和不了解，所以写出来才有荒诞的感觉。如果说有一点点成绩，也要归于天赋，更要归于从乡村社会到城市环境的改变。韩石山老师曾说我是山西文学的一个 "异数"，这是对我在当时山西文学格局中的准确评价，但绝对谈不上 "开拓"。至于中国的城市化进程，我觉得只能说是城市现代化建设进程，而城里住的都是农村人。因为中国其实是一个大的乡土社会，就像英国其实是一个大庄园。非要用一种标准来注解中国的城市化，我觉得用人的代际来体现更准确些，比如说 "90 后" 和 21 世纪生的孩子们基本上就都是城市人了，就算是生在农村，因为教育的原因，他们也和城里孩子没有特别大的差别。

　　张：《婚姻之痒》是您在网络上发布并且有许多读者跟读的一部特殊作品，有些类似于网络小说。而且小说结尾您让女主人公庄丽死去，这样的处理让很多读者受不了。您笑说自己当初顶着网友和读者的威胁把结尾处理成这样，

是为了让痛感更强烈些，引发的思考更深刻些。您怎么看待读者对写作者的这种干预？您觉得这种写作方式与传统的由作家预设隐含读者的写作相比，有什么优势或者劣势吗？您怎样看待网络文学？

李：这样的互动，在有网络之前是不可能的，虽然我固执地按照自己的想法写完了，但感受到了读者意愿的强大力量和诱惑力。其实在当时日本、韩国和港台的电视剧创作中就引入了观众的意愿，剧情基本上根据对于观众意愿的调查结果走。后来风靡世界的美剧《越狱》更是这样生产出来的。这种生产方式其实不是创作，而是一种营销。真正的创作首先应该基于作者对这个世界的独特理解，与读者或观众的共鸣是产生在这一基础上的。我的《婚姻之痒》不是网络文学，因为它是我在快完成的时候才发布到网上去的，我对网络文学其实很陌生。当然，现在网络文学和传统文学的界限更明显了，他们基本喜欢玩穿越和魔幻，不和现实玩了。

张：《奋斗期的爱情》《公司春秋》《婚姻之痒》等作品被称为"同龄人的画像"。在作品中，您通过大量的细节将李乐、马小波、小邵这些主人公刻画得十分到位。他们所处的现实有着激烈的竞争、紧张的人际交往、残缺的信任、沦丧的道德，在这样的夹缝中主人公都有自己的一份坚守。您是怎么看待您这一辈人的呢？您认为这一代人的思想、生活特质是怎样的？对您这一辈人影响最大的事件与思想是什么呢？

李：李乐、小邵、马小波其实都是我自己，《奋斗期的爱情》《公司春秋》《婚姻之痒》三部曲，写的也是我们20世纪70年代出生的农村人的命运轨迹。70年代生人是有社会担当意识的一代人，也是缺乏自我意识的一代人。我们受传统道德观念的影响深重，愿意为家庭牺牲自我，也更愿意在社会中实现自我价值，是普遍愿意靠自己的奋斗去获得幸福的一代人。对我们影响最大的事件应该是国家从计划经济转为市场经济，毕业后不包分配，使很多人尤其是没有全日制本科文凭的人成为聘用人员，在完全没有准备的情况下被抛向社会，命运从此发生了改变。至于思想，我们这一代人也是受体制制约比较严重的一代，基本上屈从于生存和发展，对社会地位和金钱持传统的重视态度，反而对一些思想和思潮的理解仅仅停留在表面上。我个人认为即使是"80后"，在当下谈思想也是奢侈的事情。

张：在您的作品中，有些中篇或短篇小说是从长篇小说中截取出来的，例如中篇小说《前面就是麦季》是从长篇《母系氏家》中截取出来的，短篇《流氓兔》是从长篇《公司春秋》中截取出的一个故事片段。您觉得这是一种创作上的自我重复，还是从短篇到中长篇创作必然要经历的创作过程？您怎么看待当前 "70 后" 长篇小说创作的困境？

李：《前面就是麦季》是以《母系氏家》为大背景完成的一个相对独立的中篇，而《公司春秋》是由《流氓兔》等十几个短篇攒成的一个长篇，这不是重复，是素材的整合。我不认为 "70 后" 存在什么长篇小说创作上的困境，因为长篇从素材上讲是需要生活阅历的，而从思想上讲是需要年龄和阅读的。"70 后" 的长篇少，我认为就是受到以上两个方面的影响。但我认为文学的圈子化和读者的作者化，使得 "70 后" 作家绝大多数成为刊物作家，从而失去了写书的强大掌控力，这的确是个值得警惕的事实。

张：您之前的《奋斗期的爱情》《公司春秋》《婚姻之痒》中总是晃动着自我的影子，而《母系世家》将艺术视野转向了另一片天地，从对城市生活个人体验的书写转入对中国乡村风俗画卷的描绘，是您风格转变之作。您认为转变之后的作品取得了哪些突破呢？在风格的转变过程中您是否遇到过难题？是什么，又是如何克服的？作品风格的转变是有意识的吗？您怎样看待自己前后这两种风格？

李：以前写自我，其实也是写别人，只要能把握时代脉搏，和读者产生共鸣，就基本敢说自己是个作家了。后来写乡村，也不是刻意的，而是一种自然的转变，因为乡村生活经验已经渗透进我的血脉里。比起城市人，我更懂得农村人的精神世界。当然，一个作家走向成熟，必须完成的转变就是从个人的生命体验转入对时代、社会、人类的关注和思考。我对自己两个阶段的写作同样珍视，自我是一个人年轻时应该书写的，而乡村世界也是一个人走向中年时对美好记忆的再现，是对过去时代的一种记载。写乡村对我来说是一种享受，没有任何困难可言。至于突破，我想是我写出了乡村人物的世界观和精神境界。

张：米兰·昆德拉曾说，"女人总渴望承受一个男性身体的重量。于是，最沉重的负担同时也成了最强盛的生命力的影响。负担越重，我们的生命越贴近大地，它就越真切实在"，在《母系世家》中我深刻体会到了这句话的含义。作品中兰英、红芳、秀娟是乡村女性谱系中的代表，您用舒缓的节奏、平实的语言诠释着她们背负生命重担的存在价值、精神创伤和别样人性深度，故事有一种淡淡的凄凉却充满艺术张力。这种平缓之中的艺术张力是乡村女性原始生命力的自然呈现带来的吗？您笔下的女性人物沿袭着传统女性的观念但又呈现出她们的特质，成为不同于以往小说中女性的独特的"这一个"，您认为她们身上的独特性体现在什么地方？

李：我认为全中国的农村其实都是一个农村，而全中国的乡村女性其实也就那么几个大类，和中国的农村都很相像一样，中国的乡村女性也都很相像，要写好她们其实很容易。只要怀着一颗爱心，贴着人物性格去写，把人物塑造好了，小说就成了。《母系氏家》里唯一不同于传统乡村女性的人物是秀娟，她的博爱是中国乡村女性所不具备的，这是我的创造。但是你看，赋予中国乡村女性任何伟大的东西，都会显得很美，而不是假，这是很耐人寻味的。

张：有文学评论家认为，从文本意义上来说，李骏虎开了一个从风俗史和人的精神角度去书写当下乡村世界的先河，您所呈现的乡村是醇香的原浆；同时您充满温情地描画着乡村的麦收风光、民俗画卷，作品中隐含着说不尽的温情与和谐。您自己怎样看待这样的评价？准确吗？

李：这似乎是《小说选刊》转载《前面就是麦季》时编辑的话，我认为这个评价是说到了我心里的。

张："当美恰好揭示出超越的实在，当这一实在被感受为美，当每件事物因其真实而被认为本质上美的时候，这两种艺术才合而为一。"在现实主义创作道路上，您认为自己之前那种超验的艺术特质有没有受到现实的束缚？

李：我后来发现，最先锋的就是现实主义，这是因为现实的"超验性"。而我坚定选择现实主义的创作道路，也正是因为看到了它的包罗万象、涵盖一切。在我的所有作品中，即使是最"现实"的作品，也总是不自觉地运用着"超验",它仿佛具有神性,赋予作品以灵性。我不认为现实主义创作束缚了我以前作品里明显的超验性,相反,我觉得是现实赋予了超验更强的艺术表现力。超验之于现实主义,就像闪电在乌云和大地之间蹿动。

张:"如今的世界格局下,要找社会变革,其实在农村是找不见的。《小社会——铅华与骚动》选择将背景设置在城乡接合部,既能体现中国的城市化进程,又能体现其对农村的带动及影响。要反映现实社会和时代发展,还得写城市,还得写主流人群,还得写中坚社会,还得写知识阶层。"您是否认为中国的农村仍然没有走在现代化的道路上?对于城市农村二元结构您有什么看法?您认为农村的未来应当是怎样的呢?

李:中国的农村,摆脱古老的生产方式也不过几十年时间,所谓的现代化,表现在房子、车子和家电上,表现在农民们外出务工上,而实际上还是小农经济,农村和农民只是被时代大潮推动着无所适从。而以乡村精神背景为基调或者反乡村精神为基调的中国城市,实际上离真正意义上的城市还相距甚远。所谓的城市农村二元结构我觉得不存在,整个中国从精神上就是个大农村。我所说的要写城市、写主流人群,其实就是写这种纠葛、这种现状。作为一个从农村走出来的人,我看到农民被钱牵着鼻子纷纷离开土地,是很不安的。怎样让农民回到土地,如何使种植农作物足以保障他们衣食无忧,这是很重要的。国家不需要给钱让他们种地,只需要真正实行义务教育,真正完善医疗保障就可以了,就是大同世界了。

三、对当下文坛的认识

张:"70后"作家没有沉重的历史负担,这一方面使作家的创作天地得到开拓,但另一方面又使得他们的文学作品多少有些轻盈感。您怎么看待文学作品的"历史内涵"?您认为在新时期淡化了历史之后,应该如何开拓文学作品的深刻感与厚重感?

李:"70后"开始摆脱时代对个人命运的支配,这使得文学对个体的关注得到拓展，艺术的轻盈和自由得到彰显。"70后"因此而缺乏历史感，这是时代决定的，但是也可以以作家的意志为转移。毕竟一部作品没有历史感注定是浅薄的，人物没有命运感注定是苍白的。在这样一个琐碎庸常的时代，"70后"的笔触多落在"民生""底层"等叙事上，这是危险的。我选择了解并书写山西抗日民族统一战线的历史，就是为了解决这个问题。寻找并廓清一段历史，形成自己的历史观念，反观时代，这样就能够解决作品分量的问题。至于"深刻"，这个词不应该属于文学艺术。所谓的追求深刻，对小说是一种戕害。

张：您认为"70后"作家创作的整体现状是怎样的？您喜欢哪几位国内"70后"作家的作品？对于"70后"作家，您认为是否存在整体上的审美局限或缺陷？您文学创作的不足之处或您不满意之处是什么？

李：我读同时代作家作品比较少，印象深刻的如徐则臣的《跑步穿过中关村》不错，很有生命体验。在我有限的浏览及和同时代作家的交流里，我觉得"70后"创作最大的问题是模仿大于原创。原创精神匮乏，并且同一性太明显，遮住作者名字，说某一篇作品是谁写的都可以。"70后"要想出大家真的太困难了，很多人走不出模仿，形不成鲜明的个性。至于我个人的文学创作，我一直认为自己对文学的理解大于自己的技法，我越来越不重视小说的形式和技巧，我自己用"呈现"来表述自己的创作状态。我一直是个票友水平，并且我喜欢这样的状态。

张：您曾经有过在洪洞县挂职的经历，您有没有计划创作官场题材的小说？在未来一段时间或更长时间，您有什么创作计划吗？

李：我一直希望自己能写出一部反映当下时代的作品，但是总是质疑自己掌握的素材是否足够。对于中国的官场和社会现状，我比其他挂职作家了解更多一些，因为我挂职的是自己的家乡，而且我担任的是"实际职务"。这一经历对于我思想的作用远大于对创作的作用，我没有热情创作什么官场小说，但也许会写一部社会小说。或者说这一经历所得的经验，影响着我所有作品里的价值判断。

张：2010 年对您来说应该是不平凡的一年。您凭借《前面就是麦季》斩获鲁迅文学奖，又凭借《母系氏家》获得赵树理文学奖，而这之前您曾获得庄重文学奖。这些奖是对您之前创作的一种认可，您能具体谈谈它们对您的文学创作的影响吗？

李：搞创作获奖对作家的好处是有很多实惠，经济上的、待遇上的，还有它们会成为一种标准。但是，获奖对于创作来说意义不大。比如说获了一个鲁迅文学奖，不能推动我创作出大作品，但是却能够让我心态放松，更自由地按照自己的想法和风格去写作，而不用担心发表和出版的问题。这种自由，是我最想得到的。

张：您凭借中篇小说《前面就是麦季》成为鲁迅文学奖最年轻的获奖者之一。山西主流媒体评价，此次李骏虎的获奖，标志着山西作家"后赵树理写作"所达到的新高度。您自己怎样看待这一评价？您认为自己的创作与老一辈山西作家相比，突破与不足是什么呢？

李：这里有两个误解。首先我只是第五届鲁迅文学奖获奖者中最年轻的，第四届的田耳比我小很多。其次所谓的"后赵树理写作"这一表述也不准确。每个时代都有自己的文学，不能说宋词是"后唐诗写作"。我们这一代作家比起山西老一辈作家差距是明显的，最重要的缺失是我们不具备对时代和政治的关注，老一辈作家作品对时代的影响，我们也远远不及。这不是山西一省的问题，是全国青年作家的问题。相比来说，20 世纪 50 年代出生的作家就做得很好，比如山西作家张平，那样的社会情怀是我们应该学习的。

张：在 2011 年茅盾文学奖的评选中，《母系氏家》入围第一轮投票后落选，您认为这是宣传力度不够，很多评委不了解您的作品导致的吗？在当前的市场机制下，您对文学宣传有什么看法？好的文学作品需要市场装潢、包装吗？

李：真正好的作品自己就有市场号召力，宣传只能做出畅销书，做不出常销书。我不是很感兴趣什么宣传，认为这是对文学作品自身感染力的嘲讽。《母系氏家》第一轮能入围，我已经很意外了，因此它落选我一点也不意外。让我感到安慰的是，读过的评委都认为它是上乘的作品，这就够了。获奖不是目的。

张：山西有着强劲的短篇小说创作传统。您怎样评价"山药蛋派"？其文学创作实绩对您自己的写作有什么影响？您认为与老一辈作家相比，山西新锐作家的创作优势体现在什么地方？山西新锐作家的不足是什么？

李：我是读着"山药蛋派"的作品长大的，老作家们朴素洁净的艺术手法和纯正的艺术追求深深地影响着我。之后的"晋军崛起"受翻译文学的影响比较大，其价值还需要时间来检验。我们这一代和比我们更年轻的作家，优势是阅读的丰富，对西方大师的作品非常熟悉，受到其很大的影响。但是跟社会脱节严重，也不是很了解时代的核心问题，这就造成原创性不足和创作格局过小。这个问题是普遍存在的。

张学东：
翱翔于文学天空的"妙音鸟"

张丽军：您是怎样走上写作道路的？此前有怎样的文学准备？请结合自己的经历谈一谈。

张学东：20世纪90年代初，我还是个毛头小伙，刚从广州一所民航院校毕业。我学的是专业性很强的航空电讯，被分配到中国民航宁夏区局工作没多长时间就感到厌烦了。我觉得自己的身心根本不属于那里。时间也就一晃，我在民航局待了近十年，这期间恋爱、成家，也曾几次试图调整工作，或去搞搞行政，当个行政助理、秘书什么的，可感觉总还是换汤不换药。我才逐渐意识到，我不是不喜欢民航这份工作，而是我根本就不喜欢企业的工作氛围。后来，在我爱人的建议下，我利用业余时间大量阅读并学习写作。1999年初秋，我在省刊上发表了短篇处女作。有趣的是，在作品发表之前，我先被召集到文联参加了一个座谈会，是关于宁夏"70后"作家文学创作的。我投去的小说被主编认为可做头提刊用，我的文学之路也由此开始。2000年到2002年，我在全国二三十家刊物上地毯式发表作品，很快就受到了文联的重视。写作让我获得了一次跳槽的机会，2002年末我作为特殊人才正式调入文联从事文学编辑工作，从此可以名正言顺地写作了，这也让我找寻到生活的坐标和自己的价值所在。

张丽军：听说崔道怡先生对您有过帮助，能否谈一谈？在您成长的道路上，评论似乎对您影响很大，是这样吗？

张学东：2001年初我在北京鲁迅文学院作家班进修，那时感觉文学一下子离自己很近很近，因为经常可以见到著名的作家、评论家来学院授课。《中国作家》选用了我在鲁院的两个短篇习作同期刊发，其中一篇当年就获了我写作生涯的第一个小说奖，我也因此一年内去了两趟北京。年末，崔道怡先生恰好来宁夏开会，那个会我因外出未能赶上，听说老先生在会上很是夸奖过我一番，说我很有才气，小说写得好。他是《中国作家》那次小说奖的评委之一，听说正是他的力推才使那篇小说获奖。他真是一位可爱又可敬的老人，扶持新人可谓不遗余力！ 2002 年初，《十月》《当代》等陆续发表了我在鲁院完成的短篇，选刊等也给予转载，我的小说开始被更多的人关注。作为一种答谢我礼节性地打电话，问候远在北京的崔先生，他在电话里详细询问了我的写作状况，以及发表作品的数量等。崔老师说他是中华文学基金会策划的"21 世纪文学之星丛书"的编委，他有资格推荐一部书稿，问我想不想出书。这简直让人喜出望外。后来的一切非常顺利，我的第一部小说集《跪乳时期的羊》全票通过评审并得以正式出版。这年五月的《中国作家》又集中刊发了宁夏青年作家小说特辑，其中包括我的第一部中篇小说。随后，宁夏文联又与《中国作家》杂志社联合在京召开了作品研讨会，我有幸参加。记得在大会上，崔道怡老师以他特有的朗诵方式，声情并茂地发表了题为"宁夏文坛又一张：记小说新星张学东"的讲话，全面而又感性地点评了我前期的小说创作，使我受益匪浅。也许正是老人家的真诚点评促使我日后创作了第一部长篇小说《西北往事三部曲》。这十多年间，崔道怡、白描、陈思和、孟繁华、陈晓明、陈建功、吴义勤、汪政、张新颖、郎伟等专家学者均写过有关我作品的评论文章，《小说评论》杂志还刊发过"张学东小说创作评论专辑"。好的评论是作家和作品的一面镜子，他们言辞中肯、掷地有声，让我一次次清醒地认识到自己的长处与不足，从而也懂得了如何面对自己、面对文学。

张丽军：作为宁夏作家，您如何评价自己作品中的地域色彩？这片土地对您的成长和您的文学创作有怎样的影响？

张学东：来过宁夏的朋友都知道，这里有沙漠、有绿洲，更有黄河之水天上来的优势，塞北风情浓郁，四季分明。在宁夏，只要谈及文学，人们往往会很自然地将其与沧桑、苦难、贫瘠、荒凉等关键词联系在一起，西海固文学尤其如此。所以，从一开始我就很自觉地认识到，不能像西海固作者那么写，我得有自己独特的文学面貌。我自幼成长在平原地区，我的小说应该打上平原人的印记。至于地域色彩对我的文学创作有何影响，也许并不好一下子理出头绪，但我想潜移默化的力量是存在的。比如我小说中的硬朗、悲怆和苍凉之气，还有悲天悯人的情怀，这些无不得益于生我养我的这片土地。而像《妙音鸟》这样的作品，它不可能由其他省份的作家来完成，这就是我得天独厚的优势。外省人也许并不知道妙音鸟为何物，以及它特有的人文历史价值。

张丽军：您早期的创作也是从短篇开始，是怎样的想法让您着手长篇创作？现在很多青年作家上手即是长篇小说，并不认为写短篇是必要的准备。

张学东：对于我来说，我所经历过的 20 世纪 70 至 80 年代的城镇生活，总是在遥远的身后闪烁着奇特的微光，这是我进入一个个长篇故事前的神圣召唤。而长篇小说的创作需要这样的生机与召唤，它让这种写作本身就具有神圣的使命感，这也是我最看重的地方。经历了多部长篇小说的创作之后，我愈加坚信："70 后" 作家的创作道路还很漫长，我们需要时刻警醒，更需要锲而不舍。创作长篇小说是心灵意义上的长途跋涉，是对作者体能和心智的双重挑战。文学史上那些经久不衰的经典之作，有哪一部是作者茶余饭后溜溜达达不痛不痒消遣出来的？长篇小说之 "长"，在于对生命体验的丰厚积累，在于对时光岁月的幽深洞穿，更在于对文学创作的终极把握。我坚信经过多年的中、短篇创作实践，我个人已经形成了一种相对独特的写作优势，无论是对语言细节的把握，还是对故事和人物的铺排。现在很多长篇小说粗制滥造、浮夸虚假，甚至不知所云，我想很大程度跟作者没有经过中短篇小说创作实践而直接上手就写长篇有关。艺术必须尊重创作规律，高楼万丈平地起，这一点毋庸置疑。

张丽军：整体上看，宁夏青年作家写长篇小说的不多，更擅长散文、短篇创作。对此现象，您能谈谈自己的看法吗？

张学东：宁夏青年作家多以短篇小说创作为主，一方面可能跟全国文学刊物的刊载格局有关，毕竟需要大量的此类作品填充版面。另一方面，由于中短篇创作短小精悍可速战速决，被选载和关注的机会也相对较多，从作者的角度来说似乎更容易出成果。这方面我深有体会，写一部长篇往往要花费两三年时间，最终发表或出版后，可能未必能达到作者预想的效果。但我想仅仅因此便长期采取一种避重就轻的写作策略，或者说有意回避大部头的创作计划，就好比一只鹰，本来它的一生可以翱翔天空四海为家，可偏偏选择只在自己巢穴边很有限的范围内徘徊往返，这对作家其实也是种不小的伤害。2009 年，我的长篇小说《超低空滑翔》出版，随后又在北京召开作品研讨会，多少改变了外界对宁夏青年作家的偏见。评论家白描就曾指出：张学东以完全不同于宁夏那个群体的姿态、不同的审美的风格、不同的美学风范出现，《超低空滑翔》对于宁夏青年作家的整体创作来说更有一种深意，已经带有如此鲜明的现代审美的意识和现代人的观念。

张丽军：文坛对宁夏作家有“三棵树”“新三棵树”的概称，您认为这样的评论对于作家创作有何影响？这种身份的绑定有利于创作吗？您觉得自己的创作于宁夏文学有怎样独特的价值？

张学东：我曾在中国作家协会为宁夏作家召开的创作会上代表青年作家谈到了个体与群体的关系，桃李就是桃李，松柏就是松柏，不能因为大家同在一个园子里生长便混为一谈，丢失了个性。作为宁夏作家“新三棵树”之一，这个问题我也一直在思考，自己既是这个群体中的受益者，同时也可能是某种意义上的受限者，因为地域特征等因素不可避免地会让我们几个作家彼此在创作上趋于雷同。但经过这些年的不断摸索，创作由中短篇转向长篇，我的小说叙事格局发生了很大变化，尤其是在驾驭相对复杂的人物和历史事件上已能得心应手。写作本身没有大题材和小题材，只有格局的大小和视野的宽窄之分，小说不能也不应该总是在同一个视角上左顾右盼，那可能无异于坐井观天。以前我写过童年的乡村生活，也写过 20 世纪 70 年代少年的成长经历，但总觉得跟自己现在的生活相去甚远，不无孤芳自赏的意味。直到写了《超低空滑翔》和《人脉》后，我才真正体会到作家与现实的关系是那样密切，现实生活无时无刻不在逼近我们，而很多时候，我们却在不自觉地逃避，只是躲书斋里异想天开、一厢情愿。至少像《超低空滑翔》里蹉跎沉浮的小职员白东方、《人脉》里颠沛流离异乡扎根的乔雷，都是宁夏文学以前不曾出现过的较为鲜活的文学形象。因为写出了这样的人物，让我感到一丝欣慰。

张丽军：您的作品题材风格各异，《西北往事三部曲》书写青春成长记忆，《妙音鸟》写"文革"的荒诞历史，《超低空滑翔》关注都市现实人生，《人脉》聚焦的是人的精神和心灵世界……这种有意识的突破给您的创作带来了怎样的挑战？

张学东：几乎没有哪个小说家会一成不变地一味埋头写下去，尤其是对于长篇小说，这种文体太具有挑战性了，题材、结构、叙述、语言，乃至人称等，都需要创作者对自己要表达的东西进行全面把握，开出切实可行的良方。《西北往事三部曲》写一群懵懂少年的成长往事，写起来挥洒自如，一气呵成；《妙音鸟》采用魔幻现实主义的手法，极大地考验了我的想象力和对特殊历史的把握能力；《超低空滑翔》多少带有些自传体性质，故事来自我在民航院校及毕业后学习工作的近十四年的经历。我也比较好地把握住了现代性叙事技巧，陈晓明先生在文章中指出，"《超低空滑翔》是对新写实主义的一次光大"。到了《人脉》我似乎又自然而然地回归了传统，尤其是中华传统儒家文化。我一直很清醒，对待一部长篇小说的创作要像对待一次攻坚战役，没有挑战也就没有成功。我不喜欢那种四平八稳的言说方式，更厌恶没完没了的自我重复，当下很多文学作品只是人物名称不同，里面的那个核大同小异。我写《人脉》光人称问题就颇费思量，评论家王春林先生说即便是在先锋作家那里，他也从来没有见过哪个小说像《人脉》这样高频率地转换人称。何向阳女士则认为《人脉》的人称转换达到了天衣无缝的境界。所以，我相信只要面对挑战勇往直前，每一部作品都会有它独特的气息与性格，甚至能别开生面。

张丽军：为什么将《人脉》视作您写作生涯中"最为成熟也最为庞杂的一部作品"？

张学东：我过去的长篇小说总能比较清晰地概括出自己想要表达的东西，《人脉》截然不同，以至于出版者要一个梗概时我很为难。可能是因为它涉及了太多意象，伤痕的历史碎片、纠结的人物情感、无奈的现实冲突、复杂的心灵世界，以及情仇善恶、仁义礼信，凡此种种。也许正是因为如此，我始终坚信自己写出了一部比较扎实的文学作品。现在给它下定义也许为时过早，但我相信读者只要能沉下心来读读《人脉》，一定会对"70 后"作家有更新的认识。

张丽军：评论家郎伟曾经谈到，西北作家群习惯于深耕西北黄土层，艺术翱翔之力相对不够，但张学东是虚构能力最为强大的一位青年作家。您觉得自己的想象力足够强大吗？您如何看待想象力和创作的关系？

张学东：但凡读过我作品的人大概都有这种印象，比如长篇小说《妙音鸟》，我是以魔幻现实的手法叙写"文革"时期一个黑白颠倒、时间错乱、人性泯灭的偏僻村庄的。我生于 20 世纪 70 年代，然而我的写作并未受此局限，通过对史料和文献的收集与研究，最终以超越自我的想象力成功驾驭了这部极具挑战力的作品。后来得到孟繁华等评论家的认可，被认为是"没有历史依傍的'70 后'作家的突围之作"。借此机会再说句题外话，一直以来评论界总是对"70 后"作家有这样那样的不满和诟病，但又有多少评论者真正自觉主动地第一时间阅读了他们的最新作品？与之相对的恰恰是，所谓功成名就的 20 世纪 50 年代、60 年代作家，他们的作品总是在各种场合和语境中得到太多人云亦云的关注和好评。我想这种状况如果得不到改观，恐怕"70 后"作家光靠自身的努力和执着仍将长期处于文坛弱势地位，被忽略和被遮蔽是必然的。

张丽军：请谈谈您目前的创作状况。

张学东：《人脉》出版后，大约有一年之久我几乎没怎么写东西，主要原因是有种被掏空的感觉。《人脉》的确让我投入了全部精力，当时每天至少写两个钟头，持续了整整两年，简直像一场看不到尽头的马拉松比赛。因此写完后，我的身心都需要调整，当然也该静下心来读读书，沉淀沉淀了。最近完成了几个中短篇，虽然属于缓冲式的写作，但我个人还是非常满意。这些作品完全区别于我早期的那类小说，我试图以更为崭新和独特的视角来描绘当代生活图景，特别是经济浪潮涌动下城市普通民众的精神状态。

付秀莹：
乡村与城市的抒情与悲歌

一、乡村：曾经的喧嚣与如今的落寞

张丽军（以下简称"张"）： 您曾经说过，"书写乡村是想凭借文字回到故乡，回到童年，回到在院子里进进出出的亲人们的身边"。请谈谈您的童年及其对您文学创作的影响。

付秀莹（以下简称"付"）： 我出生在乡村，拥有一个美好的童年时代，物质上的匮乏在我的童年记忆中几乎没有留下痕迹。父母慈爱，姊妹融洽，我在亲情的包围中懵懂成长。童年的我是一个善感多思的人，心肠柔软。母亲为此颇为担忧，觉得我没有人家的孩子活泼开朗，以为小孩子就该任性顽皮，没心没肺。青年时期的我喜欢看书，喜欢安静，很小的时候便懂得体谅父母的难处。如果说不是出于天性，那么我想，恐怕是同母亲的病有关。在我的记忆中，母亲的形象总与病榻有关。相比在外面疯玩，我更喜欢待在她的床侧，不离左右。现在想来，或许是安静、敏感、耽于幻想的童年，成为了我日后走上写作道路最初的诱因。

张： 您在作品中将"芳村"化作您的故乡，用文字来回味童年的美好时光。在《旧院》中您书写了独自撑起家庭重担的姥姥和她六个女儿之间的恩恩怨怨，这里面是否有您的影子？请您谈谈故乡和芳村的内在关系。您是否有意建构一个叫作芳村的文学世界？

付：《旧院》里一定有我的影子，有我对世事苍茫最初的猜测与想象。我的故乡在河北省一个偏远的小村庄。我在那里出生、长大，度过了完整的童年时代，至今，我还有亲人在那里生活。故乡之于我，不仅仅是地理学意义上一个概念，更多的是精神范畴上的一处安妥之所。毫不夸张地说，在那片土地上，有我对人世最初的所有美好想象和期许。那个小村庄仿佛一枚印章，已深深烙在了我的精神底色上，令我无论在人世间行走多远都不会迷失。如果说那个小村庄是我现实的故乡，那么芳村便是我精神的故乡，是记忆中的故乡，也是艺术化虚构的故乡。然而，谁又能把现实与虚构的关系一言道尽？它们往往彼此缠绕，互为表里。我试图通过回忆，不断建构一个属于我自己的芳村，建构一个能够承载我梦想、野心和激情的文学世界。

张：您在作品中经常会提到乡村人外出务工的一个问题。种地曾经是古老的农村生产方式，它不再能满足新一代的农民对于物质和金钱的向往。《迟暮》中老人眼看着自己辛辛苦苦养大的儿子进城打工而无能为力；《六月半》里的进房总是在外打工，连相媳妇这样的大事也不急着回家看看……老人们独守着渐渐空落的乡村不知如何是好。您对于乡村青壮劳力外出务工，留下一座座"空村"的现象是怎样看待的？这是不是新乡土文学所应表现的重点？

付：农民进城打工、空心村，这已经不再是一个新的话题了。然而由此引发的一系列问题，比如伦理秩序的失范、道德价值的溃败、精神家园的失守却值得关注。乡土中国该往何处去？关注乡土中国在新的历史条件下发生的现实嬗变和心灵变迁，关注在这种剧烈动荡之中"人"的精神成长和人性的微妙起伏，应该是新乡土文学着力之处。

张：您在小说中最为关注的是女性的内心世界，关注女性内心深处的隐痛。乡村世界里，男人们外出打工，留下独守空闺的少妇。《灯笼草》里的乡村女子守着儿子孤独地等待着男人的归来，大哥二桩的出现让她的心亮了起来又渐渐熄灭了；《空闺》里的女人给外出的男人怀上了孩子，却被似乎"变了心"的男人忽略了。您对于男人与女人间的爱恨情仇是如何理解的呢？

付：男人与女人间的爱恨情仇——这恐怕是一个难以道尽的话题。世间没有无缘无故的爱，也没有无缘无故的恨，这句倒是实话。最难说清的便是男女之爱了，至于爱恨情仇，更是复杂到令人无语。然而，这偏又是小说家钟情写，读者喜欢看的。谁的小说里没有爱恨情仇呢？譬如《灯笼草》里的小灯，她在二桩和五桩之间那百般心意辗转，曲折幽微，欲喜还嗔，未笑先泪，实在是一个小女子最平常不过的儿女情态。然而，有谁能够懂得她的内心呢？她在内心的情天恨海里煎熬了一回，终于安分了——自然，不过是表面的平静。虽然内心偶有涟漪甚或风暴，但生活终究教会了她心平气和。很多时候，我们看到的只是表象，小说家的本分，是把事物的另一面呈现出来。

张：您的小说多数选取女性视角来展现乡民的心灵世界，展现她们的心灵隐痛。您是否认为这些作品是女性文学？请谈谈您对女性文学的理解。

付：谈到女性文学，前一段时间曾给《文艺报》写过一篇《流言：也说女作家》，是谈女作家以及女性写作的。"坦率地说，对于'女性写作'这样的概念，我向来是心存困惑的。写作便是写作，为什么要强调'女性'呢——既然并没有特意提出'男性写作'。正如人们一向喜欢做一些'女作家系列'，或者，在公布名单的时候，括号中标明'女'，总叫人觉得有些过于郑重其事——这郑重其事后面，大约有深意存焉吧。"对女性文学，我也作如是观。当然，我在小说中描写了很多女性，但恐怕仅仅是因为身为女性以女性视角写作更为方便，我懂得她们的内心曲折。我也尝试写过一些男性视角的小说，写的时候很有兴味，我喜欢其中的难度和挑战。

二、城市：情感的错位、迷失与多种可能性

张：您的小说一半回味着乡村的美丽与落寞，一半窥视着城市的错位与迷失。您是位从乡村来到城市的作家，关注城市中的畸形情感是否与这种人生经历有关呢？请谈谈您的大学时代和您对城市生活的理解。

付：从故乡的小村庄到省城再到京城，一路辗转，我确实经历了很多。价值的颠覆、情感的震荡、精神的磨砺、心灵的成长……我得承认，我并不是一个柔弱的人。其实我心中有些坚韧的东西一直都在，困厄的时候给予我

最结实有力的支撑。大学时代对于我仿佛一个美丽而虚幻的梦，青春的激情和纯真的梦想都在时间的灰尘中失去了最初的颜色，亦真亦幻，如现实与虚构纠结不清的小说。那时候，我学的是英语专业，经历了高中时代的痛楚，写作犹如一个伤口，不可触摸。那时候，我在青春年华随波逐流，不知道在时隔多年之后还会有提笔写作的可能。相比乡村，现代城市生活有着更为复杂而丰富的面目。生存空间的日益逼仄，物质上的强大挤压，难免令置身其间的人们精神蒙尘，心灵变异。激烈的竞争，令他们在喧嚣的兵气和戾气中躁动不安，难得宁静。可以想象，这样的城市语境中的情感，可能会是情感之哪一种。自然，城市不完全是罪恶的渊薮，如今的乡村也绝不仅是田园牧歌。这是两回事。

张：您的一部分城市小说，写的是外出务工的乡村女孩走入城市所受到的心灵创伤。小刁来到苏教授家做家政，夹着尾巴做人，得到的是苏夫人的疑心和苏教授的无礼。《无衣令》中外出打工养活一家的小让，最后做了老隋的二奶，在寒冷的冬日独自舔舐伤口。您觉得城市带给乡村女人的只有伤口吗？为什么在您的小说中，离开了土地的庄稼人命运总以悲剧收场？

付：在如此喧嚣浮躁、物欲横流的城市，乡村女人，尤其是如小刁和小让这样的乡村女人，会有什么可能的好出路吗？我暂时想不出。无论是自愿还是被迫，小刁和小让来到城市，她们柔软的天性都与城市的坚硬表情无法相容。她们手无寸铁——学历、户口、房子，城市生活所必需的一切有效硬件，她们都没有。而另外一些不必需的软件，比如尊严、名誉、真诚、爱，她们却很执拗地不肯放弃。城市中必需的生存技能，倾轧、算计、钩心斗角、当面是人背后是鬼，她们还学不会。她们离开了土地，城市的钢筋水泥无法令她们扎根生长。除了离开，她们还能有什么可能性呢？

张：城市在您的小说中是繁华的，但里面已经腐烂了。《传奇》中蒲小月对准妹夫的一句问话引起了妹妹和妈妈的警惕，她们怕这个姐姐抢了妹夫；于芳菲与不相识的陌生人短信调情并深陷其中。您以"传奇"给作品命名是否因为喜欢张爱玲的作品？您对城市中情感的放纵与亲情的迷失有怎样的深刻体会？

付：这人世间的故事，原本都是传奇。我们都活在传奇中，只是浑然不觉罢了。张爱玲的《传奇》也是看过的，很喜欢。张爱玲是一个才情丰沛的作家，文笔极好，又看破了世事，她小说中有很多妙处，叫人会心。现代城市生活中，由于残酷激烈的生存压力，人在不同程度上被异化为一种 "机器"。高效能、精密、严丝合缝，在城市的机器中快速运转，无暇无力顾及内心。然而，人内心的惊涛骇浪、狂风暴雨，在铜墙铁壁的城市中要如何冲决而出？抑或极力抑制，形成无法治愈的暗伤？看多了周围人上演的人间悲喜剧，在惊诧困惑之余，也学会了不动声色。或许，这是人们的现代病之一种。

张：城市人的情感似乎都迷失在了茫茫人海之中，有人找到真爱，有的只是一时的冲动。"旧事了" 似乎成了您描写城市情感的代名词，您的创作题材来自何处？为何您对城市如此悲观绝望？对乡土的眷恋和对城市的厌恶，似乎是百年来中国乡土文学叙事的传统，但也有学者认为城市化是无可避免的，城市里也有自由、平等、选择等乡土所不具备的权利，您在有意书写城市生活的同时是否思考过城市光明的一面？

付：也不是悲观绝望。对城市，我怀有十分复杂的情感，爱不得恨不得，又爱又恨，爱恨交织。在《旧事了》里我写到了都市人情感的空幻、脆弱，不可把握，写到了都市人内心撕裂的痛楚与深刻的虚无和迷惘。现实对内心的某种触发，让我不吐不快，几乎是一气呵成。当然了，我说过，乡村已不再是纯净的田园牧歌，城市也绝不是血与火的悲歌。无论乡村还是城市，不过是我们的生存场域。应该说，我更关注的是生存其中的 "人"。城市生活为我们提供了很多便利条件，物质的、精神的、文化的。坐在书桌前眺望窗外的京城，华灯璀璨，城市的夜晚也具有梦幻迷人的诗性。"正如人一样，城市也是有气质的。这个城市，大气，包容，是大海，可以纳百川。" 这是《旧事了》中女主人公对北京的评价。我得承认，北京的迷人之处正在于此。

张：在城乡对立这个时代命题前，您在小说中为读者建构了一个城市与乡村共同沦陷的残酷现实，您对于这样一个属于时代的命题有怎样的看法？城市生活和几千年来的乡土情感能否融合？

付：事实上，城市和乡村之间的关系正在逐渐变得更加暧昧、纠缠不清。

从乡村到城市，从城市到乡村，有一种微妙的潜流在其间回旋往复，使得二者之间的界限越发模糊。乡村正在进一步城市化，在这个过程中，乡土中国逐渐瓦解，这是乡村在城市化进程中不得不付出的代价。而城市在饫甘餍肥之余，也崇尚布衣素食、乡野风情，同乡村城市化的沉重相比，这自然不过是一种难免浅表的"伪乡村化"。时代的列车轰然而过，文学关注的是在飞扬的征尘中，有可能被湮没的"人"的内心挣扎和呼喊。来自乡土的情感在现代城市中遭遇的破碎与裂变，磨砺、幻灭与重生，也应该是文学努力发掘的部分。

三、细腻温婉的文字魅力与洒脱轻盈的结构形式

张：您曾经说过，"我理想中的写作是一种'恣意流淌'的状态"。这样的写作状态是很舒适、惬意的。您是否达到了这样的写作状态？您又是如何达到这样一种人与文相融的状态的呢？

付：理想中的状态是可遇而不可求的。我只是在少数幸运的时候才能够拥有。这个时候，世间所有的奥秘都向你敞开，奔涌至你的笔下，你要做的，只是把它记下来。敲字的速度远远跟不上流淌的速度，那一种酣畅与甘美，如饮琼浆。写作的迷人之处正在于此。我知道，这个时候的文字，一定是我所能写出的最好的文字。自然，也不仅是幸运，还有积淀、灵感、才华，以及必不可少的定力。必得耐心等待，才有可能等来你想要的。

张：您的文字有一种特有的魅力，随意而又精细。评论家李云雷评价您的写作，"它提供了一个短篇小说近乎完美的样本……可以说承续了废名、沈从文、萧红、孙犁、汪曾祺以来的现代小说'抒情诗'传统，也是传统中国美学在当代的再现"。您是否喜欢汪曾祺的作品？您在创作的过程中是否有意向汪老的写作风格靠近呢？

付：说来你恐怕不信，其实，我是在被诸多评论提醒之后，才重新找了汪曾祺的作品来读。也可以说是重读，因为之前是读过一些的，比如那几个

经典名篇。汪老的文字冲淡质朴，不事雕琢，韵味无穷。要想达到这样的境界，除了要有学养、才华、性情的基础，还要有岁月的积淀和磨砺。我的肤浅文字如何能与之相比呢？如果说确实有那么一些继承的话，大约是我的文字还算朴素安静，不太喧闹。我们置身于浩瀚丰富的文学传统之中，对前辈文学营养的吸收几乎是下意识的自觉行为。沈从文、萧红、孙犁、汪曾祺等大家的作品之所以成为经典，是因为我们从中看到了中国人的审美理想。李云雷先生所说的 "传统中国美学" 应该正是此意。

张：您说 "我对短篇有一种近乎执拗的偏爱，我觉得这是一件十分吸引人的事情"。与长篇相比，短篇小说无法引起那么大的轰动效果，也承载不了太浩大的故事结构。在对于历史、时代等重大命题的建构上，更是提出了比长篇更高的要求。您为什么如此近乎偏执地喜欢短篇的写作呢？

付：在写作难度上，短篇小说是最高的。因为短，便容不得半点懈怠和闪失。长篇或者中篇尚有回旋的余地，走错了不妨绕路而行，而短篇不行。在有限的篇幅之内呈现丰富的意蕴绝非易事，但恰恰是这难度令人着迷。我是一个喜欢挑战的人。还有，写短篇需要激情及爆发力，我喜欢那种一挥而就的快意。

张：米兰·昆德拉说过，"小说之存在的唯一理由，在于发现只能为小说所发现的东西。如果一部小说未能发现任何迄今未知的有关生存的点滴，它就缺乏意义。认识是小说的唯一意义"。您在小说中将笔触深入乡村女性的心灵深处，去了解那些不被人理解的创伤与隐痛。这样的写作风格是否与您女性作家的身份有关系？

付：有一位朋友说，从气质上，如果说城市是阳性的，那么乡村则是阴性的。我深以为然。女性是美好的，乡村女性几乎代表了乡村的一切美好品性。我有幸遇见过很多美好的女性，她们的命运令我悲欣交集。如果说把乡村比作母亲，那么女性的命运便是大地母亲的命运。我愿意努力去发现乡村精神腹地中隐秘的褶皱和暗藏的伤口，并试图用文字给予抚慰。

张：你的短篇小说语言简短、利落、洗练、干净，多用叠词，对动植物

的拟人化和人物形象的物化，都极富语言的张力、韵味和个性风格。请谈谈您对小说语言的理解和独特追求。

付：小说是语言的艺术，语言之于小说的重要性是不言而喻的。语言是小说的轮子，它能够把读者带到小说应该抵达的地方；语言是小说的翅膀，好的语言能够令小说实现真正的飞翔。甚至极端地说，语言就是小说本身，语言的质地直接决定了小说的质地。从某种意义上，语言是一种思维方式，有什么样的语言就有什么样的小说。因此，锤炼语言应该是小说家的必修课。最理想的写作状态不是作家搜尽枯肠去寻找语言，而是相反——你要的语言奔涌而至，如有神助。

张：您的新作《朱颜记》采用了类似《红楼梦》的语言风格。在此之前，您在作品中都是以讲述故事般婉转缓慢的文字来进行叙述的。您为什么改变了自己的语言风格？小说故事内容的安排也与《红楼梦》十分相似，您是否在有意模仿？

付：其实，小说在《十月》发表的时候，原名《红颜》，收入集子的时候题目有改动。这篇小说真是毁誉参半，喜欢的人说是红楼遗韵，批评的说是东施效颦，也有人把这篇小说视作我的"第三条道路"，即在乡村和城市之外，开辟一条家族历史写作的新途。自然也有人担忧此路不通。无论何种意见，都是对我的爱护和激励。我在某个访谈中说过，这篇《红颜》在我其实更像一个游戏之作，如同一个不安分的孩子偶然被一只红蜻蜓吸引，毫不犹豫地循着翅膀的痕迹追去了。可能他会收获一只美丽的红蜻蜓。也可能，他一无所获。这都不重要。重要的是，他经历过，尝到了追逐的乐趣或者苦趣。至于《红楼梦》，中国现当代作家，有哪个不曾从中汲取营养呢？《朱颜记》岂敢比附？

张：《朱颜记》对您来说有着什么样的意义？

付：这篇小说对我的意义在于，在某个特定时刻，我忽然想写一篇这样的小说，写一个旧时大家族的繁华旧梦，然后我写了。我顺从了自己内心。我忘记了当时是什么触发了我，或许是一首百转千回的宋词，又或许只是橱窗里一袭美丽的旗袍。我没有辜负彼时的心境。

张：您的小说结构一般都很简单，没有过多的形式实验痕迹。故事的发展慢条斯理，不紧不慢。写乡村，从思想的深处蔓延开去；写城市，从故事的开始轻描淡写荡漾开来。可以说这是具有传统风格的叙事手段。在如今这个追求创新的社会中，您为何选择这样的传统叙述方式？这样的写作方式对您的创作产生了怎样的影响？

付：这大约同我的审美趣味有关。或许不是我选择了某种叙事，而是这种叙事选择了我。创新自然是好的，但任何创新都离不开传统的滋养。新的不一定是好的，但好的却不论新旧，新与旧都是相对而言的。在这样一个日新月异的时代，我倒愿意在传统的滋养中慢慢成长。在某种意义上，小说应该是一种慢的艺术。说到影响，或许正是旁人的新显示出了我的旧，旁人的快凸显出了我的慢……我不知道。我自然愿意有更多的读者喜欢，但我更关注的是自己的内心。

张：从您的小说中，我读到了汪曾祺、孙犁和赵树理等作家语言的味道，请谈谈您对 20 世纪中国文学的认识。您喜欢哪些作家？哪些中外作家对您的影响较大？

付：20 世纪中国文学是一个区别于古典文学的整体，以 "五四" 为界，中国文学从古典走向现代。这一过程中，在不同的历史条件下，文学出现了不同的历史分期。在此期间，各种艺术流派、风格此起彼伏，优秀作品层出不穷。20 世纪初的第一个分期，中国文学成就斐然，在小说、散文、戏剧等领域出现了一大批经典作品。20 世纪 80 年代，文学抵达了又一个黄金期。我和大多数中国作家一样，受益于这些宝贵的传统资源，从中汲取养分。我喜欢的作家很多，我从不同的作家身上获得不同的启迪。

四、未来的创作构想以及对现今文学现象的思考

张：您是否有写一部长篇小说的打算？您心中最喜欢的创作题材是什么呢？

付：确实有这个打算。应该还是乡村题材吧，觉得有很多东西还没有触及。

张：**"70 后"作家在当今文坛上是一个坚持纯文学写作并不断走向成熟的创作群体。您作为其中的一员，对这个群体的创作现状有怎样的认识？又有怎样的期待？**

付："70 后"作家是一群有想法也有实力的作家，在前辈的光环和后来者的热闹中略显寂寞，但这只是暂时的。在这群人中，应该会有大的作品出现。

张：**您作为《小说选刊》的编辑，在阅览了大量最新作品后，对当代小说的创作现状有怎样的看法？**

付：当代小说创作无疑是繁荣的，这从全国一百多种文学期刊庞大的小说数量可以看出。而且佳作迭出，令人惊喜。然而相较于庞大创作量，思想性、艺术性俱佳的真正优秀之作还是太少了。作家们往往容易陷入一种类型化的创作模式，难以冲破公共想象的束缚，写出具有独特创作个性的作品。

张：**您的小说题材大多集中于乡村与城市中人与人的情感纠葛，也多从女性和儿童视角入手，在获得诗意、温情和中和的美感之外，您是否也意识到了其中的局限？您是否想过拓展自己的写作题材？**

付：局限肯定是有的，但没有办法。从某种意义上，个性和风格都是局限。作家在获得鲜明个性风格的同时，也就陷入了某种局限。这几乎是一个悖论。诗性、温情以及中和的美感，可能是我写作的一部分特点，我一直试图让我的小说中生长出一种锋利的东西，如果没有做到，是我力不能逮。或许会尝试拓展吧，穷则思变。也许有一天我会想写一些不同于以往的东西，就像写《朱颜记》，我会听从自己的内心。

东紫：
文学，是悲悯的果子

一、文学的种子

张丽军（以下简称"张"）：您在自己的创作谈《我为什么写作》里提到，曾经在"越过越恐慌的日子里，我把自己的生命拷问成了一只悲伤失望的口袋"。是否有某段生活经历让您感到"恐慌"？它对您后来的创作产生了什么样的影响？请谈谈您的童年。

东紫（以下简称"东"）：这段恐慌的日子出现在三十岁左右，或许是因为"三十而立"这个观念在追打的原因，我第一次认真地回看生命，发现正在进行的一切都离自己曾经的梦想很远。而正在进行的又恰巧不是自己所喜欢的也不是能驾驭得很好的生活。于是就恐慌，为生命的虚度而恐慌不已。

因为要安抚自己的这份恐慌，我才开始认真地对待写作。写作最初的目的之一就是给自己找一个自我安慰的借口——我不是无所事事呀，我在学习写作。

我的童年和那个年代沂蒙老区的孩子一样，贫穷、贫苦、贫乏。说来惭愧，在读中学之前我是没有光明正大的理想的，每天除了上学还有很多家务要做，喂猪、喂鸡、喂兔子、喂弟弟妹妹，最开心的事就是放学时家里的门是开着的——这样就能吃到东西。我也不知道世界很大，以为北京就是最北，而我们家南面十几里外的官庄就是世界的南端，直到有一天我去了那里。小时候，我体弱多病，乖巧听话，是个半点"小恶"也没有的好孩子，最喜欢、最幸福的就是听母亲讲故事。我母亲有无数的故事，用她教给我的歌谣说就是——"汽车运来火车拖，运来运去还有半心窝"。母亲的故事讲得可谓栩栩如生，活灵活现。或许就是母亲的故事给我种下了热爱文学的种子。

张：印度作家阿伦德哈蒂·罗易的小说让您觉得生命是盛满悲伤和失望的口袋，而博尔赫斯又让您生命悲伤失望的口袋重新吹挂成帆，于是您开始学习写作。您还读了哪些对您产生过重大影响的作品？您对世界的认知受到了哪些作家、文学朋友（如江非）的重要影响？

东：博尔赫斯是我要感谢的人，因为他说了那段让我至今还能背诵的话：一名作家，或所有的人，都应当把发生的事看成一种工具。所有他碰上的事都有某种用处，对于艺术家来说尤其如此。他所遇见的一切，甚至侮辱、不幸等，一切对他来说都如黏土一般，是一种创造艺术的原材料。

我记得最初的时候我特别喜欢巴别尔、胡安·鲁尔福、张爱玲、王小波、卡夫卡和博尔赫斯。对于后两者我觉得自己那时喜欢的是他们的人而不是作品，到现在我也没有把他们的全集读完，但《卡夫卡对我说》和《作家们的作家》我是读了好几遍的。他们两个让我看到了作家应该具有的素养和灵魂。

朋友，本就是温暖互助的存在，因文学而结交的朋友是能暖到人心底、暖到人灵魂的，因为相识相交的过程中没有世俗利益的侵入和干扰。江非是第一个让我懂得这种温暖的朋友，那是 2000 年的正月初六，也是我最恐慌的一个春节。我在莒南火车站卫生室的抽屉里看到他寄给我的信，名字和地址全是错的，因为有铁路两个字才被送到。这封信里他给我分析了三个小短篇的问题，并真诚告诫我不要陷于女性写作易出现的小雕琢。这封信让我泪流满面，让我知道文学中的人是如此良善美好。后来，对我有醍醐灌顶般影响的是刘烨园老师，在铁路局组织的文学讲习班上，他敲着桌子问大家："既然你生命里有写作这种天赋而你不好好对待它，你对得起你自己的这条命吗?！"从那时起，我常用这句话问自己。也就是从那时，才开始真正认真地对待写作。再后来，我得到了很多老师朋友的帮助、关爱和扶持，这种无私、真诚的关爱和扶持让我时常觉得文学有着巨大的力量和温暖，如果自己不真诚地对待文学是一种罪过。

张：您的一些作品对人性的表现非常深刻，这是否与您医务人员的身份有着密切联系？这种独特的社会身份对您的小说创作产生了什么样的影响？您曾说在莒南铁路上生活过一段，您是怎样成为药师的？请谈谈您的校园生活和文学跋涉之路。

东：或许吧，毕竟我每天看到的都是人的生老病死，在别人那里可能是比较少见的事，在我就是常态。成为药师对我来说不是自愿的选择，我记得当年最希望的是读文学，其次是当老师，都没有实现才成了药师。我的校园生活大部分时间是很可怕的，每天要应付化学，我曾经数过我一共学了七门化学，好在到今天我终于把它们忘干净了。除了几个简单的分子式，其余的我已全部还给老师了，这才给我的脑子腾出了一些地方来读书、写作。我读初中的时候，正是全国诗社遍地开花的年代，我的语文老师王世联和他的文友张荣山是当时已声名在外的农民诗人。我因为作文好，深得老师喜欢，又因为字写得还能说得过去，有幸被选中帮他们刻写蜡纸、油印刊物。这就是我与文学的初识。至今想来，还能记起老师们聚会时朗诵诗歌的样子，还会为那些场景感动。那以后我也学着写诗，学着和朋友一起成立自己的诗社。但也从那时起，我发现自己写的诗大多是细节的、叙事的，几年后才彻底承认自己没有写诗的天赋。

张：您的作品风格与其他作家有着明显的区别，像《我被大鸟绑架》《饥荒年间的肉》，具有先锋风格，这是否与您的职业有关系？您早期的这种写作风格是怎么形成的？是否有什么独特的用意？请谈谈您的第一部作品。

东：要说先锋，应该是我母亲最先锋，因为小时候她讲的故事都有这种风格。对我自己来说，我写一个东西之初是不会考虑风格的，我只是寻找一种自己觉得最适合表达、表述的形式。《我被大鸟绑架》就是围绕"己所不欲，勿施于人"的道理，把事情翻转了落到人的身上，引人感知惊醒。《饥荒年间的肉》最初的核是母亲讲过的一个小故事，记得当初听时，我就特别害怕自己将来出嫁时也会被人洗眼。这个小说的确隐含了我自己的很多想法，我最得意的是写出了二嫂这个人。严格说来，我的第一个小说作品是一个短篇——《最美的是山菊花和亲嘴儿》。写于二十二岁，写的是我三姨的爱情，风格和现在很像。前些日子整理东西翻出来，觉得自己进步很小。

张：《天涯近》《珍珠树上》《显微镜》等小说较之先前的小说风格有了改变，走了"好读"路线，在《人民文学》《中国作家》等大刊打开了局面，也因此受到了很多人关注。您怎么看待前后两种不同的创作风格？

东：我觉得所谓的风格并没有分前后，正如刚才谈到的第一个作品《最美的是山菊花和亲嘴儿》，写于几十年前，但它的风格就是现在的。如果非要说有意识地改变，也不是为了"好读"，而是因为我做了母亲，有了儿子，开始用一颗母亲的心来看待孩子将要生活的世界了——就希望更直接地写出人们的焦虑疼痛，善恶悲欢，希望我的孩子和每一个母亲的孩子所生活的世界能更快些变得更好一点。

张：《春茶》《天涯近》《显微镜》等直接面对社会底层的人物，这些作品透露出极强的现实主义情感。这种现实中暗藏着先锋意味，您在作品中构筑了一个个典型的、能洞穿人性、捕捉人性幽微的极端化情景。您怎样看待自己作品中这些极端化情景的构筑？

东：这个问题很难回答。首先，我并不觉得它们是极端化的，可能这和我的职业有关吧。它发生了，在某一个生命体上，对于这条生命来说是长期要面对的，就是人生存的常态了——不管是精神的还是肉体的遭遇，都要面对。

张：《春茶》中梅云出轨时的心理描写十分细腻，一个长期循规蹈矩的女人在道德伦理的制约下，必然是会产生反抗心理的。她外在的克制和内心的痛苦挣扎被剖析得异常生动，仿佛是作者自我真实情感的宣泄。您是如何塑造出梅云这个形象及其独特的心理世界的？

东：在《春茶》的创作谈里，我曾谈到过梅云这个人物的产生，她源自一位和我煲了一个冬天电话粥的好友。她口口声声发着狠——出轨，坚决出轨！却始终没能做到。我只得在作品里帮助她。现在想来，她出不了轨我是有责任的，我曾苦口婆心地和她探讨——一个在传统观念里长大定型的女人，一个总是要不停地回看内心和灵魂的女人，出轨的后果就是让自己苦上加苦。我至今也不知道自己的劝解对于她的生命来说是对是错，我又没有实际经验可以佐证，所以对于把她劝回继续忍耐生活的牢笼一直是忐忑的。于是，只得描写了一种可能来安慰她，也安慰我自己。

张：当代女性作家中您比较推崇的有哪些？您的写作是否受到了当代女性作家的影响？

东：写得好的都让我敬服不已，这可是一个庞大的队伍，不是一下能列举完的。虽然我平日里忙于工作和家务，几乎没有时间坐下来读书，但偶尔看到她们的作品和成就都会让我很惭愧，也会鞭策我更努力一点。对于她们，尤其是认识的朋友，我常常用疼惜的心情想起她们，疼惜地看她们的名字和她们的文字——因为只有女人才能理解女人生活和写作的不易。

张：您认为当今文坛支撑女性写作的实质性因素有哪些？

东：我个人觉得还是对文学的热爱，这是最主要的。其他的因素可能会有一些影响，但离了热爱，写作无法很好地延续。

张：您认为在创作中应怎样处理日常化叙事、女性极端化体验和哲理深度之间的关系？怎么去表现极端性的体验才能让人觉得不突兀而易于接受？

东：这是个难题，是个我要努力学习、解答的难题，也是一个很容易让人进入瓶颈的问题。以我目前的能力回答不好，容我进步后再说。

对于如何表现才能让人觉得不突兀，那必定要有好的铺垫，把让人感觉突兀的棱角磨得圆滑一些。

二、药师身份与"疾病"叙事

张：您身兼数职，药师身份和作家看似毫无关联，您觉得这种职业身份对于您的创作是优势还是劣势？职业和创作有什么共通的地方？您的创作灵感是否来源于工作？

东：职业对创作肯定是有一些影响的，非要说优势、劣势的话，还是优势多一些，毕竟医学是与生命息息相关的。在医院这样的特定环境里，对生命和生命所经受的一切都会有比较深切的感受。有一部分作品的创作灵感的确是来源于工作的，比如《正午》《穿堂风》《显微镜》《左左右右》《珍珠树上》《请别踩我的脚》等。

张：苏珊·桑塔格有一本书就叫《疾病的隐喻》，疾病有时候不仅是一种象征，而且是一种常态化的存在。您很多作品里的人其实没有病，但是在强烈的心理暗示之下就像患了病一样。鲁迅曾经学过医，他在小说中也塑造了很多"中国病人"，如阿Q、闰土、华小栓等，来呈现一个医生对"病中国"的思想批评，发挥"医国手"的精神功能。您如何看待疾病叙事？

东：任何状态的疾病都只是个果，背后有着一个或多个因，这些因又是与社会状态、生存环境紧密相连的。所以，我个人觉得您所说的疾病叙事是最令人疼痛的，也是最有可能将当下社会现象揭示得一针见血的。所以，我自己是喜欢这种叙事的。

张：《天涯近》里面说，"我"生活中的一切都糟透了，但我有个枕头，枕头上的小碎花给我提供了一种精神的安慰，一种舒缓的感觉。您小说的语言非常独特，用一些诗意性的细节描写来体现自我对社会的深刻观察。您是如何驾驭这种语言的？

东：《天涯近》是用第一人称来叙述的。用第一人称来叙述的时候，我是很"入戏"的，就像演员扮演角色一样，有些感觉会自然浮现出来。

张：您笔下的众多人物都有一定的缺陷，比如因为一句"傻丫头"就完全迷失自我的梅云，白杨树村那个有着恋物癖的老四。您用一种非正常的笔触去发掘那些在人类生存环境、生存空间中存在着的非人性的东西。您怎么看自己笔下这些带有"疾病"的小人物？这些人物有着怎样独特的寓意？

东：让梅云"迷失"的不是一句"傻丫头"，它只是一个让她"迷失"的开关而已。让她"迷失"的是生存和情感的挤压。我自己是很喜欢老四的，写的时候是很疼惜他的。疼惜他虽有"缺陷"，但有着人类最宝贵的良善。疼惜他因疾病而弱小，因弱小而异于常人的生存之艰难。

这些带病的人，其实也是我们每个人。现在我们已经很难见到不带病生存的人了。

三、在"极端化"与"理想化"之间的精神飞翔

张：很多女性作家的写作都存在一个误区，往往写着写着情感就暧昧了，什么事情都模棱两可。读您的小说有一种"压强"非常大的感觉，读得人非常紧张，心里很焦虑，您是怎样处理小说中的情感表达的？

东：或许这和写作者的性格有关系，毕竟作者在写作过程中是避免不了要把自己对待情感和事物的态度带进去的。我本是个爱憎极为分明的人，这就很难让我故事里的主人公"模棱两可"。除非"模棱两可"是种有必要的呈现。

张：《饥饿年间的肉》完全是反桃花源、反乌托邦的叙事，它能整个地接续到中国现代文学传统中"吃人"这条线索上去。但这个"吃人"完全把政治内涵去掉了，它里面不带有政治的隐喻，而是写人的脆弱和不可信。这体现出对桃花源这类诗意想象深深的怀疑。以诗意形式呈现反乌托邦叙事，请您谈一谈这种悖论的审美意义。

东：如果说没人读出里面的政治，那该是让我暗自得意的——因为我在写作的时候，内心是充满了政治的。任何时代，民众的生存状态都是政治的另一张面孔的呈现。很多年代里，所谓的桃花源，只在外人遥望的眼睛里。真正走近了，走进去，那些被粉饰、被遮掩的表层被揭开以后，就会看到其吃人的实质。

张：有人觉得您的作品有思想深度，但是人物缺少真正具有思想承担性的东西。比如《显微镜》里的印小青，她抵抗日常生活中流俗的东西；《左左右右》里的姚遥结识了男主人公岳非，一定要为他争得一个道歉；《春茶》最后的情景太过戏剧化。有人认为您很多对极端化情景的反复书写成了一种模式。您怎样认识您作品中人物所承担的思想内蕴？

东：印小青不是抵抗日常生活中的流俗，她是恐惧，恐惧现实生活中让人恐惧的一切。比如学术腐败，比如人和人之间真诚和信任的丢失，比如食

品卫生问题等，以至于她恐惧生孩子。不是她没有生的能力，也不是她没有爱的能力，而是她极度恐惧把心爱的孩子带到这个令人恐惧的社会中来。我觉得她承担的已经足够多了——她承担着所有在现实生存环境中煎熬着的东西。小说的第一稿后半部分是印小青把侄女接到了身边，她小心翼翼地教导着侄女，躲避着周围令人恐慌的一切，最后的结果是侄女长成了一个"青出于蓝而胜于蓝"的印小青——一个更加恐惧绝望的印小青。李敬泽先生读后建议我重写，他的理由是：世界是不圆满的，是残缺的，但我们也应该爱它。所以，才有了印小青收养残疾弃儿并领略到爱，减轻了恐惧的结局。

《左左右右》里的姚遥是我赋予现实的一个期望，我希望真的有这样的真诚、友谊和斗士存在，只有这样或许才能给有冤无处诉、苦闷黑暗的生活一点光亮，哪怕它小到像是萤火虫。其实发表的文稿是被压缩掉一条故事线索的，那条线索就是岳非和他一直资助的母子三人及小叔的关系——年轻的母亲为了养活双胞胎儿子和年幼的小叔子不得不做了暗娼。最后，这母子三人和小叔也如姚遥一样，成为了另外四只萤火虫。

《春茶》最后的情景您认为太戏剧化，其实现实生活中处处都是戏剧化存在。如果谁有兴趣，可以听听广播。"金山夜话""叶文有话要说"等栏目里每一个哭诉的男人和女人，他们的人生故事就在那里活生生地、戏剧化地上演着。还有多少没有勇气把戏剧化的人生讲述出来的人，我们从身边亲朋好友的生活中就能得出大概的结论。在现实生活里，戏剧化、极端化的情景早已成为普遍的生存场景。当我感知到他们的苦难、苦闷、哭恼和让人哭笑不得、又爱又恨的生存状态时，我会觉得有必要让他们走进我的小说。

张：您对自己的作品比较满意的有哪几部？原因是什么？

东：这就像问一个母亲你比较喜欢哪个孩子是一样的，我相信当母亲的是很难回答的。因为每个作品在我的创作中都是一样的用心，我都曾努力让它们营养丰富，发育良好。何况它们彼此之间不存在重复写作和相互替代的问题，没有可比性。

张：您在博客里曾经写道："作品里必须有暖的真的善的美的，让读到它的人感受到温暖。暖他的一生，帮他抵御生命遭遇到的——一切暗的冷的霉

烂的变质的……"您推崇的是真善美，而您在作品里对于人性之恶的挖掘胜于对善的弘扬，这是否矛盾？在您的创作心灵世界里，这种变化是怎样发生的？是做了妈妈原因（你曾对我谈到做了妈妈之后创作心态的变化）还是因为什么别的？

东：是的，我一直是个推崇真善美的人，也曾努力让自己朝着真善美的方向生长过。现在，我也是努力让孩子朝着真善美的方向成长。您说的"对于人性之恶的挖掘胜于对善的弘扬"，可能是因为《饥荒年间的肉》《我被大鸟绑架》《一棵韭菜的战争》等作品给您的印象吧。这些作品大都写于 2000年左右，当时我正是血气方刚之时，爱的表达就尤为热烈一些。总希望把自己感受到的恶的、不适于我们身心更不利于我们后人生存的东西剖析出来，引人警醒，希望大家都能看见并远离。随着年龄的增长，尤其是随着儿子的出生，身份的转换让我看待事物的视角和爱世界的心态也随之变化，对恶剖析、呈现得再深、再丰富，也可能抵不了种下一颗温暖的、真善美的种子。

张：您所有的小说都是多线索的，但是并不紊乱，显得从容不迫，即作品的叙述很有特色，而且作品的结构处理得很好。请谈一下您认为一个好的小说构思要具备哪些因素？

东：这个问题，我个人觉得很难用语言明了地表达出来。每个具体的写作者在面对一个素材的时候，都像裁缝面对一块布料，怎么裁剪，怎么缝，得在心里反复掂量琢磨，但这个过程很难描述。不管怎样，我觉得面对一个素材进行构思的时候，一定要耐得住性子，要捂。像一串白茬的珠子，要盘，盘出浆来。

张：《春茶》通过写一个女人的欲望和出轨问题，呈现了更宽广的精神生活维度，即更多的人对规范的逃逸。梭罗提到，在今天的时代有很多人生活在绝望的境况里，大家都绝望地生活着，无法反抗。您在创作谈里说有一个友人想出轨，但苦于现在没有出轨的对象。人们往往想从生活中逃逸出来，开始对自由的探寻，但是到哪儿去寻找自由呢？"娜拉"出走之后又是怎样的呢？请您谈一下对于这个问题的看法。

东：梭罗说的不是我们现在所处的时代，是他的时代。我们所处的时代，大多数的人连绝望感都没有，只是麻木地活——我们的良心、我们的爱、我们的礼义廉耻都被冻结到麻木了。偶尔有苏醒的人，挣扎几下，也只是徒劳而已。大的环境不是冰雪融化的，不是自由飞翔的，个体的挣扎必然是个体的微弱痉挛。

四、转型与突围

张：您有的作品前面写得很从容，但是到了后面却急速收尾，比如《春茶》结尾带有戏剧性，您怎么看待自己创作的局限？

东：《春茶》的结尾，我自己是喜欢的，它像一把锤子砸碎了女人的所有。而这正是生活中不甘心麻木的女人逃离后最真实的处境。

张：《珍珠树上》《左左右右》《显微镜》《春茶》等小说都有一条或隐或显的"探案"线索，您把"侦探"模式引入了严肃文学，是一种突破。但是最后又把答案公之于众，把谜底完全揭开，落入了侦探小说的俗套。这是不是您写作中的困境？

东：不知道，可能吧。如果大家不喜欢，我也可以尝试着不揭秘。

张：您比较喜欢读哪些作家的作品？对您的创作产生深远影响的文学理论有哪些？

东：我喜欢的作家前面已经说过了——鲁尔福、巴别尔、奈保尔、马尔克斯、张爱玲、王小波等很多很多中外作家。

产生深远影响的文学理论一下说不出，我觉得那些理论，尤其是作家或思想家的精神结晶，都像阳光一样滋养着每一个读到它的人，尤其是写作者。比如，我一直记得几十年前读到的卡夫卡的一句话——写作不是抚摸世界而是把握世界。我一直在努力，尽管很多时候仍然停留在抚摸的层面上。

张：除了中篇小说，您是否有计划写长篇或短篇小说？您对自己的创作

不满意的地方是什么？请您谈谈近期和未来十年的写作计划。

东：写长篇的计划当然是有的，必要的功课也已做完，迟迟未动笔的原因是没有时间。属于我个人读书、写作的时间只有周日，这一天还必须是孩子和家人没有生病、没有来访的亲朋、没有必须办的事情。这样的周日常常是半个月甚至几个月都没有一次——即使有，也要夹杂着打扫卫生、清洗衣服。在这样的状态下开始写长篇是不敢想象的。我曾写过一个十二万字的小长篇，写了足足两年。

创作的不足实际上还是因为个人文化素养的不足，这种不足必然会给创作带来局限。我希望自己能用十年的时间用文化好好地滋养自己，争取在写好中短篇的同时，完成写作长篇的梦想。

张：您怎么看待文学市场化现象？您觉得这种文化机制对您的创作产生了什么样的影响？

东：我个人觉得文学市场化既有好的一面也有不好的一面。好的是能使文学事业得以用更自由一些的形式发展，但也容易出现创作过度迎合某种消费口味的现象，而这种现象也会影响某些写作者的心态。

这种文化机制对我的创作没有影响，因为我对待写作从来都是有了触动我的题材就必写——因为它会让我内心疼痛，甚至觉得不把它写成文字就对不住它。没有触及我内心疼痛点的，就不会为了写而写。这也是我作品较少的原因之一。

张：您的创作未来如何破局备受期待，您认为影响因素有哪些？您在自我的超越、精神维度的深层探寻、小说叙事艺术的审美自觉等方面有什么好的设想？

东：像我这种在摸索中成长的写作者，很难一下就有成熟且无憾的表现，有局限是必然的。至于所谓的破局，我个人的感觉是它不可能像修改作业那么简单——老师说你这里错了，你在这里进行改正就好了。它对写作者来说是一个逐步修炼的过程。有些是能修成的，有些终其一生可能都无法完成。这和写作者自身的"材质"是有关系的，如果原本是木质的，想变成钢是很难的。文学的禀赋是天生的，但文学所需的各种修养是得靠后天培养的，我个人觉得自己是比较缺乏这种修养的。我也非常期待能有时间好好补课，相信补好了课的人必然会有跳跃，即使成不了钢也会质地优良。

张：您如何看待当前的网络文学创作？您认为在网络时代，文学创作和审美是否有了不同于过去的新内容、新特质？

东：我从身边人的表现（我认识的很多朋友都在读超过千万字的连载网络小说。我爱人就是网络文学的忠实粉丝，几乎每晚都会拿着手机看得入迷，而我写的东西他从来不读）得知，当前的网络文学创作影响非常广泛，我虽未关注过，但我觉得它必有过人之处。能拥有庞大的读者群是写作者的幸福，我很羡慕那些网络文学作家，但我自己成不了其中的一员。原因是我觉得每个写作者的材质是不一样的，像我这种懒散、懈怠、执拗的人就适合我目前的这种写作，像只狗叼着块骨头躲在无人处闷头啃着——虽没有大快朵颐的酣畅，但也自有啃食骨头的乐趣。对于后一问题，没有研究就没有发言权。

张：请您谈谈"70后"作家创作的整体现状。您喜欢国内哪些"70后"作家作品？您是否认同"70后"作家处于历史夹缝、被遮蔽的尴尬状态？您是否对当代文坛持悲观态度？您认为"70后"作家如何才能冲出历史的重围？

东："70后"作家的整体现状——这题目太大了，从不在我的思考范围之内。很惭愧，当代作品我读得很少，主要原因是我没有时间读——我每天忙于本职工作和家务根本坐不下来。再就是我觉得在这样的时代，大家的生存体验已到了很相像的地步，我怕看了别人写的会影响自己对题材的热情。前些日子，李掖平老师就此问题批评了我，我也打算改正，努力挤出时间去读当代作品尤其是同代人的作品。但愿以后面对这样的题目时，我能说出点见解来。

每个时代的人必然有其整体性特征，都有其擅长的也有其不足，"被夹缝""被遮蔽""被尴尬""被悲观"对于个体的写作者来说——起码对我来说——是不算问题的。文学创作不是站在队伍里完成的，是像女人生孩子一样在个体里孕育成长，经历分娩的阵痛而完成的。我认为作为写作者，不管大的环境是怎样的，都要始终有对文字的敬仰和对众生的悲悯，把这种悲悯结出的果子用文字的形式呈现给读者，呈现给世界，这样就已足够。其他的，顺其自然，任人评说。

滕肖澜：
只有平视，才能看清人的眼睛

一、生平经历对创作的影响

张丽军（以下简称"张"）：您在童年是否经历了和其他孩子不一样的生活？这些经历给您后来的创作带来了什么样的影响？

滕肖澜（以下简称"滕"）：我是知青子女，父母都是土生土长的上海人，后来去江西当了知青。我在上海外婆家长大，十岁时去了江西，十六岁时又回了上海。这段经历谈不上多么与众不同，知青子女的数量还是很多的。但在写作上，这段经历或许会让我在情感上比较敏感。我现在依然记得，从上海去江西时，我舍不得我的外婆、舅舅，而从江西回到上海，我又舍不得我的爸妈。记忆里都是哭得稀里哗啦的场景。至今看到火车站，还是会觉得鼻尖酸酸的。

张：张爱玲刻画了很多生活在老上海弄堂里的人物形象，他们身上沾染着弄堂人独有的性格与气息。您在弄堂的生活、在弄堂里的所见所感，是否也给了您创作的灵感？

滕：或多或少会有一些。不是故意为之，而是因为耳濡目染，自然而然就会写到。

张：您是在机场工作的地勤人员，这种工作经历是否也影响了您的创作？

您2001年开始写作，最初是什么让您有了写作的想法？

滕：我在机场工作了十几年。应该说，一开始从事写作，是因为做二天休二天的排班方式，让我有大块的时间可以写东西。如果是朝九晚五，两点一线，恐怕我就很难坚持了。毕竟机场的工作是偏理工科的，氛围不对。我正在写一部关于机场的长篇。十几年的工作经历是很宝贵的，别的作家很难有这种经历，我不想浪费。

张：在写作的道路上，您先后参加了青年创作培训班、作家研究生班，这些对您的写作有没有实质性的帮助？您认为您是否已经探索到了一条专业的创作道路？请谈谈您的学生生涯及其对您创作的影响。

滕：我至今仍深深感激吸纳我加入青创班、作家班的老师们。对我来说，除了写作技巧上的帮助，更多的还有精神上的激励与引导。写作无疑是艰苦的，需要定期有人给你增加养分。一群写东西的年轻人聚在一起，困惑有人为你解决，而你也在不经意间给予别人信心与帮助，这是很开心的事。

我绝不敢说我已经探索到了一条专业的创作道路。我只是因为喜欢写所以一直写，仅此而已。

我并没有上过大学，这是我的遗憾。初三毕业时，我的中考成绩是全年级第一，高出重点线五十余分，但我还是填报了民航上海中专。我父母想让我回上海，因为民航上海中专毕业后能分在上海（后来才知道并非如此）。我绝不抱怨我的父母，让子女回上海，是那个时期所有来自上海知青的梦想，旁人根本无法体会。有时候我觉得这也是命中注定，如果不是在机场上班，也许我也不会有时间写作，也不会走上专业作家这条路。

张：您曾说过："写作是一件再自然不过的事——因为想'写'，所以就'写'了。写什么，怎么写，都是自然而来的。"这句话让人非常钦佩。很多写作的人为迎合时代而写出一些媚俗的作品，而您这种自然生发出来的东西一定是能触及人心灵的。能具体谈一下您是怎么理解"自然写作"的吗？

滕：我是一个不会想太多的人。至今我仍认为写作是件很私人的事情，甚至是打发时间的消遣。写小说，纯粹是"为心而作"。

张：您小的时候喜欢看金庸和古龙的作品，您从他们和他们的作品里学到了什么？这些小说是否也为您的创作提供了可借鉴的东西？

滕：我有一阵子非常喜欢金庸的小说。金庸小说其实是比较传统的章回体小说，时间、人物、地点、事件交代得清清楚楚，我喜欢这种写法。所以我的小说结构其实也是比较传统的，内容再曲折离奇，结构形式依然是老老实实。意识流的那些东西我不拿手。

张：您提到过当年余华的《许三观卖血记》让您读后激动不已。除了余华的作品，您还喜欢哪些现代、当代中国作家的作品？他们是否为您的创作提供了灵感或精神启示？

滕：很多啊。当代作家有莫言、王安忆、王蒙、严歌苓、方方、迟子建、叶广芩等，太多了。我记得二十来岁的时候看王安忆老师的小长篇《妹头》，女主角的形象我完全可以想象，这种人生活中也常常能碰到。原来写到小说里会是那个样子，是那样一种写法，细节描写、对话……太妙了。那是我第一次有想学着写小说的冲动。而且实话实说，我写处女作《梦里的老鼠》时，有些地方是想模仿王安忆老师的文笔。当然是东施效颦，博君一笑罢了。

张：您说只要有生活就有故事。您有一双善于发现生活之美的眼睛，您的小说也是无处不散发着生活的优雅气息，您应该也是一个很会生活的人吧。请谈谈您现在的生活，以及您对生活的观察与感受。

滕：我谈不上是个很会生活的人。事实上，我的生活非常平淡。尤其是刚生下儿子的这一年，完全是围着他打转。除了挤些时间写作，我和一切文娱活动基本绝缘。

二、悬崖上的舞女：在平衡与飞翔之间

张：您的《星空下跳舞的女人》不像您大多数作品那样写爱情，而是根据您捕捉到的一个生活细节刻画了一个很会生活的老太。其实生活更像是

在悬崖上跳舞，有着飞翔的激越，又得时刻把握现实与理想的平衡。写作不一定等同于生活，您是怎么处理写作与生活的平衡的？怎样处理人物形象的"常"与"变"、普遍人性和独特个性？

滕：写作肯定不会等同于生活。对于一名写作者来说，真实生活只有当下一种，而笔下的世界是可以无穷大的。总体来说，我笔下的人物还是比较常见的，是生活中为数比较多的那种人。写城市生活不能剑走偏锋，而应该从最普通、最平凡的人入手，挖掘他们的所思所想。其实，这样平凡的人身上并非没有光芒，哑光有时比夺目的光更让人心动。生活的每一道鞭打都在他们身上留下了印迹。他们是纤弱的，也是顽强的。所以，这些印迹既是细致入微的，也是深邃厚重的，就看写的角度了。

张：小说集《十朵玫瑰》《大城小恋》里，您用细腻且充满智慧的文笔向我们展现了上海人，更展现了上海人的生活。大多数人眼中的上海是繁华、国际化、遥不可及的，您认为真实的上海是什么样子的？

滕：这个问题很好。非上海人眼中的上海与上海人眼中的上海，其实是完全不同的。前者眼里的上海往往是非常标签化的——外滩、石库门、作天作地的女人、怕老婆的男人，等等。而上海人并不这么看。事实上，那些标签化的东西在如今的上海正在渐渐淡去，从硬件上看，上海与其他一线城市并无很大不同。正如我在一篇创作谈里所写："也许在许多人的眼里，上海是烂漫多姿的，像颗夜明珠，美艳不可方物。而在我看来，上海只不过是个过日子的地方，很实实在在的地方。绝非五彩斑斓，而是再单调不过的颜色。日出而作，日落而息。柴米油盐，鸡鸡狗狗。上海人眼里的上海，并不是直升机航拍下的那个不夜城。真正的上海人的日子，航拍是不屑于拍摄的，是略过的。只有身在其中，才能体会到上海人的不易与艰苦。"写上海，应该跳出那些别人抑或自己加诸其身的框框，要用新的眼光去重新审视，提炼出这座城市新的标签。

张：在小说《美丽的日子》里，您书写了上海婆婆卫老太与儿子卫兴国、外乡媳妇姚虹之间的情感纠葛。卫老太扭曲儿子人格，与儿媳周旋纠缠，颇有张爱玲《金锁记》中曹七巧的影子。您把上海女人那种尖酸、过日子的性格描摹得很深入，是否受到了张氏小说的启发？您认为该小说表现上海女人的生活更重一些，还是表现一种人性的扭曲更重一些？

滕：我很喜欢张爱玲的小说，但写这篇小说时，完全没有想过她。在《美丽的日子》中我是想写两个截然不同的女人，虽然有算计，有阴谋，但她们都是在努力经营着自己的日子。我并不认为这是人性的扭曲，最多是无奈现实下的一种挣扎。写作时我并没有带着批判的想法，而是试图融入角色，将心比心，从她们各自的角度去考虑和想象。

张：您在小说里刻画了各种各样生存在上海的女性，像于胜丽、姚虹等，她们生活着，也挣扎着。您小说的结局也大都含有悲天悯人的关怀，您在您笔下众多的女性形象身上寄托了什么样的情感？她们是否代表着您特别的审美体验？

滕：我偏爱写聪慧坚强的年轻女性，对她们怀着深深的怜爱。或许这是我目前年纪还不算大的缘故，所以描写起年轻女性，在细节与经验方面会擅长些。去年我怀孕时写了《正在害喜》，生完孩子后又写了《奶妈》。当然我的小说不会总是与自己的实际经历保持密切关系，而且以上这两篇都是短篇，纯属练笔。但在写作中融入些真实的感受，毫无疑问也是件有趣的事。

张：《月亮里没有人》是非常感人的，最后于胜丽的父亲代替于胜丽坐牢，并在监狱安详死去的描写让人潸然泪下。这里面是否也寄托着您自己对父亲、亲情的牵念？

滕：我写小说很少会哭，但写《月亮里没有人》最后于父替女坐牢这段时，是真的流眼泪了。生活中我与父亲感情的确特别好，也许这也是个原因。

张：好的小说既要有引人入胜的题材，又要有讲述故事的技巧，偏重任何一方，都会让小说的故事性和文学性失去平衡。您的小说从来不缺少素材，生活的每个细节都是小说创作的源泉。您是怎样处理小说故事性和文学性的平衡的？

滕：故事性与文学性的问题，是我经常会考虑的。好像一直以来都有种看法，那就是故事性强的小说通常不太具有文学性，这两者似乎是相悖的。

我喜欢编故事，能让读者获得阅读快感是件很有意思的事。所谓故事性与文学性，或者说通俗小说与纯文学小说的差异，很大程度上不在"写什么"，而在"怎么写"。同样的素材，就看你的角度和笔法了。我一般的做法是，从细节入手，着重刻画人物内心，既写事也写人。

张：《倾国倾城》是和您的其他小说风格很不一样的一篇作品，这篇小说更多的是对现实黑幕冷静的反讽。您怎么会想到写这样一篇特别的作品？完全是凭想象完成的吗？您是否对这篇作品满意？

滕：好像很多评论都说《倾国倾城》与我一贯的风格不符。其实不是。除了书写沪上普通百姓的生活，我也写过许多与《倾国倾城》类似的小说，比如《月亮里没有人》《小么事》《规则人生》，等等。都是揭露社会阴暗面的书写，笔触比较冷。《倾国倾城》完全是个想象出来的故事，也是发表后反响比较好的一篇小说，我个人给它打八十分。毫无疑问的是，这样的小说写起来非常爽。

张：您的小说是写平凡人的普通生活，字里行间流露出一股温情、一股诗意。读您的作品，不知不觉感觉自己也成了作品的主人公，融入了小说里。您的视角是与人物平等的，您为什么会选择平行的叙述视角而不是俯视人物？

滕：平行的视角，是一种公平的视角。作家不是救世主，也不是法官。只有平视，才能看清人的眼睛，真正走入人的内心。俯视的话，看到的芸芸众生只是一群黑点。

三、对当下的思考及对未来的展望

张：您是一批正在成长的"70后"作家中的一员。有人说"70后"是永远也长不大的一个群体，每代人的成长经历、审美经验不同，"70后"这个特殊的、在夹缝中的群体自然会引起很多人的质疑。您对"70后"的创作是怎么看的？

　　滕：应该说，"70后" 作家已渐渐被主流评论界所接受。就目前来看，"70后" 的创作其实与 "50后" "60后" 在本质上并无太大差别。如果一定要说出些差别，那也就是年龄上的差别，我笔下的人物会常常下馆子，看电影，唱 K，而他们写的人物都是自己下厨，偶尔出去打个牌什么的 —— 仅此而已。

　　张：请谈一下您对国内 "70后" 作家创作整体现状的看法。您比较喜欢的 "70后" 作家有哪些？他们的创作给了您怎样的触动？

　　滕："70后" 作家已是当前纯文学创作的重要力量。我喜欢的 "70后" 作家有许多，乔叶、徐则臣、盛可以、鲁敏……太多了，都列举不过来。

　　张：当下网络文学比较兴盛，网络小说铺天盖地，您怎么看待网络小说盛行的现象？网络小说是否有它独特的审美特质？

　　滕：网络小说是快节奏社会的产物。相比纯文学读物，它带给人们更加轻松、无障碍的阅读体验。我认为网络小说与纯文学小说属于两个范畴。作为纯文学小说的作者，我从不担心会因此而流失读者。事实上，即使没有网络小说，看网络小说的人也不会阅读纯文学作品。两条平行线不会相交。

　　张：很大一部分人不看好当下文学的发展境况，文学被边缘化，有的人甚至认为当今时代文学已经死去，没有真正好的文学作品能够问世。您是怎么看待文学发展前景的？是否也有对文学前景的忧虑？

　　滕：文学边缘化是个老问题了，但这似乎更应该是评论家考虑的问题。一个作家如果想得太多，比如小说会不会有人读，卖不出去怎么办，是不是可以转行写剧本 —— 那肯定是不行的。心无旁骛才能写出好作品。当下有许多好的作家，他们写出了许多了不起的作品。文学永远都会有一席之地，这点不必盲目乐观，但也绝对无须过分悲观。

　　张：莫言获得了诺贝尔文学奖，他是第一个获得诺贝尔文学奖的中国籍作家，这似乎又证明着中国的文学还是有希望的。您是怎么看待莫言获得这个奖项的？

　　滕：莫言获得诺贝尔文学奖，别的好处就不说了，至少有一点，能让国人更加关注文学。我一个从来不看纯文学的朋友，前几天居然买了一整套莫言的书。姑且不论他是跟风还是仅用来装点门面，有更多的人愿意买书总归是件好事。

张：您的作品大多是中短篇，有没有创作长篇小说的打算？您在未来一段时间有没有新的写作计划？作为上海作家，您作品中有一种令人着迷的"上海风情"，您是否在有意建构一种 21 世纪的当代"海派传奇"？

滕：我曾经写过两个长篇：《城里的月光》和《双生花》。作为上海作家，"上海"无疑会是我笔下永远闪烁的明珠。多谢您的谬赞，我绝不敢妄称构建"海派传奇"，只是打算把上海一直写下去。书写上海，是我的责任，也是我的荣幸。

宗利华：
寻找五彩斑斓的精神故乡

一、小说家精神档案

张丽军（以下简称"张"）： 童年对作家的影响是巨大的，你作品中的主人公在返回故乡和童年的过程中重建信心。请谈一下童年及其对你文学创作的影响。

宗利华（以下简称"宗"）： 我的童年是在农村度过的，沂蒙山区的一个小山村。童年山山水水、一草一木，随着我年龄的增长都变得越来越清晰。一个人对世界的判断和认知，兴许在童年阶段就会形成格局。在我的小说里多次出现过我童年的生活场景，最典型的一个地点就是一片草原。那是从我出生的小村子沿着山坡爬上去，眼前豁然开朗的一抹山顶平台。我估计千万年前那里是一片海洋，地壳运动之后山峰突起，山半腰一带的平原却保留了下来。我们老家人管这片平台叫"山坪"。在我童年的目光里，那方区域简直无边无际，一到夏季便五彩斑斓，生机盎然。继续向前行走，还有一大片松树林，马尾松的松针在地面上铺了厚厚一层，可以在里面打滚、翻跟头。那时候我们一帮孩子无拘无束，无忧无虑。所以，当我小说的场景形成一条农村、乡镇、都市的地域性脉络时，乡村毫无疑问成了我精神回归的一个寄托之地。《笼子里有草》里面，女主人公就是从这里走向城市，最后又回到这里的。我也多次写到都市里不堪重负或者精神上受到侵袭和打击的人，他们渴望回到这方清澄之地。在这样的地方是能够像你所说那样"重建信心"的，这种重建也是一种精神上的原始回归。人的身体或精神深处总是不断积累污垢，终有一天会想把这些污垢清除干净。不过，说实话现实中的乡村早已今非昔比。当我回到老家，目睹无节制的破坏性采伐已经几乎彻底破坏掉我心目中美丽的山坪之后，我开始把这片区域称作"荒原"。可不管怎么说，每当我的笔触靠近童年记忆时，总会觉得温馨。

张：您在一篇创作谈中说道，"如果从时间上分割我的生活场地，农村和小城市差不多各占一半，有些时候是在小乡镇或城郊接合部"。如果说童年是一个人成长时间维度上的起点，那么，地理空间则是作家成长中极为重要的内在精神地理维度。请谈谈您故乡的"生活场地"。

宗：初中二年级之前，我的生活场地基本就在大山深处那个叫老牛沟的小村子里，村里顶多二十几户人家。上小学要到山下的一个大村子，沿着山路走二十多分钟。初中前两年，又去邻村半山腰上一处即将解散的中学读书，走路四五十分钟的样子。初三的时候那所学校撤掉，开始去离家十多公里的镇上继续念书。那段公路很不好走，坑坑洼洼的，还要越过一道山岭。那时候开始住校，周末回家一趟，带回一周的饭食，煎饼、咸菜之类，这种状态一直持续到高中毕业。后来考入警察学校，毕业后就留在了市里工作。所以，我的生活场地农村和小城市差不多各占一半，也就是一步步从小山沟进了城，说起来挺简单的。但从内在精神层面来说，有些环节还是很艰难的。那时候，高考被称作"挤独木桥"。独木桥那边儿，有城镇户口、工作、房子等着你，目标很直接——跳出农门走出山沟。也说不上什么宏大理想。所以说我的生活场地和对应的精神地理维度，也决定了我作品里人物的生存背景。我已经开始让人物回到故乡了。这好像是个轮回，但每个人迟早会在某一天的某一个瞬间开始翻回头仔仔细细打量自己，开始往回转。

张：一个人对人生和世界的认识在中学时期渐渐清晰。请谈谈您的少年时代有哪些难以忘记的事情，及其对文学创作的影响。

宗：难以忘记的事情挺多。比方说前面说到的，在一个半山腰的学校读初一、初二的时候，那时候学习没现在的孩子这么累。兴许我所在的那个学校本来就不正规，老师也大多不是正式的，一边教书一边种地。农忙时节，也就任我们这帮孩子撒欢。老师布置完作业，回家收秋去了。我们满山乱跑，逮蚂蚱，捉蝎子，到河里去抓鱼，钻进小水库游泳。但慢慢不一样了，开始体会到家庭的艰难。我家里还有个姐姐，也在读书上学。一个家里两个孩子上学，父母的压力现在我能想象得到。为了给我和姐姐筹学费，父母几乎把那个时候农村人能想到的挣钱门路都想到了，但生活还是很窘迫。那时乡下人家没有一户是富裕的。有时候要交学费，家里没钱，父母分头出去借，能借遍半个村子。惭愧的是，我学习成绩不好，因为偏科，数理化一塌糊涂，所以那座独木桥我挤得很困难。对我来说，简直是一条单边绳索桥。日渐懂事后，看到父母那样艰辛，自己又不争气，心理压力就来了。复读的日子对我来说简直是一种摧残。有一年，复读之后仍没考上，我心灰意冷，决定不念书了，和几个同学约着去闯天地，去打工。我曾经干过制丝厂电工，当过看大门、送报纸的保安。我的同学有干电焊的，有在建筑队当小工的。那年几个人碰到一起喝了场酒，到最后好几个都哭了。当时距高考还有半年多，我们约好了重整旗鼓再去复读，结果都考上了。这样，我才成为了一名警察。我想，我性格里的某些因素，比如怯懦、自卑等，就是在那一段时间形成的。早些年，我写过很多格调比较晦涩的小说，估计也与此有关。

张：请谈谈您的大学生活。您读过哪些令人难忘的文学作品？您最喜欢的中外文学名著是什么？对您产生过影响的作家是哪几位？

宗：在警校的日子我觉得算不上正儿八经的大学生活。那是所中专学校，半军事化，课程分两块，一块是文化课，一块是军体课。文化课包括法律、预审、痕迹检验等专业课，军体课则有队列队形、拳击、擒拿格斗之类，为将来当警察做准备的。短短两年学校生涯，跟文学是有点不沾边儿的。不过那段时间我已开始尝试写东西，写在作业本上。那时候读书也不多，图书馆里可供选择的余地很小，自己也没多余的钱买书。最难忘的一本书是《红楼梦》。我那时给当地报纸副刊投稿，写散文随笔类的，记得拿到的第一笔稿费是15元，那时候觉得真不算少，决定去买本书奖励一下自己。这本书到现在还在我的书橱里。慢慢的自己的书就多了起来，到现在买了那么多，多半看不完。喜欢的名著挺多，国外的比如《百年孤独》《安娜·卡列尼娜》《复活》《卡拉马佐夫兄弟》。对我影响比较大的是《百年孤独》，当时惊讶原来还有人这样写小说。国内的除四大名著之外，我还喜欢沈从文、汪曾祺等现代作家的作品。很难说具体是哪位作家对我产生了影响。我喜欢的作家很多，外国作家如马尔克斯、川端康成、三岛由纪夫、杜拉斯、伍尔夫、卡佛、卡尔维诺、萨特等，中国作家有莫言、余华、苏童等。另外我读书很杂，史学、哲学、美学，包括电影、绘画、雕塑等各艺术门类的都会零星读一些。最近开始对人类学这个领域感兴趣，想系统性地读一些。

张：请谈一谈您这些年的人生经历和工作情况，您都接触过哪些群体？这些阅历是怎样激发您的创作灵感的？

宗：我的工作经历很简单，一直从事公安宣传文化工作。起初办报纸，后来做电视节目，都是围着本职工作走，期间到基层派出所锻炼了两年。那派出所处于县城边缘，辖半个城区还包括城郊的四十多个村子，这一区域是典型的城郊接合部。接触过的群体可以分这样两类：一是警察，包括刑侦、治安、交通、派出所等各个口上的工作人员；二是犯罪嫌疑人。将近二十年的时光里，我接触的这两个群体人数还算不少。形形色色的犯罪嫌疑人是人性、道德伦理挣扎最激烈的一个群体，从这类人身上很容易挖掘到更深层的东西。在和平时期，这两类人群本身是对立的，是离生命、死亡之类的宏大命题极为接近的。我所接触的另外两个群体是因记者或作家的身份。其一是新闻媒体人，如报社、杂志社、电视台的编辑、记者。一方面我们是合作关系，另一方面专业媒体人的视野更开阔。我的小说《天黑请闭眼》发表后，有朋友说我对电视媒体很熟悉，就源于此。其二是作为一名作家所接触到的全国范围的作家、编辑群体。比如，参加培训班、笔会、研讨会等活动，所接触到的专家、学者、作家、诗人，乃至音乐人、书画家、影视导演等，这个群体也非常庞大。事实是，近些年我接触这个群体越来越多，跟很多人也成为了朋友。因为共同话题多，从他们身上能学到很多东西，会指导我对此前接触的人与事进行更为理性的思考，能够起到从理念映射进现实的作用。

二、创作历程与审美嬗变

张：你 1996 年发表的第一篇小小说作品的名字是什么？是怎样发表出来的？

宗：第一篇小小说叫《李大个子》，发在市里的《淄博声屏报》。当时，这家报纸的副刊在市内很有影响力，得益于一位叫杨玉泰的编辑，他很敬业，也颇具眼光。我们市里很多作家、诗人的文学生涯都是从这家报纸起步的。他发了我四五篇小小说后，我才意识到，我们俩单位距离不远，应该见个面。结果，从那时相识直到现在我们还是好朋友。关于处女作，内容是展示一个卖羊汤的农民职业操守的问题，记得详细地描写了我老家宰羊做全羊汤的过程。稿子寄去后，很快就发出来，排在右下方倒头条位置。直到现在聊起他还说："那是我给你发的唯一一篇不是头条的稿子。"他给我编发的好多小小说都被《小小说选刊》《微型小说选刊》转载。

张：2005 年，你在小小说领域取得了很大成绩，获得第二届小小说金麻雀奖。请谈谈您创作得较满意的小小说作品。

宗：我的小小说作品数量较少，十多年写了一百多篇。小小说出精品难，这是小小说作家的共识。我自己感觉稍稍满意的也就十几篇，包括早期写的《床》《井》，以及后来的系列《唐卡》等。《唐卡》《傩舞》等作品，我认为是具有民间文化和地域文化底蕴的。因为是系列作品，也能看得出我转型创作中短篇的痕迹。

张：您在一次访谈中提到，曾不止一次遇到写作的瓶颈，我对此很感兴趣。请您谈谈有几次遇到了瓶颈，又是如何打破瓶颈，取得写作的新突破与超越的。

宗：这个的确是我经常会遇到的。我猜测许多作家也都会遇到。表现就是对自己的所有文字产生怀疑，丧失写作的欲望，很沮丧，同时还不能自拔，于是感到焦虑、惶恐。到这时候，肯定会选择停下来，不写甚至不读，因为往往那时候书也读不进去。有时候，我会选择看电影。很久前我就是个影迷。音像市场上积压在仓库里卖不出去的碟片往往是我关注的。大部分是小众电影，所谓的艺术片，有的很闷，比如基耶斯洛夫斯基的《红》《白》《蓝》《十诫》等。当然，这也是另一种读。还有其他艺术门类，比如舞蹈，我第一次看皮娜·鲍什的《穆勒咖啡馆》，惊讶极了。再如绘画、雕塑等，一开始毕加索的画根本看不懂，细看下去，就多少有收获了。各种艺术门类是相通的，不过是表现形式不同。这样过渡一段时间，写作的感觉也就慢慢来了，倒未必一定是打破了瓶颈。从某种意义上说，选择写中长篇也是我个人打破瓶颈的一种做法。在这个领域我沉浸太久了，感觉自己在其内部很多方面都进行过探索。

张：具体而言，你是什么时候开始小说体裁类型上的转变的？这个转变的过程中，原来的小小说文体带给你进行中篇小说创作的经验、优势和内在束缚、劣势是什么？

宗：对我个人来说，所谓的写作转型不是太明显。写小小说的过程中，我一直在尝试中短篇、长篇的写作，只不过最近几年中篇发表得相对集中，小小说又几乎不写，很多人会突然发现似的，说我这是一个华丽转身。毋庸置疑，小小说写作经历给我的中长篇写作积累了太多经验，从问题内部来讲，语言、结构、细节、悬念设置等各方面都得到了训练，大的理念或写作风格逐渐形成。但起初劣势也很明显，写小小说久了，形成了思维定式，写的好些中短篇都带有小小说痕迹，所以有很强的转型焦虑。

张：当今文坛很多人的创作走向快餐化，一些人创作是为着获取经济利益，作品也比较浮躁。您所秉承的创作态度是什么？您认为一部好的作品应具备的因素有哪些？

宗：大环境的确如此。文化越来越成为一种产业，文化产品的经济效益占尽上风，艺术审美功能反倒略略退守，文化创作人的角色不再特立独行，已经回撤为匠人或者干脆成为逐利的商人，这不能不说是一种悲哀。泡沫会遮蔽真正的艺术，速成品或快餐式作品注定经不住时间的考验。我承认我的创作态度也并非一开始就形成的，实际上此前也时不时面对这样那样的诱惑及考验，也出现过波动，写过一些应景或功利性文章。但至少目前我已经确定了自认为正确的写作态度，不断进行艺术创新，不断尝试超越自己，颠覆过去，一直做艺术价值的坚守。实际上，这是一个作家理念价值体系的排序问题，说白了就是冲艺术去还是冲钱去的问题。当然，也有艺术价值和经济效益并举的，但那是作品产生社会效应之后的事情。而对于一个作家来说，作品价值排序呈现出扭曲状态，肯定会出现媚俗逐利的倾向。这里面还有一个对文学的理解问题。那就是反观自我，询问自己选择这样一条路，目的是什么。若一开始就是想要以此谋生，以此赚钱，这无可指责，并没什么不好。但我估计一个真正的写作者是把这个放在从属地位的，至少在写一部作品的时候不会首先去考虑要赚多少钱。创作态度决定了作品品质的优劣。我所欣赏的作品或经典作品应该具有这样几个因素：一是不跟风，避潮流，甚至干脆是逆潮流的；二是具有独特理念，有自己独创的东西；三是具有普遍价值，站在反观历史、反观整个人类的立场上，不是为某个利益群体、某种思潮去代言、去服务；四是能经得起时间考验，这个时间不是三五年或三五十年，而是更为长久。我一直渴望自己能够创作出这样的作品，一部足矣。

三、与作家、文本和所生活世界的对话

张：《天黑请闭眼》一经发表就好评如潮，《小说选刊》等纷纷转载。应该说《天黑请闭眼》是你在文学创作道路上的一次较为成功的转型。请谈谈这部小说的创作和发表过程。

宗：有时候很奇怪，有些作品属于歪打正着。实际上我此前也写过短篇，被《小说选刊》转载过一篇《对手》，但都没有引起什么反响。《天黑请闭眼》实际上是二度创作，里面的几个故事情节，在我很久以前的小小说里就已出现了。从某种意义上说，是我偶然认识的两位编辑老师的鼓励，才促使我写出了这篇小说。一位是《人民文学》的宁小龄老师，一位是《北京文学》的孟亚辉老师。他们对我帮助很大，每次对我发去的稿子都能提出很中肯的意见。他们鼓励我写中短篇，要偏重城市题材，于是，我开始写《天黑请闭眼》。

写完后投了好几家期刊，都没发表，后来抱着试试看的态度给了《文学界》赵燕飞编辑，没想到很快被发出来，《小说选刊》又迅速做了头题转载。当时是我在鲁迅文学院学习期间，正在上海世博会参加社会实践，《小说选刊》编辑鲁太光打电话要我写创作谈。当时很奇怪，选刊的头题才是要写创作谈的，我那个小说怎么可能做头题？不过，真是很兴奋。那是《小说选刊》发表的我的第一个中篇，它给我带来了很多意想不到的收获。我开始写中长篇，就是从那时开始的。

张：《天黑请闭眼》中有很多时尚性、游戏性的文学新元素，如"蓝颜知己"、丰胸、唐卡、"驴友"、杀人游戏等。这是您的小说区别于上一代作家、具有鲜明时代性的一个重要特征。请谈谈您对文学与时尚、游戏关系的理解。

宗：一个时代注定有一个时代的作家。一个优秀的作家肯定会对当下极其敏感，甚至能从当下看到未来。实际上，我自我感觉，作为普遍以扎实沉稳风格见长的山东籍作家的一员，我跟时尚、前卫这些词还是有一段距离的。我学到这些词的渠道差不多是网络或时尚杂志。当"70后"正值青春年华时，网聊、网友、论坛、QQ、网恋、游戏等这些新生事物直接颠覆了此前的交际乃至生活方式。这些东西在"70后"及更年轻作家的作品里是绕不过去的。我个人对时尚元素很敏感，尤其是新生事物、新鲜词语，在我的很多小小说里有所体现。最初的感觉是这些能够让作品出新添彩。随着经验越来越丰富，就明白这其实代表大的时代背景，将这样一些时尚元素植入作品，是与作品主题、人物心理走向环环紧扣的。比如标题"天黑请闭眼"，实际上是"杀人游戏"里的一句话。有时候你仔细琢磨这些词、这些句子，突然捕捉到它们的派生意义，感觉是很新奇的。

张：您从 2009 年开始创作的"香树街"系列小说，实现了文学叙事空间上的一大新突破。《香树街》《香树街上的米朵儿》《香树街 104 号》《香树街 10 号》……"香树街"成为你想象、构建艺术世界的独特精神空间。请谈谈您的香树街诞生记。

宗：香树街的出现得益于我的那段下派经历。2007 年到 2009 年，我在一个县城城郊接合部的派出所任职，派出所楼下的街差不多就是那条香树街。

我报到的第一天正逢大集，街两边摆满小摊，聚集了半个县城和附近乡村的人。我不知道深浅，开车硬往里走，结果一个大娘骑着三轮车蹭到了我的车。好不容易到了派出所院子，才看到车上从前到后长长的一道划痕。我第一反应是忍不住笑了起来。有时候，我站在派出所二楼的楼道打量那条街，一站就是半天。后来我遇到了问题女孩 "米朵儿"，这是一个真实的小女孩儿，逃学，打架，上网吧，离家出走。于是，《香树街》这个中篇就出现了。当时只记得苏童写过 "香椿树街"，且当时有个电视剧叫《香樟树》，于是顺手就用了这名字。不料，《香树街》后来被《中篇小说选刊》转载后，影响力进一步蔓延，写创作谈的时候我就突然意识到这条街上还有许许多多的故事。那时我的野心够大，准备以门牌号的形式书写整条街上不同人物的故事。但《香树街 10 号》发表，遗体美容师邱红尘出现后，有人问我，这篇不是发过一次了吗？我就意识到以门牌号写下去的方式行不通，写得再精彩标题也会被人记混，所以后来做了改变。比如《笼子里有草》《师生图》《颈动脉》，等等。这个系列逐渐庞大，香树街也就诞生了。

张：您曾提到，"香树街变成我刻意打造的一个精神故乡"。香树街之于你的意义何在？

宗：当它由实体转化为思维或精神领域里的一条街之后，它就被赋予了丰富的内涵和外延。这条街之于我的意义就是，突然有一天我发现，假如把我人生轨迹或者精神轨迹上无数停留驻足的点连接到一起，那会是一条曲线。而穿过这条曲线的中轴，实际上就是这条街。香树街变成了一条乡村和城市的分界线。我的起点在乡村，在乡土，而且我的终点必定也是回到乡土。因此，我说这条街变成了我的一个精神故乡。似乎此前我的身份还是农民、身体还在乡下的时候，努力追求的目标不过就是要走过这条街，进入城市。因此，说它是精神故乡并不为过。当然它不是第一位的，我的第一精神故乡还是在乡村。

张：您说，"《师生图》是我栽种的香树街这根藤蔓上结出的又一个瓜"。香树街 "是农村与城市的分界线或更宽泛些的交融线。它的存在很卑微，地位很尴尬。它见证着城市对乡村的不断吞咽，也见证乡村人竭力进入城市的

步履维艰。而我们社会底层变迁的主调，正是农村与城市的摩擦与碰撞，目前看貌似城市取得了胜利，它带着盛气凌人的架势把越来越多的乡村换成整齐划一的面孔"。您的香树街有何"精神版图"或"思想图纸"？

宗：这条街在我的创作中逐渐明晰，是近两三年的事情。当我发现这条线隐藏的意义之后，我发现这是中国当代文学已经开始且必须关注的命题——小城镇不断扩大，乡村版图不断缩减。从另一个意义来说，传统文化比如农耕文化等正在遭受毁灭性冲击。而这一历程，必定会导致人的心态发生变化，也会造成越来越多的内在冲突和矛盾。比如，前段时间有的小山村搞试点，进行城镇化改造，让农民集中住到楼上。那么老百姓的农具、鸡鸭牛羊怎么办？闭上眼睛想一想，假如我们国家版图上的角角落落都变成了城镇，面孔整齐划一，那会是什么样子？难道只有那样，才意味着人类文明的进步？人类学家列维-斯特劳斯大约在20世纪70至80年代到过印度，所看到的景象让他目瞪口呆。他说整个亚洲都在以飞快的速度毁灭文明，堆积泡沫。而美国、巴西等国家，至今还给原始部落的土著居民划出一方空间，所谓的"文明人"不得进入。我想，在中国，至少还有好几代人内心有着乡土情结。当这条街或者说城市和乡村之间的那条线不断后移，直到消失，人们还能到哪里去寻找形态各异、五彩斑斓的精神故乡？如果所有人的精神版图都整齐划一，那会是什么状态？目前在我的精神版图上，至少还有一片美丽纯净、带有原始色彩的乡村。

四、对文坛现状的解读与自我期待

张：很多"70后"作家对历史的认知和反思是缺失的。您认为对于历史的正确态度应该是什么样的？应该如何把对于历史的反思融汇到文学创作中？我们今天应该如何看待历史，回归历史？

宗：对历史的认知与反思，是对人类发展历程的认知和反思。历史貌似是在不断前进，实际上是在不断重复。更宏观地去认知和反思历史，显然对不断完善自我和修正自我有益处。我个人认为，20世纪70年代生人对历史的认知和看法处于一个过渡状态。甚至可以说，20 世纪 70 年代生人的历史观，是或多或少受到蒙蔽的。最初接受的近现代、当代这段历史，完全是书本上的。与此相比，20 世纪 60 年代生人显然对这段充满变数的历史更加敏感，因为他们参与了一截尾巴。他们参与的这一段时间，恰恰是一个人的世界观得以初步确立的青少年时期。20 世纪 70 年代生人，童年对饥饿的恐惧感没那么强，稍稍进入青年时期，我们的物质生活就有了较大改变。思想层面上，由于国门大开，眼花缭乱的思潮也不断涌进来。当 70 年代生人随着不断更新的信息步入中年，返回头去打量历史的眼光就显得稍差。认知和反思历史，从书本和历史的缝隙里去探求历史真相，就变成一小部分人的事儿。对历史进行反思应该站在更加开阔的地方，面对整个人类寻找具有规律性的历史观。文学触及历史，反思历史的目的是期盼暗淡的历史不再重演，只有这样作品才有思想的高度和深度。我们现在看待历史，就要以辩证的宏观视野进入真实的历史。

张：您的《越跑越追》获第十一届金盾文学奖，这是与您从事的工作有关的一部长篇小说。您认为这部作品有哪些新的突破？

宗：现在我仍然不具备写长篇的能力，加上我的工作性质，静下心来写出一部让自己满意的长篇是很困难的。但我必须得去尝试一下。每个人写作的状态不一样，有的人一出手就是大家风范，我觉得我的积累还远远不够，必须尝试和摸索过才能知道是怎么回事儿。《越跑越追》本来的标题叫《越跑越快》，出版社做了修改，这样更接近我工作的性质。实际上一开始我的野心还要大一些，我写的是警察这个群体的内心焦虑。如果说比我前面尝试着写的两个长篇有所突破的话，就是我不再仅是附在表层去讲故事，而是在其中植入了理念，深入人物的精神世界。

张："70 后"作家的长篇小说创作与"50 后""60 后"作家的创作有很大的差距。您怎样看待"50 后""60 后"作家的文学创作？您对同代人的创作有何印象与思考？

宗：我前面稍稍提到"60 后"对历史的体验，当然"50 后"体验更深。直白地说，他们对死亡、饥饿、人性变异这些人类史上大命题的体验和感悟，要比"70后"深刻得多，也直接得多。所以，当他们开始展示伤痕、反思或借助西方元素进行先锋性呐喊时，这种力量是很强大的。普遍来看，"50后""60后"作家更加关注人本身，关注人的本心、本性，能更细致入微地去挖掘人性深处所遭受的压抑和伤害。所以，他们的作品显得厚重。而与之对应的我们这一代人，在这一方面显然力度不够。实际上，很多人根本没有做反思和回顾，有些"70后"作家则干脆开始展示都市喧嚣造成的这一代人整体的麻醉状态，似乎性观念开放是个必须去关注的突破口。如果说前代作家在关注精神，"70后"作家最先在文坛崭露头角的一拨，关注的却是人的身体和人的生理体验。两者相比较，差距就分明。从世界文学史来看，那些熠熠闪光的顶级作品绝对不是以写身体见长的，事实也证明那样的作品往往如过眼云烟。但"70后"作家目前在年龄上已经进入创作成熟期，应该会有越来越多的作家创作出更加厚重的作品。

张：您对自己的作品比较满意的有哪些？您觉得自己创作中的不足有哪些？

宗：实话说我比较满意的还是一部分小小说作品。因为那时候年轻，充满探索欲望，富有激情，写东西不会缩手缩脚。现在随着年龄增长，不断地接受创作理论，我发现有时候也会起反作用。可能会刻意地去追求完美，如此一来内在的情绪流动上反而缺少了激情，缺少了那种舍我其谁的气魄。

张：我非常高兴地看到您对当下乡土文学创作的批评，认为"真正接地气的写作者（我相信民间肯定有），却淹没在一片所谓主流的喧嚣之中"。您是如何理解和走向"真正接地气的写作"的？

宗：这话是针对乡土文学来说的。我前面也提到过都市扩张对乡土的不断侵蚀。伴随着这个过程，乡土文学也必然会受到冲击。现如今的乡土文学或者说占据主流话语地位的乡土文学，多是身居闹市的书写者对乡村温情脉脉的回望或者臆测。很多人对于乡土所发生的变化，印象是零星和点滴的，他们已经许久不到农村看一看，已经多少年不接触稼穑之道了。如此还要强行书写，那就得依靠资料，幸好现在有互联网。而对于乡土本质上的变化，对于乡土人物精神世界的感知和判断，并不是仅凭简单了解甚至几个月的定点深入生活就能获取的。至于"接地气"这个词，意义很宽泛，却体现在很多细节上。比方说写乡土，却对什么季节种什么作物都不清楚，对土地的成分、什么样的土壤适合什么作物生长都不甚明了，对一片草原上有多少花草的种类都说不上来，那么这样的作品忽悠同样不清楚这些的读者或许足够，但涉及的注定是皮毛，是不接地气的。

张：您说，"读汪曾祺先生《异秉》《受戒》《故里三陈》的时候，能够感觉到他对生活精髓的把握和升华。读冯骥才先生《绝盗》《雅盗》等一系列小说作品，以及我书橱里还摆着的一本《三寸金莲》，这样的作品都是富有民间文化、地域文化底蕴的"。这是您对民间、地域文化的审美认知和精神自觉。您准备如何汲取民间文化、地域文化的精神资源？作为成长在蒲松龄故乡的作家，您是否思考过运用蒲松龄的精神遗产？

宗：民间文化、地域文化不断丧失之后，一个民族细部的文化就会被外来文化淹没。为什么"非物质文化遗产"这个词近些年似乎被越来越多的人提起？说明越来越多的人意识到了它的重要性。为什么要拯救这些东西？因为它们不可复制。比如，我们有自己的史诗，像《格萨尔王》，比《荷马史诗》还要长，说唱者可以说几天几夜。问题又来了，它是靠说唱艺术家一代一代继承下来的，而现在说唱艺人已经面临断代，很少有人能够把那么浩杂的内容记在脑中。这些都是具有丰富民族意义的精神资源，吸取它们的营养一方面是为了传承和记录，另一方面也可以追溯我们民族的精神之根。我的作品里有零星的体现，比如唐卡、傩、年画等，甚至还涉及迷信。身为一个作家，我认为应该去关注这些东西，而不是仅仅停留在价值判断的层面上。说到蒲松龄，我的写作尤其是小小说写作受其影响很大，这个没必要多解释。他的精神遗产当然不仅是举世皆知的《聊斋志异》，还包括一些聊斋俚曲之类，这是标准的民间文化、地域文化。由于地域的缘故，那些带有浓重乡音方言印记的俚曲让我很有亲切感。我想，这些东西会是我将来关注或者思考的一个领域。

张：请您谈谈对"70 后"作家创作整体现状的看法。您喜欢哪几位国内"70 后"作家的作品？是否认同"70 后"作家处于历史夹缝、被遮蔽的尴尬

状态的看法？您认为"70后"作家应该如何冲出历史的重围？

宗：参照和对比之后，"70后"作家也应该是比较整齐、成就不弱的一代。相对来说，我关注同龄作家可能会稍多一些，因为常常会反观自己处于一个什么层次。"70后"之所以没有形成更加轰动的效应，是跟大环境有关的。但我相信，这批作家正在进入创作黄金期，我对同龄作家创作出经典和传世之作是非常肯定并充满期待的。我喜欢的作家很多，比如盛可以、乔叶、鲁敏、金仁顺、计文君、李浩、徐则臣、阿乙等。实际上，我不太认同"70后"作家处于"历史夹缝""被遮蔽"这种说法。对作家来说，历史根本不存在夹缝，真正的才华更不会被遮蔽，应该结合时代反观自己。在历史上，中国为什么没有世界顶级的流亡作家？这是不是一个值得思考的问题？所谓的"被遮蔽"，不是被历史遮蔽，而是被市场、被金钱遮蔽。我觉得"70后"没必要考虑如何冲出历史重围的问题。因为，纯粹技术性的操作类似于走秀，关键是潜下心来创作作品。作品决定一切。如果心态被这个浮躁的世界俘虏，被泡沫淹死，那就真没办法突围了。

张：我们都非常期待您能创作出更加优秀的作品，您未来一段时间有什么样的创作计划？是否期待在长篇小说创作上有更大突破？

宗：感谢您和喜欢我作品的读者对我的关注！我近期的写作重点还是在中篇上。我曾跟朋友说过，我用差不多十年来写小小说，再用十年来写中篇，看究竟能写到什么程度。当然稍有玩笑色彩，但基本走势就是这个样子。我肯定会期待自己的长篇小说，但我对自己所追求的理想中的那部长篇还一直在积累思考的过程中，希望未来有一天我能把它完成。

徐则臣：
在两极之间寻找精神的栖息地

张丽军（以下简称"张"）："故乡从来都是作为我们进入世界的起点，是每个人身心动荡的最恒久的参照和坐标。"请您谈谈您的童年和您的故乡生活。它们对您的创作产生了什么样的影响？

徐则臣（以下简称"徐"）：我的童年也是任何一个乡村孩子的童年，有野地、河流、牛马、庄稼，以及自由、松散、和谐的人际关系。现在看来，那时候的物质生活比较苦，精神生活贫乏，但当时我很快乐，现在依然觉得那是一段好日子。我在村子里，县城都很少去，没有比较，也不起贪欲和虚荣之心，我以为世界上的生活都这样。这样的生活是个朴素的底子，能让你宽阔、淳厚地去看待世界和人。就像看见一棵树，必然会想到它扎根的大地。宽阔、深重、有质感，这是我希望我和我的作品都能具有的品质。这来源于我生命之初的故乡生活。

张：您的很多小说谈及了中学时期，书写少年的情感经历，非常动人，比如您的长篇小说《水边书》。作为 20 世纪 70 年代生人，您的少年生活有着怎样难忘的经历？这些经历对您的创作及您对世界的认知有什么影响？

徐：我的少年生活很可能跟其他人一样，若有区别，那可能是生活中偶然跳出的东西不同。在中学阶段，我想我青春期的孤独是大家共有的，但河流、医院，以及神经衰弱是很多人没有的。初中时因学校在镇上，离家远，我住在镇上的医院里，父亲托人找了一间小房子。我父亲是医生，但我最不愿见的人就是医生，最怕去的地方就是医院。进了医院我就不知所措，觉得所有手续都极其繁杂，医院于我有种空白而又幽深的恐惧之感。我住的那个医院里，有条很暗的走廊和几扇总在风里撞击的破旧的门，外面是荒草，给了我很多关于死亡、别离和病痛的暗示，现在我还经常梦见那个荒凉恐怖的场景。学校门前是一条运河，每天上下学我都沿着河边走，一个人想事，对那条河很有感情。现在想来，那河跟医院完全不同，它明亮、宽阔、平和，就像我的一个朋友，所以我的小说里经常写到河流。高中时我患了神经衰弱，感受到前所未有的孤独和痛苦，对世界的想象是冰凉黑暗的。这三者混合起来，可能决定了我的情感体验，我希望人和人之间能坦荡、亲善，希望这个世界也自然、开阔和坦荡。

张：一般来讲，大学的中文专业培养的更多是文学评论型人才，而非文学创作型人才。北京大学的学习生活对您的创作有什么样的影响？

徐：多年前的北大中文系老系主任杨晦先生有句话，成了传统流传下来，"北大中文系不培养作家"。但事实上，中文系出来的作家还是层出不穷。不专门培养作家不代表就出不了作家，总会有我这样三心二意的"学术叛徒"。实事求是地讲，北大对我的写作裨益良多，如果我真能和众多的作家区别开来，我得感谢北大和我的老师。经过系统的学术训练，尽管对很多理论还一知半解，但一般的理论书籍对我的阅读还是构不成障碍的。我可以通过阅读理论书籍和文章拓宽自己的视野，尤其是了解国外的文学动向和比较新的批评及研究。能够在一个比较大的视野下看待文学和世界，可以让自己的写作更自觉也更清醒。而汲取理论的营养，对大部分中国作家都是短板。对理性思维的培养和磨砺，反过来又会拓宽和深化感性思维，让它变得更有方向感。作家不仅要长于感性和想象，更要具有非常的洞察力和逻辑思维能力，否则无法把一个好故事讲深讲透。小说的品质不仅在于故事，更在于故事之外作家真正想表达的东西，这个才决定一部作品的优劣。

张：您曾经在文章中提到，在读完张炜的《家族》后，您有了要当一名作家的想法，并开始付诸实践。请谈谈您当作家这一想法的萌生过程和最初的审美构思、审美冲动，以及您当时对张炜及其作品《家族》的认识。那时候您还读过哪些作家的作品？

徐：在读《家族》之前我已经开始写诗歌和小说了，也挺入迷，但从未把写作当成志向和毕生的事业，《家族》促使我确立了这个方向。在大一的时候，我的确非常喜欢《家族》，小说中的理想主义、浪漫主义、内省和反思，以及其中的纯真与感伤，让我再次确证了写作是件无比迷人和美好的事，值得花一辈子去干。刚入大学时，我很喜欢黑塞、张炜这样气质的作家。那时书读得很杂，能找到的国内外好作家的书都读，整个大学四年，我基本上都是泡在图书馆里。现在想来，当时的阅读堪称饕餮盛宴。

张：20 世纪 20 年代，许杰、蹇先艾等一批年轻的作家从乡村走出，来到北京，感受着都市文明的洗礼，同时也面对着现代化的冲击。他们对都市感到隔膜，并回望故乡，对北京而言，他们是"侨寓者"。您是否也有这样的"侨寓者"心态？

徐：我一直有这种心态。但问题是，我不仅在北京有"侨寓感"，就是回到老家，也觉得自己是局外人，是个故乡的异乡人。这些年待过几个城市，都是如此。现在我只能说，此心不安处是吾乡。

张：您是江苏人，江苏是一个盛产文学人才的地方，汪曾祺、叶兆言、陆文夫、苏童、毕飞宇、范小青等都是江苏人，读这些江苏籍作家的作品，感觉有一个共通之处，那就是细腻。您的文笔也很细腻，特别是对细节的关注和把握令人叹服，这是否与您成长的文化环境有关？抑或也受到过上述作家或多或少的影响？

徐：也许是吧，环境对人的塑造潜移默化，润物无声。这种影响想确切地证实不容易，但要证伪更困难。它具体而微到了看不见摸不着的程度，但同时也泛泛得近乎抽象。这些前辈作家肯定对我有影响。我读他们的书，与他们中的一些人交往，他们为人为文都于我有相当的营养。

张：您在 2011 年出版了《把大师挂在嘴上》，对列夫·托尔斯泰、福克纳等世界级文学大家的作品做了自己的独特阐释。您认为一个作家的创作达到怎样的水平才能算作大家？有哪些世界级大师对您的小说创作影响较深？

徐：我称之为大家的那些人，是当我听到他们的名字时，他们的艺术作品能够立刻让我肃然起敬。我个人比较钟爱的作家和大家喜欢的大同小异，但我依然想列出这些大师的名字：萨拉马戈、君特·格拉斯、列夫·托尔斯泰、福克纳、鲁迅、胡安·鲁尔福、加缪、卡尔维诺、巴别尔等。

张：您为人所熟悉的第一篇小说是《忆秦娥》吧？这是一篇追忆故乡的小说，到了后来，您走上了一条城乡双向互动的创作路子，"花街"系列小说和"京漂"系列小说并向而行。是哪些因素让您得以保持"城乡两不忘"的创作状态呢？

徐：最早的作品里，这一篇被人谈得比较多。大部分作家刚开始写作都会先从故乡下手，因为故乡是你的日常生活，总会有很多故事要讲，有很多话要说。你生在乡村，就会讲乡村的故事；生在城市，就会讲城市的故事。我的故乡在乡村，我一开始就讲乡村的故事，理所当然。但是，后来我离开乡村，城市成了我的日常生活空间，我的经验和思考开始越来越多地来自城市，终于我也有了一堆故事要讲，有了一堆话要说，于是我就开始写城市题材的小说。不过人很奇怪，不可能斩钉截铁地非此即彼，更多的是瞻前顾后、左顾右盼，要在两极之间寻找自己精神的栖息地。其实任何人可能都是这样，只能生活在过渡地带。"城乡两不忘"的创作状态就是我的"过渡地带"，也是最真实的生活状态。

张：发现世界的死角和盲点，呈现读者所不熟悉的异质性因素，是文学创作成功的标志。在如今这个网络越来越发达、世界越来越透明的时代，您是如何做到发掘死角和盲点，呈现异质性审美因子的？

徐：首先是大量观察和阅读。既要有一个纵的文学史背景，也要有一个横的、同时代的写作视野，头脑里的世界文学的坐标越清楚越好。知己知彼，才能找到和发扬自己的独特性，也才能避开前人和庸常，在作品中呈现出异质性的东西来。当然，更重要的是要有足够的感受力和思想力，这才能保证一个作家在异质性的路上越走越远、越走越好。发掘死角和盲点是需要能力的，有效地呈现出来更需要能力。需要把自己从人群中区别开来，把写作从大路货中区别开来，然后确立自己。

张：您的小说故事性较强，故事戛然而止后，却又感觉"意在言外"，耐得住细细咀摸，余味无穷。这种"止"与"未止"的关系是否就是故事完成度与小说完成度的关系？您在创作过程中是如何把握这两者的关系的？

徐：很多人把故事的完成度等同于小说的完成度，在我看来，这种看法是有问题的。小说的本质是故事背后的东西，是故事延伸出来的那部分，小说是故事的阴影。我固然希望在每部小说里都能讲出一个让所有人都喜欢的起承转合完整的故事，但我必须为小说负责。如果在我的感觉里小说的意蕴充分了，即小说的完成度足够了，那我的故事必须到此为止。我不会为了故事的完成度去伤害小说的完成度。这之间的分寸如何把握，我想要靠多年积累的写作经验，靠作者锤炼出来的艺术感觉。我没法具体地说出一二三，但在写作中，某句话写完后，我会突然中止故事，因为我觉得我的小说已经完成了，多写一个字都是累赘和浪费。

张：在您的小说作品《西夏》中，西夏的身份始终没有解答，这是一种叙事上的"留白"，这样独特的小说文本在您的小说作品中是少见且带有形而上意味的。请问您的这种"留白"是有意为之还是无意识的技巧性操作？如何把握叙事中的技与道的平衡？您这一类型小说创作的审美观念是如何形成和发展的？

徐：是有意为之的。这样的作品其实不少，有好几部小说都用了这种方式，只是它们分散在局部，没有《西夏》这么整体和显眼。我喜欢这样的小说。我把写作分三种：第一种是用皮肤写，很感性，细节丰沛，故事饱满，可能没什么高深的道理和微言大义，但小说本身也会很好看；第二种是用心写，将内心的、情感的力量投注于小说，这样的小说会很容易引起读者的情感共鸣；第三种是用脑子写，将思辨的、精神的力量体现在小说里，让人获得思想的震动和愉悦。当然，最好的小说应该是三者兼有。我写了一些这样的小说，初衷是为了表达我的某种理念。我对某个想法有兴趣，就想以形象的方式来探究、解释和表达。所以，写这样的小说首先得有想法，然后还要具备足够的化抽象为形象、化理性为感性的能力。

张：《石码头》中的茴香、花椒，《逃跑的鞋子》中的六豁老太，《啊，北京》

中的沈丹、边嫂，《我们在北京相遇》中的沙袖，《跑步穿过中关村》中的夏小容，《居延》中的居延……您的笔下出现了众多女性形象。她们抑或固执地坚持，抑或妥协，性格是多面的。请问您在塑造这些女性形象时是如何观照她们的主体地位的？

　　徐：小说里的人物有的是预先设计好了性格特征，有的形象完全是在写作过程中自动生成的。尤其在早期的写作里，我是靠着一种直觉和本能去塑造人物。现在会提前对人物做必要的设计，这样可以在表达上更及物，也可以避免人物性格上的重复。科学地设计之后，真正进入了写作，在人物形象的塑造上更多的是"贴着人物写"，把人物放到具体语境里写，放手让她们自己走。她们会找到自己的"主体性"的。

　　张：长篇小说《水边书》《病孩子》，中篇小说《苍声》写的都是少年，青春期是一个特殊的时期，人物在不断期望中失望，在不断碰壁中成长，最后在失望中改变了对世界的看法。您认为这种成长小说的独特审美意义何在？这种少年视角有着怎样的审美空间和表现空间？

　　徐：少年时代很重要，在整个人生里承上启下，这个时期人相当于站在儿童和成人两个世界之间的门槛上，一只脚在门里，一只脚在门外，左眼看见的是懵懂、单纯、清净和平和，右眼看见的可能就是成人世界的睿智、复杂、世道人心和泥沙俱下。他们有回顾也有展望，有厌倦也有好奇，向往的同时间杂恐惧。总而言之，这是个人生的夹缝，似懂非懂、相反相成的世界被压缩在这个年龄段里，每个少年都将经历人生观、世界观、价值观和美学的持守、修正与改弦更张的煎熬。因为它的复杂，因为它对人生如此之重要，所以少年时代几乎成了每一个人最重要、最深刻的记忆仓库和反思的源头。从文学的意义上说，这个年龄段也应当是最易上演好戏的时候：人物的视角和心智掌控起来更灵活，既使用第一人称叙述，也同样可以发挥上帝式全知全能视角的功能，因为可以在儿童、少年和成人三个分视角中自由出入，"审美的逃逸术"在这里有足够的施展空间。因此，这种视角比单一的儿童视角或成人视角更能承担美学重任，它可能开拓的审美空间和阐释空间也相对更大。

张:《古斯特城堡》《这些年我一直在路上》等小说中的人物与《啊,北京》《三人行》等"京漂小说"中的"边缘人"形象有所不同,同时小说对人物心灵褶皱的探查似乎更加专注细微了。这是不是您创作上的一种突破?

徐:很高兴您注意到了这个转变。和此前的"边缘人"相比,他们的生活空间、故事空间都要小一些,没有大开大阖的传奇性。他们的状态相对来说是"静"的,结实地沉在日常生活里,所以我得把他们内心的纹理细致入微地呈现出来。传奇性强、大开大阖的小说空间固然诱人,但于无声处听惊雷更震撼人心,后者应该更接近文学的本义。而此类题材,对细节、探究和发现的落实能力要求更高。我希望能写出更宽阔、更广大的"世道",也希望能写出更细微、更贴切的"人心"。

张:您曾说,"在北京生活,心有不安,所以要写下来,挖掘它的与众不同之处,它和每一个碰巧生活在这里的人的关系",所以您创作了《啊,北京》《三人行》《天上人间》等"京漂小说"。您后来成了上海作家协会的一名专业作家,有了上海身份,您是否还"心有不安"?在今后的创作中是否也会挖掘上海的与众不同之处呢?

徐:我现在已经不是上海作协的专业作家了。在北京我心不安,在上海我依然心不安,当然,就算回故乡,我还是感到心不安。对我来说,"心不安"是常态。尽管在上海时间不算长,但我的确认真研究了这个城市,除了在城市的街巷里穿行,还看了很多资料,发现上海的确是个与众不同的城市。现在写长篇小说时,我的上海经验就派上了用场,写起来就比纯粹的虚构要踏实多了。以后还会继续关注上海、写到上海。

张:您的《啊,北京》《三人行》《我们在北京相遇》《跑步穿过中关村》《天上人间》等写的是北京城里办假证的、卖盗版光碟的、倒弄古董的等一些不被重视的人物,您称之为"边缘人",为何将他们称为"边缘人"?您将他们作为小说的主角是出于一种什么样的初衷呢?

徐:"边缘"是相对于"主流"而言的,这样的人肯定不属于"主流"。更多的人喜欢说他们是"非法从业者",我不喜欢这个词,它包含了太多的道德判断。他们的确生活在黑暗处和阴影里,没法在光天化日下从容地展开他们的"工作"，所以，我称他们为"边缘人"。写他们，没有任何法律和道德上的预设，我只是碰巧熟悉他们。我想看一看在所谓的"非法"的背后，作为一个个普通人，他们的内心是一番什么景象。我也想看看他们与一门心思搞现代化的大都市有着怎样既契合又吊诡的关系。

张：不论是办假证还是卖盗版光碟，他们的职业都是不光彩的，但是您却采用了一种深入其中的平视视角，与他们为友。选择这样的视角有什么特别的意味吗？

徐：不需要想象我在他们中间，我本来就在他们中间。我认识很多这样的朋友，深入了解他们，会发现他们跟自己一样，都是普通人，只是职业不同而已。他们不比其他人更美好，但也不会比其他人更恶劣，他们是包括了你我在内的每一个人。他们的很多情感和想法也是我的情感和想法，他们的焦虑和困顿、希望和绝望同样也是我的焦虑和困顿、希望和绝望，我在他们中间，只能平视。平视的时候最真实，看清他们也意味着看清了我自己。若俯视，我的眼睛受不了。

张：您在小说中写了北京的地标性建筑，如天安门。《啊，北京》中边嫂来到北京，也要去看天安门，而非西单广场。这是否暗示着北京城的丰富内蕴不仅仅在于物质文明的发达，更有精神和意识形态上的魅力？这是不是北京不同于其他大都市之处？

徐：没错。北京区别于中国任何一个城市，就是因为只有北京才具有我们中国人能够意会的精神和意识形态上的魅力。它已然深入每一个当代中国人的血液，对20世纪80年代以前出生的人尤甚。所以，对很多"北漂"来说，北京还有生存、财富、城市生活之外的意义。

张：在《天上人间》中，叙述人把来北京闯荡的人称为"跑北京的"，这是一个很生动贴切的称呼，边红旗、敦煌们为了躲避象征公平、文明的法律的惩罚，为了生存在这座不属于他们的城市疲于奔命……这种"跑"的状态是否也是他们精神上的一种状态？

徐：我老家称到北京讨生活的人就叫"跑北京的"。"跑"大概是绝大多数在北京讨生活的人的基本状态，不管他是不是真的用两脚在跑，生活压力、工作节奏、内心的焦虑、无根的漂泊感，都会让人感觉处在一种 "跑" 的状态里：慢了就来不及了，慢了就得不到了，慢了就躲不掉了。反正我觉得自己在 "跑"，尽管我每天坐地铁上班。"跑" 本身不可怕，关键是因为什么 "跑"，是常态的还是非常态的，是人性的还是反人性的。"跑" 的状态如何，是心安的、从容的，还是惊慌失措的、气急败坏的。当你在跑的时候，你和这个城市的关系是什么；当你在跑的时候，你在想些什么。我不想早早地给他们下定义，我想继续看，尽量看清他们的 "跑" 还有我自己的 "跑"。

张： 不断的自我质疑与询问一直存在于您的一系列 "京漂小说" 中。边红旗、沙袖、周子平们经常自问来北京的意义，不断地寻找方向从而为自己定位，但是却没有答案。边红旗失败从北京城退出，沙袖失掉了单纯的品性融入了北京，这样的结局是不是他们始终没有给自己定好位的证据？迷失方向、无法为自己定位的焦虑感是否存在于时代大潮中的多数人身上？这是不是一种时代病？

徐： 他们都面临着一个身份认同的问题。他们的确没有给自己定好位，也没法定好位，他们是弱势群体，也缺乏准备。北京的变化实在太快，充满了不确定性，不会给他们足够的时间来适应都市生活。当我们从一种相对安稳、确信的生活进入另一种瞬息万变、难以把握的生活里时，首先面临的就是重新追问 "我是谁" 的问题。"我是谁" 同时也是一个 "从哪里来""到哪里去" 的问题。事实上，在这个不断发生巨变的时代里，对大多数人来说，"我是谁" 的焦虑都悬在头顶上，我小说中人物的经历只是更极端和更典型而已。

张： 当这些北京城的 "边缘人" 无法获得身份认同，心灵的焦虑得不到缓解时，您常常转向他们来的地方——故乡，以寻求解决方法，以此缓解冲突。如《我们在北京相遇》中孟一明对沙袖的再次接受，《啊，北京》中边红旗跟随边嫂回家……但是这样做真的可以解决身份的焦虑、结束漂泊吗？

徐： 问得好。我也想过这个问题，为什么这些人必须回到故乡才能部分地或者整体地解决自身的疑难？我也曾怀疑是不是我在小说中不能为他们找到更好的精神出路，但思前想后，觉得他们也许还是应该回去。回故乡并非简单地寻找精神的支持、解决身份的焦虑，还要通过还乡看清自己的来路和精神的来路，知道自己的"来龙去脉"。在这个意义上，回故乡之路其实是重新发现自我之路。所以，有的人回去了就不再回来，有的人回去了还要再回来，他们在还乡之路上发现了不同的自己。

张：您"花街"系列小说中的花街是有原型的。但是，在这种对本乡本土记忆的书写中，我感觉您呈现的并非一个现代化进程中的村镇，也不是山水田园式的乡村生活，而是一个能承载您对人生、人性思考的精神原乡。请您谈谈花街、故乡与精神原乡的关系。

徐：您说得非常对，之前的"花街"系列小说呈现的主要是我的精神原乡。田园牧歌式的小说我没有兴趣。关于现代化进程中乡土变迁的想象我一直存着，大规模地写出来了。这些年我一直希望把动态的花街写出来，但因为心无旁骛地关注"精神"，就把社会学意义上的花街暂时搁置了，我认为一条街外在的现代化只偶尔在人物的内心和生活里留下蛛丝马迹。花街不是我的故乡，但已然是我的文学故乡，原乡之景和思考大部分都被安置在这条街上，它让我的叙事激情有了归属感。我通过这条街来审视和想象我的、我们的、故乡的、正在消失的乡土中国的过去和现在，乃至将来。我希望花街被充分符号化，但不希望它被过度符号化，一旦过头了，符号化就成了狭隘化、窄化和单一化。我在想，也许该和这条街拉开点距离了。

张：乡土文学的创作从"五四"时期兴起后便长盛不衰，并且在不同时期有着不同的时代烙印。您的"花街"系列小说是否属于乡土文学呢？您对当代乡土文学的发展是如何看待的？

徐：我真不敢说这个系列的小说就是乡土文学。不是说写了小地方，写了城市、郊区以外的地方就叫乡土文学。在我看来，乡土一定得和"土"字有关，即土地、土地和人的关系。如果只是把土地和田园作为无关紧要的布景，而人物的身心与这个背景又缺少撕扯不断的关系，那就别随便扯虎皮做大旗。我希望我在花街的一些故事中，能够真正深入乡土田园中的世道人心，但这也只是个希望。在当下写乡土文学，我总不能理直气壮，不敢肯定自己就能有效地把握城市意识形态下的乡土生活和人心。而且近年来乡土社会出现了前所未有之大变局，我力有不逮。因此我很敬佩那些前辈的，尤其是"50后"擅长写乡土文学的作家们，如莫言、贾平凹、刘震云等。多年来他们专注于对乡土中国的表述和发现。在他们的笔下，还能勾连出相对完整的当代乡土中国变迁史。到了我们这一代作家，可能就捉襟见肘了，而乡土的中国也正在消失。在我看来，传统意义上的乡土文学在"50后"作家那里已经达到了顶峰，我们只能望其项背。而大变局中的乡土文学肯定会和之前的有相当大区别，如何处理当下的乡土题材对作家是个新的挑战，甚至比都市文学对中国作家的挑战还要大。

张：您出生在 20 世纪 70 年代，不可避免地被贴上了"70后"作家的标签。您认为，"'70后'的焦虑在于，既不能像'80后'那样无所焦虑，又不能像'60后'那样深度焦虑。'70后'的焦虑在于他们的焦虑太过肤浅"。请详细谈一下您对焦虑过于"肤浅"的理解。这是否就是"70后"文学创作的特质？

徐："60后"与生俱来携带了一个大历史：出生和成长过程中的"文革"，然后是整个社会的精神低迷和物质领域的疯狂。随便拿出这中间的一段经历都足以让人饱受幻灭之痛。他们要在信仰和现实之间辗转煎熬，在信和疑之间徘徊往复。我接触过很多"60后"的知识分子，说实话，我很羡慕他们的精神痛苦有一个宏大的背景，他们的理想、挫败和屈辱让我肃然起敬。当然，你可以说，焦虑本身没有高下之分，一根针也可以把人折腾死，这我信。但你得承认，焦虑是有宽阔和狭窄之分，也有沉重和轻浅之别的。对于一个狭窄而轻浅的焦虑，想破了脑袋，愁白了头，它也就那样，难以与世界形成广阔、复杂的张力。在这个意义上，就能明白作为"70后"，我们焦虑的含金量。但相对于"80后"的断裂，"70后"在精神上更接近"60后"，有一个理想主义的底子，"见贤思齐"，但注定先天就"齐"不了。这样也就明白了"70后"为什么要为焦虑而焦虑。当然，我不能肯定所有"70后"作家都面临着这样的问题，但在我的写作中，这种焦虑贯穿至今。这种焦虑是否会降低文学的质量？显然也不能这么说。一代人有一代人的文学，一代人有一代人的背景，一代人也就有一代人的眼光和思考，每一种眼光和思考都可能成就经典。谁能说，"70后"的"为焦虑而焦虑"就无法在另外一些路径上达到和超越"60后"焦虑的深度？

张：请您谈谈"70后"作家创作的整体现状。您是否认同"70后"作家处于历史夹缝、被遮蔽的尴尬状态的说法？您认为"70后"作家应如何冲出历史的重围？

徐：对"70后"的创作，我可能比批评家们要乐观一些，大概因为我身处其中，知道自己的创作有哪些出路和前景，我也知道很多"70后"的同行们有哪些可能。我对"我们"抱有充分的信心。当然，相对来说，"70后"的确稍显沉默了一点，至少在所谓的市场和声名上逊于前面的"60后"和后面的"80后"。这种所谓的"被遮蔽""尴尬"如果是文学意义上的，我会承认，但若是非文学意义上的，我不能认同。谈论作家的好坏、成败，最终标准只有一个，就是艺术性。别的任何标准都是暂时的，是伪标准。所以，这一代作家究竟是骡子是马，要在漫长的时间里遛过之后才能下结论，现在为时尚早。沉默对很多人来说可能难以接受，但我恰恰认为这是作家必要的状态：沉默并非仅能通往失败，更可能通往成功，文学意义上的成功。人沉得下来，作品才可能沉得下来。非要让我找一条突出重围的道，我会说，继续沉默，沉潜式的沉默，反思和寻找最真实的、复杂语境下的自我，然后充分地、及物地自我表达。等下次直起腰、抬起头来的时候，会发现自己早已突围。或者说，所谓的敌人围困万千重，也只是风声鹤唳、杯弓蛇影。

张：您如何看待当前的网络文学创作？您认为在网络时代，文学创作和审美是否有不同于过去的新内容、新特质？

徐：我对狭义的网络文学不熟悉，看得极少，不敢妄言。它能如此繁荣，一定意义上应该是时势之需，有其理由。但广义上的网络文学，比如博客、微博、手机段子等，我接触得相对多一些。我们必须承认，所谓的博客体、微博体、段子体，正在部分地改变我们的表达方式和审美习惯。长此以往，它们必将对经典样态的文学写作、阅读和接受产生相应的影响，或补给或修正或篡改。至于其力量有多大，会呈现出何种新质，那只能拭目以待了。

张：您曾经获得过第四届春天文学奖、首届西湖·中国新锐文学奖、华语文学传媒大奖 "年度小说家" 奖、庄重文文学奖等多个奖项，您对各种文学奖项的设立是怎么看待的？这样的文学机制对您的文学创作有何影响？

徐：我认可一切文学意义上的文学奖，这种奖项多多益善。写作是个孤独而脆弱的事业，你都不知道哪一根稻草就能把你压垮，因为你在独自跟整个世界战斗。你需要支持、鼓励、鲜花和掌声，需要来自书房之外的肯定和奖掖，这些可以让你更自信、更强壮地写下去。还有一个非常现实的问题，文学奖有奖励，它可以帮助你活下去。活下去，文学才有所附丽。

张："要么旅行，要么读书，身体和灵魂，必须有一个在路上。"您在过去的几年间，去过韩国、美国、荷兰、德国、英国、挪威等国家，在不同的文化语境下看待当下中国文坛创作和批评的状况，您有什么新的发现吗？您认为中国当代小说创作与其他国家相比有哪些优势？又存在什么问题？

徐：有比较就会有鉴别，肯定会生出一些新的想法。比如，中国文学在世界文学中还是相当边缘化，在一些国家说少有人知也不算过分。莫言获诺奖也许会给中国文学吸引来部分目光，但整个中国文学要在世界文学中立住脚，还需要众多作家漫长的努力。如果不出门，我们会觉得中国文学大圈子小圈子玩得也挺热闹，但我还是得承认，中国文学才刚刚走上世界舞台——希望我的悲观能够得到修正。当然，中国文学输出之艰难，是个综合的、极为复杂的问题，这另说。但就文学创作和批评而言，我觉得我们的文学还是相对狭隘了，视野不够开阔，艺术和思想上还可以再精进一些。我们很多所谓的名家并不知道在世界范围内文学已经发展到了哪个程度，也不清楚世界一流的作家和文学关注的前沿问题是什么。很多人可能会质疑，文学有前沿问题吗？当然有。当别人处理 21 世纪重大的人类和文学命题时，我们还在津津乐道 19 世纪的问题，还在自鸣得意，就能知道我们距前沿有多远了。关于批评，在我狭隘的感受里，我一直不太信任对外国文学一无所知的批评家。当他们无节制而又理直气壮地把一些宏大的礼赞加诸某位作家头上时，或者痛彻心扉地试图指引作家应当如何时，我常会想到在浩瀚的世界文学海洋中，此类作品应该早已经积满了灰尘，我就忍不住感到失望。我们有什么，我们缺什么，他们根本不明白。固然月亮并非总是外国的圆，但我们必须承认，现代小说这种文体的源头不在我们这里，最成熟的小说绝大部分也不在我们这里。那我们为什么就不能真诚地放眼世界，看看人家走到了哪里呢？中国当代小说当然也有优势，故事多。当代中国的现实给作家们提供了丰富的写作素材，我们的小说里的确也出现了很多让国外作家，尤其是欧美处于饱和状态的作家艳羡不已的故事。但我们也得警惕，俯拾皆是的故事很可能会惯坏我们，让我们成为不动脑子一味复述故事的匠人。漫无边际的现实也很容易淹没我们，让我们的艺术志趣和想象力停留在鸡毛蒜皮和吃喝拉撒的层次上，让我们的小说里挤满大大小小的现实，却在骨子里缺少现实感。

张：您的文学创作发生过哪些审美的转向？

徐：我的文学历程很简单，就是写、写、写，不曾间断。至于这些年里的审美转向，到目前为止，大致是三段论：最初崇尚天马行空的虚构，题材离自己的生活很远。接下来几年喜欢往实里写，专心深入和理解现实。现在更希望虚实结合，以实写虚，写作时更加自由，不刻意写实，也不刻意写虚。但我理想中的小说要有扎实的细节和现实感，又要有沉实且飞扬的意蕴。这三段论中，一直没变的是忠直于自我，修辞立其诚。此外，是"意义的焦虑"，如果我不能赋予一部小说意义就没法动笔。我有"意义焦虑症"。

张：我们曾交流过，您说要珍惜创作时间和机会，准备创作几部有分量的长篇小说。请谈一谈您未来一段时间或更长时间的创作计划。

徐：写长篇是一个漫长的过程。我在写长篇之前总会觉得自己对世界和历史知之甚少，对世道人情理解不够，对艺术的把握不够充分。希望下一部长篇别让我如此心虚和胆怯，少花点时间。

艾玛：
写作，需要强大的内心

张丽军（以下简称"张"）：您是湖南澧县人，在您的作品中经常会出现"涔水镇"这个地名，涔水镇似乎是您家乡的代名词。您描写小镇的景物、风情、人事，故乡是否如您所描写的涔水镇一样温润了您的童年？

艾玛（以下简称"艾"）：涔水镇是我家乡的代名词。我小时候生活在小镇附近的一个村子里，后来父母把家搬到小镇上，再后来又搬进一座小城。我感觉这是一个距我的童年生活越来越远的过程，不仅仅是空间上的，也是时间上的。我的童年和其他人所经历的童年大约也没什么不同，可能我比较敏感，有些细节性的东西更能给我留下深刻印象。那时有个邻居，也是我妈妈的远亲，是个屠夫，每天很早出门杀猪。冬天的早晨，他背着工具从我家门前经过，我常常会在那种刀子碰到钩子的声音里醒来——是一种很纤细却异常细碎尖厉的声音。很奇怪的是，在其他季节里我好像没听到过，冬天里这声音留给我的印象很深，是一种带着些杀气，听上去却又非常孤独的声音。这个人大约是在前年去世的，去世前他有很长一段时间不杀猪了，他从事另一项工作，就是给附近几个村子里去世的老人清洗身子、穿寿衣。我妈妈是在电话里告诉我这件事的。我不知道现在是谁来做杀猪的工作，因为现在的年轻人都不会干这个了。他的一生，说起来反差很大，从杀生到助人善终，给我的感觉却非常自然。他领受生活给予他的，我感觉就是这样。童年生活里有很多微小的事情，很多很多，有时候我和弟弟、姐姐们回忆起小时候的事情，同一件事、同一个人，我们每个人说出来都是有差别的。给我留下深刻印象的是些他们不太会注意的微小之处，而这有时候会让我觉得自己拥有与别人不一样的童年。

张：童年时您是否为这种天生的敏感苦恼或困惑过？这种独特体验恰恰是您最重要的精神资源和创作财富，您是如何处理这种与众不同的生命体验的？

艾：我们姐弟四个，都是由外公、外婆带大的。南方的"村"，实际上并不只是一个村子，而是由很多个小村子组成的，比北方的村庄大。敏感的人肯定会比别人多些困扰，比如深夜醒来，常常好像听到很多人在对面的山岭上说话。有男人、女人，还有小孩的声音，这曾让我对黑夜产生恐惧。小时候我跟我二姐睡在一个房间，她就几乎没有听到过说话声，偶尔她半夜醒来一次，就说那是虫子叫。按照我外婆的说法，我这样的小孩火气低，容易遇到"鬼"，所以她常常在手上抹点煤油什么的，顺着我的额头往上推，说这样可以拔高火气。我们家后来搬到镇上，我的外公、外婆就是在这个小镇上去世的。我在小说中称这个小镇为涔水镇，有条叫涔水的河从小镇边上流过。再后来我父母把家搬到了常德市，近些年来，我回家基本上就是回常德。我在小说里把常德叫作"沅城"。我爸妈现在住的地方离沅水河很近，每次回家我都会去河边走走。

张：您为了求学离开了家乡，来到城市读书。那时的你觉得"故乡这块土地，离梦想似乎有些遥远"。您那时的梦想是什么？初离故乡时感受到的是什么？

艾：我的母亲希望她的四个孩子都能上大学，能在城市生活，因此我们小时候几乎没干过什么活，就是读书，而读书也让我们初步实现了自己的梦想。我很小就觉得，无论是村子里的人还是小镇上的人，一代代人的生活太相似了，改变真是太困难了。那时我就希望我的人生不要像条大马路，又平又直，站在路口一眼可以望过去老远。后来一个学校接着一个学校念下来，距家乡也就越来越远。出生在乡村和小乡镇的中国人很多应该都是这样的吧，想追求好一点的东西，比如好的教育、好的工作，而这些都是那个叫家乡的地方没有的。于是注定要去陌生的城市，就这样一点点离故土而去。

张：那么，离乡前的生活与离乡后的生活于您的文学创作而言有哪些意义？

艾：我是父母的第三个孩子，我们的家庭是一个非常和谐友爱的家庭。我父母很热爱生活，小的时候，家里没有电视机的那几年，每年大年三十晚上，我父母都会组织我们几个孩子搞一场小小的家庭文艺晚会。邻居的孩子们也会参加的，讲故事，猜谜语，唱歌跳舞，拉二胡，是很开心的。那时的生活给我留下了很多美好的记忆。后来，我也一直把家人放在生活中最重要的位置上，希望能带给他们温暖和快乐。

对我来说，大学生活就是漫无目的地读书，尽管有专业，但并没有想好将来要做什么，所以读书也很杂。记得第一次去图书馆借的小说是《围城》和《霍乱时期的爱情》，好像是个老乡推荐的。这两本书我都很喜欢，放寒假的时候我还买了本《围城》送给我的高中同学，《霍乱时期的爱情》则从图书馆借过好几次。第一套《静静的顿河》是一位同学送给我的，我一直非常喜欢。我本科的专业是历史，有很多历史书籍，尤其是中外古典历史书籍，那时候我也是当文学作品读的。现在回头重读，常常会有不一样的感受。

张：您是法学博士，一直从事的也是与法律有关的职业。法律是一个与人情有着某些冲突的领域。您曾经提到，"当第一次知道人口买卖、第一次听说黑窑工、第一次知道黑市器官交易时，塞满我内心的是对这世界的惧怕"。法学背景使您看待世界有着怎样独特的视角？

艾：我写过一个短篇，《米线店》。写了一个被通缉的少年，在小镇上有个很挂念他的朋友。这个小说写出来后，我在网上搜到几家文学杂志的邮箱，便胡乱投了过去。后来，这篇小说发在了《黄河文学》上。

公平、正义、自由、平等、秩序，等等，这些都是法律所追求的。我国历史上人治的时候多，所以我们接受法不容情的观点。其实，好的法律最大程度上容纳了人情，当然它容纳的是大人情，而非小私情。西方有个比较古老的定义，"法律是人类共同生活的选择"。生活在同一社会里的人们，对公平、正义、自由、平等都是有共同的需求的。这是最大的人情，因为大家都希望生活在一个平等、自由、安全的社会里。所以说，法律和人情其实没有什么大的冲突。

张：你在"浔水镇"系列小说中，多次塑造了派出所所长等基层公安或法律工作者形象，呈现了对法、情、理等关系的独特思考和对人物心理世界的准确拿捏，堪称法律心理小说。请谈谈您对法律和文学关系的思考。

艾：文学的隐形影响可能要比法律更大一些。法律与文学在美国是交叉学科，美国的法学院都会开与文学有关的课，在这个学术领域也出现了很多杰作。比如理查德·波斯纳的《法律与文学》、玛莎·努斯鲍姆的《诗性正义：文学想象与公共生活》、托马斯·C·格雷的《华莱士·斯蒂文斯研究：法律与诗歌研究》，等等。他们也有相关的专门性学术期刊。很有趣的现象是，他们会把一些小说当作法律小说来分析解读，比如法学家会从马克·吐温的小说中读到对法条主义的批判，从陀思妥耶夫斯基的小说中看到作者对刑事司法体系所代表的理性探究与宗教洞识的比较。文学家或者文学批评家是不大可能得出这样的结论的。可惜这种学科上的交叉在中国一直未成气候。从法学这方面来说，很多好的文学资源还未被发掘出来。我们也有法学家在做这方面的研究，但到目前为止，我认为他们最大的成就还在于译介。感性的文学给理性的法学披上了温情的面纱，使人更容易理解和产生共鸣。我以前给学生上课时，也爱援引文学作品来解释法律问题，曾以《威尼斯商人》为例来讲契约的履行，这是非常有趣的。作为一个写小说的人，我很庆幸自己当初选择学习法律，当然我更感谢自己能一直保有对文学的痴迷与热爱。

张：您的小说从内容上可以分为两类：浔水镇乡村生活书写（《井水豆腐》《米线店》《绿浦的新娘》等）与案件书写（《人面桃花》《路上的浔水镇》等）。您更倾向于哪种书写？

艾：《米线店》是我的第一篇小说，是个短篇。写小说可以说是我迄今为止找到的最自由地表达情感、提出疑问的方式。因此，我也把本真作为一个写作者最大的道德。与那些不曾写作的日子相比，现在的我更加忠实于自己的意愿，更看重内心的自由，这是我为什么会选择写这些小说的原因。当然，这也是写作对我宝贵的馈赠。

我没有特别去区分，只是正好这样写了。每一个时间段都会有特别想写的东西，它随着时间的流逝也总是在变化。因为随着年岁增长，我们对社会、生活的感受也在变化。《井水豆腐》没有写乡村生活，如果真要回答到底写了什么的话，可能更多的是写了历史与现实交融中的人，写了一种对历史与现实的思考。我一直这样想，无论写什么题材，人物始终是最关键的，只有把人物写好了，小说才会好。而人恰恰是最难写的，有的小说故事好看，但是读者却记不住故事中的人，这多少令人有些遗憾。一个鲜活的人本身就意味着很多故事。所以如果说有什么偏爱的话，我偏爱书写人物，胜过故事。

张：在您的乡村书写中，经常提到乡村里年轻人的出走。《万金寻师》中有这样一段——"村子里原先有三十户人家，家家户户人丁兴旺鸡鸣狗吠。如今剩下七八家，都是老的拖个小的。有点钱的人，走了。有点本事的人，走了。"乡村在逐渐沦陷。您作为一名同样出走的乡村人，对于乡村的这种沦陷有着怎样的痛楚与无奈？

艾：我曾经想象过农村在不久的将来会有图书馆、医院、电影院、更好的学校、清洁的饮用水，每天有垃圾车来清理生活垃圾，甚至会进行垃圾分类。因为有很多国家的农村都实现了这些，我觉得中国农村也能这样。后来发现要达到这样的目标，还需要时间。我痛楚的其实是，乡村不是被村民抛弃的，抛弃乡村的是我们。是时代把我们抛入城市的，我们中的大部分人在城市生活得并不轻松。

张：您的作品《浮生记》获得了第三届蒲松龄短篇小说奖。小说中写到了一种"刀一般的坚强和观音一样的……慈悲"。您觉得中国乡土有着怎样的坚强与慈悲？这两者又是如何融合在一起的？

艾：我婆婆所在的村子拆迁了，农民都住进了高楼，田地也没有了。我问过她，没有地，大家都怎么过呢？我婆婆说，随便找个活干，别闲着就饿不死。老百姓，给一点点路就够走了。底层人之间也更能有相互的体恤。我婆婆常感叹这家老人怎么不易，那家又怎么艰难，其实她自己也过得很一般，七十岁了，没有养老金，也没有医保。你在城市里开车时，只要留意一下，就常能看到不少找零活干的农民。他们蹲在路边，面前竖个写着"瓦工"或是"泥工"的牌子，一蹲就是半天，冬天也不例外。他们大部分人就是近些年来的失地农民。

张：我读您的城市题材作品，感觉不到涔水镇的独特艺术气息，有点泯然众人的味道。您感觉其审美局限在哪里？

艾：我在写所谓的城市题材时——我不知道为什么要做这样的区分——确实存在很大的困扰。我有自己的困境。比如《诉与何人》，我做不到抛开一切顾忌去写。也许是我多虑了，给自己设置了太多禁区。再比如对于高校的状况，我不过是写了点皮毛而已。我知道自己是胆怯的，但现在我想，要是我能写出那种胆怯，那也很好。我会努力的。

张：您的写作大多依靠自我生命体验、故乡的生命体验、知识分子的生命体验等。将来是否会尝试书写自己并不熟悉的题材？

艾：也许会的，我甚至想过写魔幻小说。也许在写作上获得长足的进步后，变得更自信的时候，我会乐意去写任何我感兴趣的题材。其实这世上没有哪一篇小说的题材是作者完全熟悉的，或者说完全来自其切身体验。因为从我们的知识来源上说，任何时候间接经验都要远远超过直接经验。一个仅靠自身体验来写作的人，除了自传，能写的还有什么？当然，生命体验是我们在这个世界的立足点，由此出发，向无限宽广、纵深处的探求，才是写作中更富挑战性的环节。就我个人来说，写每一篇小说都是一个不断克服陌生感的过程。

张：回顾您的创作之路，您对自己近年来的创作有怎样的看法？又有什么样的创作计划？

艾：我目前还没有写出自己完全满意的作品，我把每一篇都当作练笔，期待一部好作品的到来。我很喜欢短篇，短篇让我享受到很大的自由。当然我也写了几个中篇，以后也许会写长篇。我觉得我在写作上的优点就是我有强大的内心，最大的困扰是我还没有找到同样强大的方式来表达自己强大的内心。目前，我唯一的创作计划就是希望在五十岁之前写出自己最满意的作品。

计文君：
我们都是自己时代的人质

一、作家成长档案

张丽军（以下简称"张"）：在小说集《剔红》中，您写到了人物的童年成长经历，这些经历经常出现在他们日后的生活回忆中，并对他们产生影响。请谈一谈您的童年经历对您文学创作的影响。

计文君（以下简称"计"）：童年对于所有人的影响都是重大而深远的，弗洛伊德的童年理论在文学研究，尤其是作家论中成为利器，不是没有原因的。记得曾经有一个朋友半开玩笑地说过，作家首先要有一个不愉快的童年。其实，所有人的童年都有阴暗无助的一面，孩子相对于成人处于弱势，即使备受宠爱，也会有很无助的时候。当然，童年也必然有明媚快乐的一面，无论多么不幸，毕竟还有漫长的未来可以期盼，至少可以盼着长大。我是 20 世纪 70 年代生人，感谢我的父母及祖辈的生活智慧，我的童年虽然没有饱受宠爱，却也没有物质上的匮乏感。如何吃饭穿衣对一个写作者的影响不亚于阅读的影响。

张：请谈谈让您印象较深的童年记忆（描述性、细节性的）。

计：那就说说吃饭吧。童年的饮食，有时候会决定一个人一生的口味。前几天，在一家据说做杭帮菜不错的馆子里吃到一道糟鱼，我觉得很好吃。别处的糟鱼那股浓郁的糟甜味道通常是统治性的，这里的虽然也浓，却没那么霸道，谦逊地给咸和鲜让出了点儿戏份。朋友也都说不错，只是不像我那么赞不绝口。我说好，是有个人原因的，因为我小时候吃的糟鱼就是这种味道。我是河南人，糟鱼不是河南菜式，但祖母很会做。草鱼、鲫鱼都能糟，用扒皮鱼、小黄鱼和带鱼做的糟鱼我更喜欢。另一种喜欢吃的食物就是腊肉、腊肠，也是祖母做的。小的时候印象很深的是厨房里有一本《小桃园汤谱》，不知道是祖母童年的口味决定了她的烹饪风格，还是她要通过烹饪食物来隐秘地确认自己的故乡——湖北。甚至有一次，她专门托人买回来一个中间凸起的大铜勺，架起油锅炸面窝给我吃，然后告诉我这是武汉的一种早点。除了形状，面窝和油饼、油条也没有实质性区别。当然，家里的饭菜主流还是"本地风"，食材的原因。这样说着，忽然想起很多好吃的菜，说起来会没完的。长大了，自己开始过日子了才明白，能每天把早餐做成正餐，至少有四个小菜、两样主食，其实跟钱关系不大，那是种跟着死亡的文化一起逝去的生活方式。我是越活越粗糙了，主观上，这是我的主动追求和自我改造。粗糙自有粗糙的力量，细腻自有细腻的脆弱。客观上，大环境的原因，在连呼吸都变得粗糙的今天，人们心中很难真有"落花惊梦"的细腻与脆弱。多说一句，精致和细腻并无必然联系，很多时候，精致是造作而昂贵的粗糙。

张：您在银行工作了十年，然后到许昌市文联工作，请问您做出这一重大决定的动力是什么？有什么样的阻力？做出这样的决定后，您的家人、朋友、同事是什么反应？您是否考虑过这一抉择的后果？

计：这几个问题显然是要诱惑我讲述一个关于选择的故事。编辑要我写一段标志性的话放在新书的封面上，我是这样写的：现实是一段因果的乱麻，自以为能抽丝剥茧，却往往拿快刀斩了那乱麻。去文联，最关键的力量当然是写作，但写作未必一定要去文联，而且我是通过考试进入的文联，不是因为写小说。从银行到文联，似乎不需要考虑什么后果。这件事我没有征求过任何人的意见，因为是我自己的事情。周围人也没什么反应，知道后就像知道初中毕业要上高中一样，顶多问问去哪所高中而已。

张：您什么时候有了写作的强烈愿望？

计：关于这点，我曾经写过一篇文章，描述那个我写作的"零时刻"。真的有那么一个时间点。

那天应该是周四，下午两节课后，小学就放学了。不知道为什么，我会站在自己家的门口，对着眼前司空见惯的街景发呆。

暮春的阳光有些西斜，明亮，却并不刺眼，暖和慵懒地照着，地上的影子不浓不淡。还没到下班的时间，街上行人不多，没有汽车——20世纪80年代初的中原小城，汽车驶过街道，还是有些醒目的。偶尔有自行车骑过去，也是缓慢的、无声的，从画面的这边滑到那边，消失了。

我家对面是国营肉店，一排十几扇的门板，暗红色的。即使是白天，也不全都下掉，被下掉的门板就靠在没下掉的门板上。肉店里的光线并不怎么明亮，洞府森森似的。肉店员工的姿态和门板的姿态一样，对人爱搭不理的。白铁皮案子，露在光亮处的部分空荡荡的，被人挑剩下的几块板油躺在暗影里。肉店男女员工之间的调笑却是欢乐明亮的，偶尔还会追打出来，粗壮的中年男人身上胡乱缠着深蓝色的大围裙，摘下含在嘴里的烟头，边咳边笑，喷出浓白的烟雾。

肉店的东邻是糖烟酒公司的门市部，里面常年在卖非常难吃的泡泡糖和巧克力豆。有一年春节他们忽然卖一种很好吃的蜜枣，清亮饱满的红色枣子外有一层透明的蜜汁，后来再没卖过。糖烟酒店的门板总是下得一块不剩，清晨、午后门前要扫两遍，洒上水。此刻，那些尚未消退的水迹冲出这条街上的一块净土，玻璃柜台在西斜的太阳下闪光，柜台里的一切都显得洁净而漂亮。

与糖烟酒门市部隔街相对的是一个卖卤肉的摊子，就摆在我家窗下。摊子上此时没有顾客，卖卤肉的年轻女子低头翻着一本卷边的杂志。奶奶时常让我去买五毛钱的猪肝给家里的猫拌食，卖卤肉的女子就跟我说话，告诉我她弟弟也在榆树园小学上学，比我高一个年级，所以我不认识。我觉得她非常好看，有着成熟的水蜜桃一样的颜色和质地。她低头切猪肝给我的时候，鲜红的有机玻璃耳坠子一抖一抖的。切完包在草纸里递给我，丰腴的手在毛巾上抓一抓，毛巾和她的手都是油腻腻的。我在街东口的电影院门口也见过她，她穿了件小碎花的确良连衣裙，粗黑的长发用一条色彩艳丽的手帕低低地扎在脑后，我从她身边挤过去，还能闻到卤肉的气味。她似乎在等人，拿着包瓜子，我疑心灰白的旧报纸裹出的瓜子包上会留下她油渍的指痕。

　　我家的西边是一间常年锁着的房子，窗户上糊着报纸，看不到里面。记得有一天忽然看见锁开了，门虚掩着，路过的我吓得低头紧跑，回到家半天心跳才恢复正常，只是再去看时，那门又被锁上了。我发呆的这一刻，黑色的挂锁安然地锁在红褐色的油漆门上，门前坐着一个老太太。她的孙子或者孙女在她的脚边抠着砖缝里的土，她在用线陀螺捻线，眯着眼睛，不知想什么入了神。旋转的线陀螺慢下来，打着她的腿，停了。她这才回过神，匆忙蘸下口水，猛地在大腿上一搓，线陀螺又旋转成了一团模糊的白色。

　　再往西就是老王大爷租画书的摊子，一人多高的木板靠墙立着，上面浅浅的钉了些木条，一本一本的画书搁在上面，用棉线绷着防止它们掉下来。门口地面上是用碎砖头压着的油布，油布上的书都包了黄褐色的牛皮纸封皮，书皮、书脊上用黑色的毛笔字写着书名和作者的名字。那些拿起来簌簌落着灰尘的黄皮书，我并不真的知道里面的内容，却给我一种刺激感，仿佛能开启罪恶的门。老王大爷的一条腿从膝盖处被截去了，夏天从宽大的绵绸短裤中露出圆滚滚的半截残肢，我并不觉得可怖。

　　老王大爷拄着拐，拿着一个布掸子掸书上的灰尘，左手腕子上戴着一个玉镯子，戴了几十年，摘不下来了。他给我看过那镯子，对着光，里面有几缕云彩一样的东西，他说是他的血沁出来的，我相信他说的是真的。几十年对于年龄还是个位数的我来说极其漫长，我认为如此漫长的时间里什么都有可能发生，不要说在一个小小的镯子里沁出几缕云彩了。

　　这时候，一条黄色的土狗——它刚才在肉店门前逡巡半天无果后才决定过来——慢慢穿过街道，到了书摊前。老王大爷坐到了藤椅上，似乎累了，听任那狗在他脚边嗅着，手里的掸子耷拉着，没有动。那狗却忽然沿路向西跑掉了，老王大爷耷拉下来的空裤腿儿被狗尾巴扫到，晃荡了起来……

　　就在那一刻，我忽然很想把眼前的一切保存起来，而且偏执地认为只有保存在文字里，才是真正完整的保存。对于刚能用"记一件有意义的事"作标题写下几百字的我，这实在是个太大的企图。我不由得在心里叹了口气。我至今都在惊诧，当年那个小女孩，为什么会突然想到要用文字保存一个庸常的街景——也许她无意间触碰到了某种巨大而神秘的力量，一生都无法挣脱了。

那是我写作的"零时刻"。零时刻是阿加莎·克里斯蒂关于谋杀的一个有趣想法，像是命运的某种特殊刻度。一旦运行到这一刻，即使远远早于主人公的行动，一切也已经变得无法避免。

后来之所以开始写小说，也许正是因为那个零时刻，我对平常却又神秘莫测的生命质地的渴望，对流沙一样时刻都在逝去的生命感觉的珍惜，我用文字对抗时间和遗忘的愿望……越朝前走，越能感觉到小说写作的难度。我也许还会像当年那个有着太大企图的小女孩一样，发出一声力不从心的叹息。然而叹息，往往又正是希冀与渴望……

张：请您谈谈中学时期的阅读、生活。

计：有很长一段时间，阅读就像牛吃草一样，只要带字儿的东西就看。二十岁之前，我在阅读上很"势利眼"，但凡江湖上有那么一星半点名头的作品都会看，喜欢的多看几遍，不喜欢的看一遍，喜欢不喜欢都会做读书笔记。后来重新读小时候的读书笔记，觉得很好玩儿。十四岁的时候，喜欢泰戈尔，不喜欢莎士比亚。所以自己用压岁钱买《泰戈尔文集》，仔仔细细包上书皮，现在这套书的书皮还在。《莎士比亚全集》是去爸妈那儿申请财政拨款，买回来硬着头皮看完，郑重地写清楚自己不喜欢这里，不喜欢那里，煞有介事。莎翁的沉重华丽及重口味的戏谑，放在舞台上才会绚烂。今年在北京看英国TNT剧院版的话剧《罗密欧与朱丽叶》，罗密欧是由一个非洲裔演员扮演的，朱丽叶则金发单薄。但罗朱依然是罗朱，喷薄着莎士比亚在人物身上注入的永生的青春荷尔蒙。

我是好学生，重点中学重点班，在学校比在家还要受重视和疼爱，和很多老师都是朋友，友谊一直保持到现在，我想会是一生的朋友。我所有的作品都会寄给我的高中语文老师，扉页上写的是"请张老师批改作文"。中学生活很幸福，唯一的遗憾是没有早恋，十六岁的花季白过了！

张：您于2008年获得河南大学文学硕士学位，之后又攻读艺术学博士，请问您在博士阶段转成艺术学专业的原因是什么？

计：我没有转专业，可能是因为不同学校学科命名不同，造成了误会。

我在硕士阶段和博士阶段的研究是连续的，一直都是《红楼梦》对于现当代小说创作的影响问题。其实，我始终不大有所谓的"专业"概念。在我的概念中，所有的人文学科都应该是一个写作者的专业，自然科学，如果有能力也应该涉猎。我看过一本有趣的书，《雨林中的欧几里德》，是关于数学史的。霍金的书我也很喜欢。

张：您的阅读很广泛，请谈谈您最喜欢的作家作品。对您影响最大的作品是哪一部？

计：诚实地说，最喜欢的小说当然是《红楼梦》。但我无法判断《红楼梦》是不是对我的写作影响最大的作品，即使不避"攀龙附凤"的嫌疑，我也很难得出结论。影响是个复杂的问题，不是你想让谁"影响"你，谁就能"影响"得了你的。一个人主动地去学习、追随托尔斯泰，写出来的东西很可能跟托尔斯泰毫无关系。

张：2003年您到文联工作，之后又进入高校深造，请问您决定攻读硕士、博士的原因是什么？请问通过硕士与博士阶段的学习，您的文学观与之前相比发生了什么变化？

计：我曾经在一篇创作谈里提到过这个问题。我是这样认为的：从事任何一项艺术，都需要系统的技艺学习、扎实的基本功训练，以及相当的理论储备。某种意义上，当你开始虚构叙事的时候，你就注定走进了人类叙事历史的庞大谱系之中。我必须了解我的"坐标系"。有师友善意地劝告我：大学中文专业是不培养作家的，读书是好事，去攻读学位就有些浪费精力了。但攻读学位对于我显然是一种非常有效的强化训练，我真正的目的是解决写作中遇到的问题，学位算是额外收获。

至于文学观，不仅没有变化，反而是让我对自己长久以来的观念更为坚定和自信了。

张：您的工作经历与求学之路对您的文学创作产生了什么样的影响？

计：这是一个无法回答的问题。事实上，这个问题可以置换成：生活对于你的文学创作产生了什么样的影响？显然，这是一个作家需要用全部作品来回答的问题。

二、作家创作历程

张：您是什么时候萌生了进行文学创作的想法？您如何理解文学？

计：我真正开始写小说已经是 2000 年之后了。后来想想，我对自己的文学训练开始得很早，不是有意识的，只是出于一种本能的热情。我把文学理解成我和这个世界产生关系的一种方式，虽然人可以以很多种方式存在于这个世界，但我愿意选择文学。

张："把文学理解成我和这个世界产生关系的一种方式"，说得非常好。您能具体谈谈对自己与世界关系的思考吗？

计：我从来没有想过"自己和世界的关系"这个问题。我一直认为，我，当然不只是我，大多数人作为个体对于这个世界都是约等于无的。有我无我，世界没什么不同。我得解释一下我那句话。"和世界产生关系的方式"可能说得有点儿绕，其实就是在说一个人在这个世界上要干什么。一个人可以经商、从政、从事各种艺术门类，这都是在和这个世界产生关系。不管你具体做的是什么，人和世界产生关系的方式可能是征服、被征服，改造、被改造，奴役、被奴役……文学的方式是观看，持久地、耐心地、痛苦地看着，站稳脚跟，睁大眼睛看。不去征服、改造、奴役，抗拒一切被征服、被改造、被奴役……然后看。这不是一种容易的方式，也不是一种超然、静态的方式。

张：您的小说里有众多 21 世纪的知识女性，请问现实生活中有没有人物原型呢？您在描写这些女性情感纠葛时的心路历程是怎样的？

计：我从来没有写过有原型的人物，我认为人物原型这个概念本身就是可疑的。同样，"情感纠葛"和"心路历程"这样的词，我也不大确切知道其所指。我一直认为自己写的是人的困境，对我来讲，人物具体的身份和环境服从于小说的气氛，是完全可以被替换的。

张：在小说中，您多次提到了钧州城，像莫言的高密东北乡、苏童的香椿树街、沈从文的湘西一样，您是否也在建立自己的文学故乡？这个文学故乡是您在文学创作中渐渐挖掘的，还是一开始就给自己设定好的呢？

计：我所描述的钧州，是一个更具普遍性而非独特性的地点。我没有将钧州风格化，更没有诗化，反而努力让它变得普通，可以是任何地方。我希望它是现实中国的缩影，而不是我一个人的文学故乡。谈不上设定，只是用起来方便而已。

张：我在您的作品集中已经感受到了一种钧州的空间特质，以及围绕这一空间所产生人事关系。我不认为如您说的"只是用起来方便而已"，您是不是有更深、更隐秘的用意？

计：呵呵，我不知道该如何回答了。聪明点儿应该说"是"，然后告诉你，钧州是我的金陵，北京是我的长安，然后还有一个"太虚幻境"会出现在我以后的小说里。我也希望能这样，但愿景只是愿景，不是计划。

张：在小说集《剔红》中，您将更多地关注点放在一个生活富裕的女性群体上，重点写她们的情感纠葛，而弱化了女性在生活中扮演的其他角色，比如母亲。请问这样突出与弱化的原因是什么呢？

计：我不认为重点在写情感纠葛——写什么情感呢？至于弱化，我不知道你为什么会得出这样的结论。母亲始终是我最为关注的描写对象，《剔红》《开片》《帅旦》《天河》《花儿》《水流向下》写的都是作为母亲的女性，而且不只一代母亲。我不知道你为何得出这样的结论……

张：您在小说集《剔红》的"后记"中写道："努力去体恤人心，至少尽力去将心比心。"您对待小说中伤害到别人的和被别人伤害的，贫穷的与富有的，道德的和不道德的芸芸众生是什么态度呢？

计：小说家不该做判断。没有态度或者尽量隐藏态度，就是我的态度。

张：我感觉您好像把自己包裹得很严，不像是一位作家的自述式谈话，

更像一位评论家在辩论。能谈谈您最初写作的"起意"吗？

计：不是包裹得很严，而是我不太会讲自己，不知道怎么说。长辈从小教育我，人最感兴趣的往往是自己，所以说话时要听别人说他如何如何，问也要问他如何如何，不要老说"我我我"，没有人对你感兴趣。事实上也的确如此，我从来没有遇到过对别人的兴趣超过对自己的兴趣的人。据说心理学家研究发现，男女之间一见钟情，都是因为在对方脸上看到了自己。因此，在生活中，我没有对任何人诉说自己的兴趣，某种意义上甚至都失去了这种能力。有一段时间，我情绪比较烦乱，失眠很严重。有个朋友推荐了一位心理治疗方面的专家给我，我们谈了一个小时。朋友进来问感觉如何，专家大笑，对我的朋友说："这一个小时，作家花了两分钟，言简意赅、条分缕析地说了自己的症状，自己分析了原因，剩下的时间，是我给她讲我年轻时的恋爱故事。"我没有诉说自己的兴趣与欲望，但我有讨论问题的兴趣与欲望，也有探究甚至试验人性的兴趣与欲望。小说给了我这样一个场域，这也正是我最迷恋小说的地方。

我觉得很多小说家讲述的自己如何创作作品的故事，如同他们的作品一样是虚构的。即使作家的传记资料是真实的，这些资料和作品之间的关系也是复杂、曲折、间接的，并不具备很多研究者想当然设定的某种直接逻辑关系。譬如对于《红楼梦》的作者，我们名之为曹雪芹的那个人，目前大家熟悉的，几乎作为定论的对于曹雪芹形象、身份和人生轨迹的勾勒，我是不认同的。此外，关于作家自述，即使作家不是有意撒谎，很多表述也是有语境、有上下文的，作不得数。我不大愿意给自己的创作编故事，作为人的作家应该消失在作品之后。或者说，作家的形象应该是作品勾勒出来的，而不是自己用照片和故事描画出来的。

张：在小说创作的这些年间，您的创作历程与创作心态发生了怎样的变化？请问您在创作过程中遇到的最大的困难是什么？

计：我想大致应该分成两个阶段，首先是表达的困难，接着是意义生成的困难。其实，创作过程是解决一个问题又出现十个问题的过程。问题不会越解决越少，只会越解决越多。这应该是常态。

张：小说《天河》荣获 2008 年度人民文学奖，您认为这部小说的突破在哪？

计：《天河》让我在一个阶段找到了自己的表达方式，至少在当时是有效的。

张：在小说中我们可以看到您生活的一些经验，您说过"小说是用虚构的容器盛放真实的经验"。请问在您的小说创作中，这个盛放真实经验的"容器"是什么？

计：也许我的表达让你误解了，这个容器就是小说，而我说的经验和经历没有直接关系。一个创作者的经验来源是复杂的。我认为文学史上所有经历即创作的轶事都是故事。直接取材于自身经历的小说不能说没有，但绝对是少数。而且作家的经验进入小说，更是一个复杂的化学反应过程。

我在小说中几乎没有涉及过自己真实的生活经历。某种意义上，我有些回避，如果偶尔无意间写到，我都会有意进行替换和修改。譬如我没有写过银行，但写了剧团，而我从来没有剧团工作的经验，也没有和戏曲演员的私人交往，但《天河》描写的就是剧团生活。小说发表后四五年，我偶然知道，现实生活中戏曲界的人在这部纯虚构的小说中索隐出张三李四，有人夸有人骂。我觉得这一切都和我没有关系，我选择写剧团是偶然的，原本写的是高校，后来改成剧团，只是技术原因。我可能有一种偏见，认为在小说中进行影射是一种低级动作。高级一点儿的做法，应该是在相对抽象的层面上完成对生活经验的表达。最高级的，是在普遍意义上完成对人类经验的表达。

张：您提到的"回避"太好了，这真是我的访谈感受。我个人认为，您在小心谨慎地回避着生活和自我情感世界。但我觉得，这恰是我们进入世界的不二途径。经验是抽象的，但对于作家和文学来说，都是个体的、不可规约和不可替代的。您在回避和进入之间怎样处理这种矛盾？

我没有回避生活，生活也无法回避，我也没有回避自我情感世界，只是没有和你谈论我的私人情感问题。我觉得在访谈中讲述个人情感经历是浪费公共资源的自恋行径，我们说点儿有价值的吧。文学处理的当然是具体的个体经验，不可能处理抽象经验。一个作家一生真正能够体验到的人生经验只能来自一个人，就是作家自己，除此之外全部都是想象。所以，在我的创作中根本不存在你说的那个"矛盾"，我一定是张开所有的毛孔去感觉，竭尽全力地去想象，去表达。我所谓的"回避"是"不影射"。

说点儿题外话，我觉得你所有的访谈题目似乎都来自一个大的预设，就是小说家的创作一定要有一个具体、感性的、与人生经历有关的、来自生活的驱动力，譬如前代作家讲述的"饥饿"故事、残酷"青春"等。是否可以想象一种更本质也更超然的驱动力呢？清代有人评《红楼梦》，说写此书的人有"奇苦至郁"。我觉得这种胸中的"奇苦至郁"比起现实中的家破人亡，是更强大的驱动力。人的存在悲哀而荒谬，一个写作者呼吸着悲哀与荒谬，这足以驱动其一生的创作。

张：有作家谈到您的小说创作"将后现代，后后现代诸元素糅合在一块"，您赞同这种说法吗？创作过程中哪些作家对您产生了影响呢？

计：某种意义上，我同意这种说法，但我认为不是我选择了"后现代，后后现代诸元素"，而是现实本身给了我的写作这样的质素。我的硕士论文和博士论文都是在研究影响问题，影响是一个非常复杂且吊诡的问题。我认为所有人的创作都在人类叙事的谱系之内，承认"影响"并不影响一个作家的主体性。中学时代，我曾经以文学史为索引认真完成过对中外经典作家作品的阅读，不管喜欢还是不喜欢，算是基本功训练吧。因为读过，所以才能选择，喜欢的会再读，反复读。因此，影响自己创作的作家，列出来会是一张巨大的名单。

张：那就请您列一个名单，说说喜欢的理由吧。不是给我，是给喜欢您的读者的。

计：我所谓的"巨大的名单"，基本就是作为高等学校教材的《中国文学史》和《世界文学史》的目录。如果给读者，我会推荐我喜欢的闲书，譬如《山海经》《西京杂记》《浮生六记》《影梅庵忆语》《秋灯琐忆》《西湖梦寻》《闲情偶寄》之类的专讲如何不务正业，如何吃喝玩乐的书。还有两本常读的有趣的书，《世说新语》和《唐才子传》，堪称八卦集锦。另外还有袁枚的《随园诗话》，我的那个版本是个小册子，方便携带，旅途中会翻翻。一样适合在旅途中看的还有王国维的《人间词话》。《芥子园画谱》《月令书》《诗经》《尔雅》，不做学问只是翻翻，也都是有趣的闲书。王实甫的《西厢记》，加金圣叹的批注，非常好玩儿。除《红楼梦》外，明清小说里的《老残游记》与《聊斋志异》也很喜欢。这样说下去，会没完没了的。好像全是中国古代的，加个简·奥斯汀吧，《傲慢与偏见》，好看、有趣。对了，阿加莎·克里斯蒂也是我多年的旧爱。好看的书太多了，挂一漏万，说上十天十夜也说不完。又想起两本，《一千零一夜》《十日谈》，有趣极了。又想到了童话，顺着就想起了卡尔维诺，用压岁钱买的《意大利童话》。

张：研究《红楼梦》对您的小说创作产生了怎样的影响？您的作品关注的大多是当代社会的饮食男女、纷繁人生，您是否认为关注当下是一位作家的职责？该怎样表现当下生活呢？

计：这个问题应该颠倒过来，因为我开始创作小说，所以才去研究《红楼梦》。对《红楼梦》的喜爱从童年开始，但是不必去研究。只是因为创作中遇到了问题，需要解决这些问题，《红楼梦》是探寻答案的方便法门而已。

关注当下是作家的职责，每个时代有着基本文学追求的作家都会关注各自的当下。这个问题也可以反过来看，每个作家都无法不关注当下，回避是另一种方式的关注。我们都是自己时代的人质，躲不掉的。

该怎样表现当下生活——中国所有的作家都在殚精竭虑地为这个问题寻找答案，当然也包括我。

张："该怎样表现当下生活"，这里的思考太好了。我分析了贾平凹《带灯》中当下现实性，提出了一个观点，就是"当下现实主义"。现在很多作家表达不了当下现实，您觉得应如何进入当下现实？

计：你说得对，不管原因是什么，中国文学对中国当下现实的表达似乎不能令所有人满意，这的确是"当下现实"。"如何表达"看似是一个技术层面的问题，事实上，我觉得很可能是观念的问题。这个问题不仅关乎小说观念本身，也关乎我们如何认识"现实"。是否真的存在一个整体的、本质的"当下现实"，是值得思考的问题。"盲人摸象"是一个深刻的寓言，如果说我们此刻的文学表达与现实之间在现象上类似"盲人摸象",我们不能仅仅简单地批评一下盲人似的创作者,期盼着创作者能早日睁开慧眼看清大象。创作者的视力问题要考虑,是否有那只"大象"也需要考虑。如果说曾经有过"大象",此刻,"大象"还是"大象"吗?这个问题,只怕也要考虑。

三、对文坛现状的理解与创作期待

张:我认为文学艺术工作者都应有一颗悲悯之心,这样他们才能敏感地体恤人生。请问您在文学创作时秉持着一种怎样的心态?是乐观的还是悲观的?

计:我不大明白这个问题到底在问什么。悲观、乐观,是对现实世界,还是对创作本身?我曾经论述过,悲悯之心不是一种可以选择的态度,而是作家的能力,认识能力和情感能力。不是谁想悲悯就能悲悯的。

张:您创作的小说中您比较满意的是哪些?您最喜欢的人物形象是哪个?您认为自己的创作有哪些不足?

计:满意是一种让人向往的状态,我还没有出现过。我认为到现在为止,我的作品都还是一种练习。"喜欢"只能用于萌宠、饰物,似乎不能用在文学人物形象上,尤其是自己创作出来的。不足是全方位的,我对自己认识得很清楚。我认为自己真正的写作还没有开始。

张:您从 2000 年开始创作小说,请问支撑您写作的动力是什么?

计:到现在为止,只是想把小说写好。"好"是个复杂的标准,很难简单地用一句话说清楚,不过跟得到多大程度的承认没有直接关系。

张:作为一位女性作家,与男性作家写女性相比,您认为您的优势在哪呢?您认为小说中故事情节和人物形象哪一个更重要?

计：我没有太强烈的性别意识，在我眼里，只有好作家和不够好的作家，男女都一样。女性作家应该没有什么特别明显的优势，当然，也不存在什么无法克服的劣势。

故事情节和人物形象这些概念的产生，是出于研究需要而非创作需要。我很难想象一个小说家会经常思考这样的问题。

张：作为"70 后"女性作家，您认为自己与"60 后"女性作家及"80 后"女性作家的不同在哪些地方？您如何看待"70 后"作家群的创作？

计：三十年在文学史上是很短的时间，很可能，我们将会被看作一代人。现在看到的"不同"，有多少是真的不同，有多少是为了方便言说而设置的人为标签，很难判断。"70 后"作家在创作上整体超越了此前的作家，这不是我的看法，是不少权威评论家在很多场合表达过的看法。虽然"整体上"三个字耐人寻味，但我认同这一看法。我觉得这些正在走向中年的同龄创作者们还没有充分展示出自己的文学可能性，值得期待。

张：人们常说，从小说的主人公们身上能看到作家的影子。请问在众多的女主人公中，您的影子在哪位或哪些人身上？

计：索隐是有趣的，也是读者的自由。如果是熟悉我的朋友，大概不会问这样的问题。

张：您曾经说过，小说的主要功能是理解和陪伴。在这个读小说的人越来越少的年代，在当下浮躁的社会中，您认为作家的职责是什么？

计：网络小说的阅读量非常大，所以不是读小说的人越来越少，而是我们所谓的严肃文学对社会的影响越来越小。这是消费时代很正常的现象。其实，所有的时代都是浮躁的，无论是曹雪芹的时代、狄更斯的时代，还是我们面对的时代，作家的职责就是写好作品，这是本分。至于作家在社会中的位置，究其根本，不是作家自身所能决定的。

张：您如何评价自己的小说创作？能否谈一下您未来一段时间的写作计划？

计：评价是批评家的事，作家似乎不该越俎代庖。写作计划不该变成财政预算，因为需要社会监督，所以必须公开。不说也罢。

张：请您谈谈今后的读书计划？

计：这个问题就不回答了吧。作家的书单类似博士生开题时的参考书目，或者中学生九月开学给老师写的学习计划，多少都有做戏和表演的成分。

梁鸿：
乡土中国的现在与未来

一、被照亮的暗淡童年

张丽军（以下简称"张"）：《出梁庄记》出版之后我们都很有共鸣，我的研究生也向我推荐，说这本书特别好。我读了之后特别感动，因为我是从农村长大的，内心有疼痛感，您写作的深入程度让我非常钦佩。社会学更关注外部的东西，关注事，而文学更关注人心的东西，您写出了社会学达不到的情感深度，这非常好。

梁鸿（以下简称"梁"）：社会学也受到学科的局限，它不能太过主观，不能深入情感世界，这恰恰是我们文学擅长的。

张：对，这是我们文学最大的长处，也是文学可以深深挖掘的东西。

梁：所以我一直跟别人说它一定是个文学作品，不要把它看成社会学作品。因为它只是借助了社会学的方法，说成社会学是不合格的，这个要分清楚。一部作品，不能既是文学的，又是社会学的。

张：读《中国在梁庄》，有种回家的感觉。用我学儿童文学的观点来看，童年是人生的一个核心点，我们看待世界从这开始。尤其河南是中原文化的发祥地，历史文化积淀非常厚重。请谈一下童年对您文学创作的影响，或者它和您今天这些作品的关系。

梁：肯定是有很大影响的，不仅作家的童年对其有很大影响，对于普通人来说也一样，因为人在童年时性格是隐秘的，童年的经历一直贯穿着一个人的成长过程。我这两天在整理教书时写的日记，因为我准备出一部随笔集。我突然发现我一直在写过去，写童年，写与自然的交流。其中在《中国在梁庄》里面就有很多关于童年、少年的记忆。有些人说太抒情了，但恰恰就是因为这样，我才一次次地重回梁庄。因为我不是以学术研究的目的回去，我确实是以一个梁庄女儿、一个在那儿成长的孩子的身份回去的，所以在写的时候确实会不自觉地充满感情。我觉得这也是这两本书的写作最根本的前提——故乡，是人精神深处的基本点，是一个核心点。童年带给我的并不都是快乐，但并不是说不快乐就不愿意回去。当经历成为过去，不管快不快乐，它都会给你带来很深的印记。恰恰是这种印记促使你不断地去寻找，也许寻找是难过的，但不管怎么样，都是它在促使你去。所以说梁庄，不是 2008 年写，也可能 2009 年、2013 年，总之我一定会作为写作者回去的。因为它一直在那，我是不会忘记它的。所以说童年非常重要。可能因为童年家里比较贫穷吧，母亲生病又姊妹众多，我很少得到关注，每天都能吃上饭就不错了。这使我意外地得到了一个说不上来的空间，一个自由冥想的空间。这种空间促使我对自然界和自己的内心有了更多的探索，这一点在现在看来还是挺幸运的，使我有了更多细密的想法。

张：这一点说得很好，我突然想起莫言说过他的童年。他童年说话很晚，他说，我不跟人说话，我跟天空的白云、牛羊、草地对话，这就是你提到的那种状态。

梁：我十几岁的时候，父亲从外面回来，说你怎么突然长这么大了。当时家里的事太多，姊妹又多，他根本关注不到我。在这种环境下，我觉得进入这种状态确实是沉稳、内在的事情，现在想想也是一件很丰富的事情。有两年，因为我在乡下教书，所以生活更加封闭。没有朋友，周边全是庄稼地，那是我特别封闭的两年。

张：那是中师毕业之后吗？

梁：是，十八岁中师毕业。学校离家挺远的，一个城南，一个城北，也是在襄县，但很少回家。现在想来，那两年也是很幸运的两年。当时没有任何朋友，没有任何机会，也不知道自己要往哪去，就每天写日记，每天观察自然，从清晨到黄昏，除了上课就是跟自然对话。昨天我看日记，从1992年到1994年，我写了三万多字的日记，又接续了童年的状态。那个时候大了一些，文字能力又好了一点，就写了很多日记，观察自然的变化、天空的变化、雨后的变化，以及黄昏的时候夕阳是怎样落到纸上，一点一点颜色的变化。这样的底色对我后来的写作应该有很大的帮助。

张：文学可能是一种内心的视野。

梁：一定是这样的，文学是一种自我的对话，自我跟自然的对话，自我跟自己的对话，现在想想还是挺有意思的。突然之间被抛掷在一个地方，那时候我到处找书看。我记得一个月会进一次城，到旧书摊上买各种各样的书。有一个文化馆的人，他年龄大，不写作了，问我干吗要买书。我说我喜欢读。他说那我不卖了，都送给你吧。就把《小说月报》啊、《当代》啊，捆了一大捆。我放在自行车后面就带回去了。我非常高兴，兴奋得不得了。那时阅读比较杂，因为没有经过系统的教育，完全是自己摸索的。没有人教你，不知道什么是好的文学，心里想着我要当作家，但至于作家是什么却根本就不知道。这样一种"野生"的状态也使我获得了另外一些东西，比那种科班教育可能更珍贵一点。当时也非常苦闷，因为不知道怎么办，每天都会写一点东西，跟自然对话。我觉得自然中的意象对我内部情感的影响还是非常大的。

张：人跟大自然对话，内心的孤独、焦虑都能得到疏解和释放。

梁：这可能也是寂寞和孤独的产物，但另一方面你也找到了一个对象。你在体会一种事物、一种存在。所以我觉得回到梁庄，其实是一个特别自然的过程。

张：我记忆中的童年是无忧无虑的，没有太多课业负担的压力，父母不会关注那么多。虽然也很贫困，有时候也会受父母惩罚，但整体上色彩还是很明亮的。您能不能谈一些童年时快乐的或者不是很快乐的事情？比如说我印象很深的一件事是我童年玩耍时被父亲打了一次，但从那以后好像真的成

长了一点，懂事了一些。

梁：童年让我印象最深的应该是母亲生病。我母亲是中风，我记得很清楚的一个场景是很多人抬着担架从外面回来，聚集到我家里。我看到母亲在床上躺着。其实我现在已经记不清母亲当时的样子了，就记得当时那种吃惊、害怕、担心的感受，感觉整个家庭好像是垮了一大半，因为家庭中母亲是操劳者。我之前对母亲没有印象，因为我记事比较晚，不记得母亲健康时我们之间的相处。我就记得母亲躺在担架上，一大堆人呼呼啦啦进来了，家里一片混乱。那种吃惊、害怕，说不上来被抛掷在某个地方的感觉，给我的印象特别深。我们姊妹五六个，姐姐还在上学，父亲还要劳动，挣钱给母亲看病。还有一件事记得比较清楚，九岁的时候，我个子长得比较高，人比较瘦，也不太合群。有一天我放学走在路边，我们村有个男人，也是我们梁家的人，说你这么大了还穿一条短裤。当时我觉得特别羞耻，性别意识突然觉醒。我突然十分难堪，也不知道该怎么办，但是回到家里也没有讲。那个人让我刹那感觉到了我与世界的关系——你是一个女孩子，你在受别人耻笑，因为别人知道你衣服不合体。这种小事情非常多，它不是让人特别愉快的。但是也有一些快乐，比如夜里会等待姐姐从外面带回吃的那一刹那的幸福，但这种感受就非常浅淡。

张：我和你一样，我父亲是个木匠，逢集的时候，他会带一些熟食回来。我和我妹妹都在大路边上跑，很期待，父亲也是宁愿错过饭点也会等回到家再跟家人一块吃饭。

梁：所以说，我的童年是一个个挺暗淡的场景组成的，村庄的那种灰色，那种贫瘠，会给人留下非常深的印象。你每天都要从青石板桥上走过去，就好像你的生命度过去了。时间过去之后，坑塘还在，青石板桥还在，它们印证你存在过，印证你有过童年，有过少年。我觉得故乡就是起到了这个作用。某一个熟悉的物品、某一个熟悉的景物，都使你觉得自己存在过，让你觉得自己在那个时间做过那样一件事，原来你的生命没有白过。

张：这是很重要的。我记得有一次龙应台来做过一次演讲，她说寻找她故乡的江南，到了江南一看，故乡的学校、大树、标志性的建筑都没有了，

找不到那种存在的痕迹了。包括我们今天的乡村也是这样，这是很可怕的。

梁： 这种东西消失的话，会让人觉得自己没有根，没有过去，被孤零零地抛在某个地方，这是很令人恐惧的。

张：就是说我们的生命和情感需要物作为依托来印证存在。刚才提到小学时代，我小学是在本村里上的，我看你小学也是在梁庄上的。因为我们童年记忆和接受教育的发生地就在这，因此对于乡村的认同感和与伙伴不同的命运归属都带给我们很深的思考。

梁： 村庄的小学确实有很强的凝聚力，可能每个村庄的村民都有这种感觉，虽然他们有的不会去说。你想假如你的孩子在本村读书，没有分离的焦虑，农忙的时候自然会帮大人干活。而且所面对的都是本村的孩子，这也是种很难得的亲密感。当年的民办老师大部分都是本村人，不好好学习会踢你，打你，揍你。但不管怎么说，老师是本村的，可能还和你有亲缘关系，这是其他关系不能代替的。另外一点，我觉得对于一个大的生活或者文化共同体来说，村庄的小学的确是一种象征。无论何时它都是一个公共空间，是一个村庄精神的所在地，它能彰显出人精神的存在状态。即使村里再没有知识的老人都希望自己的孩子能够上学，只是有些表现得比较强烈，有些孩子不想上就算了，但是没有不想让孩子读书的，这是一种自然的对知识的渴望。当这个学校不在了，这种渴望变得无所归依了，没有象征性的标杆、标志让人寄托这种感情了，我觉得是一个挺大的空虚。

张：我也有这种感受，特别是乡村合校之后。孩子对于集体的认同感、老师的情感投入、孩子与父母关系的转变都是很重要的问题。

梁： 对，你看村庄没有了小学之后大部分孩子都是寄宿的。并不是说寄宿不好，而是说你不得不寄宿的时候这就成了个问题。平原地区还好，但是山区一走就是十几里地，这是一个很大的问题。有些孩子能坚持上到六年级，但有的上到二三年级就不上了，因为求学确实太艰难。有些被迫到县城去找个小房子住下来，被迫离开乡土，离开自己的村庄。一个人过早地离开村庄，根也被拔起来了，我觉得这是一个很大的问题。

张：这很可怕。而且现在的孩子过多地看电视，玩电脑游戏，和大自然、村庄的接触自然就少了很多。

梁：在中国，这种自然的教育是应该有的，在农村出生应该变成一种幸福、一种幸运，应该很让别人羡慕才对。但是今天农村的孩子也没有享受到亲近自然的生活方式。当乡村变成一种景观时，它就无法带来一种自然的生活状态了。

张：您说得很好。记得有一次我上儿童文学课，老师问我关于童年记忆的问题，我突然发现我的童年里有很多很幸福的记忆。我的童年就像您说的那样，没有约束，很自由，每时每刻都跟阳光、雨露、河流接触。我是在乡村长大的，后来在城市里学习，我是用双重视域来看待这个社会。这种情感记忆是城市长大的孩子所没有的。

梁：能有这样的双重视域是件非常幸福的事情，但今天乡村出来的孩子也没有这种视野。没办法，因为他们太早离开家乡了，现在连很多幼儿园都开始寄宿……

二、青春期、单相思与渐次打开的世界

张：您小学毕业后，中学是在哪读的呢？

梁：我中学是在镇上读的。我们家那边只有小学，但我每天都回家吃饭。

张：那您中学读书应该是非常优秀的。

梁：我小学四五年级学习挺好的，中学成绩中等，那时候好像突然间有些叛逆。我记得升初二的时候，一个同学问我，你是不是一年级经常罚站的那个女生？那个时候好像不知道该怎么面对世界，经常跟老师发生冲突，也想表现自己，表现的方式又不对。其实也是一种成长中的无所适从，表现出来就是跟老师对抗，其实内心是慌乱的，不知道怎么面对。我上初中一二年级还在看武侠小说，像《射雕英雄传》。有一次我在看《金剑寒梅》，我们数

学老师来了，把我的小说抓起来撕得粉碎。我很难过，忍到下课，把书一点点粘起来，坚持看到中午一点多钟，同学们说你怎么这么勤奋，中午都不回家吃饭。初一、初二还是很叛逆的，一是爱看课外书，另外不会处理跟老师的关系，给老师起了很多绰号。那个时候学习一般，也很羞愧，觉得突然之间学习变得这么不好。

　　初二下半学期我母亲去世，我从叛逆、调皮变得特别封闭。死亡能给人带来很大的震撼，虽然我母亲躺在床上很多年，但我还是不了解死亡。记得当时一遍遍揭开我母亲身上的白布，感觉无法理解。有一两年时间我非常自闭，从我们家到镇上得有三里地，我每天从家到学校，再从学校回家，不跟任何人说话。在家也不说话，吃完饭就走了，每天放学等到别人走后我才从学校走，下雨、刮风、下雪，都是一个人走。我初三又留了一级，考中专，因为考中专不要钱。那两年感觉突然进入了青春期，开始对自然界敏感，花的诞生、云的变化、雨的变化突然进入了心里，这是青春初期那种少女感受到的与世界之间的联系。我上初中就开始写日记，但写的是一些很简单的话。那两年突然的变化对我还是挺有影响的，身体也很差。我那时候很高又很瘦，像个丝瓜秧一样，直不起腰，营养不良，脸色苍白，不说话，长得不好看，老师也不喜欢，不是一个讨人爱的孩子。老师一提问我，我站起来就哭，挺有意思的。但我觉得人生都是一点点积累起来的。

　　张：我觉得你一定有过一个很大的转变。因为我也是从农村考出来的，中专考试竞争还是很激烈的，只有特别优秀的学生才能考上。我考中专没考上，所以上的高中。

　　梁：我那时候还逃学，一个人坐在河边，呆呆地坐一上午或一下午，然后回家吃饭。也有少年那种特有的感伤吧，是"少年不识愁滋味"的那种。我初三那一年不用功，第一次没考上中专。第二年知道勤奋了，因为上高中根本上不起，上中专是免费的，每月发 18 块钱，还有 20 多斤粮票，完全够吃饭的。我每天一个人坐在河边抄数学题，夜幕慢慢降临，那时一个人也不害怕，也没有不安全的概念，反而感觉挺自在的，但是面对人群的时候就不知道该怎么办。一个人一方面很忧伤，另一方面其实挺自在的。

张： 因为那时候乡村就是一个自足的、不受干扰的存在。

梁： 那时候还单相思一个男孩，不能说是多么明晰的恋爱，就是对异性突然有了兴趣。这也给我带来了很强烈的伤感，觉得人家没关注自己之类的，还挺有意思的。

张：我觉得中专教育还是挺重要的，因为我上大学以后，发现中专上来的同学各个都挺优秀。

梁： 上中专我成绩也不是特别好。那时候我开始看文学书，看各种课外书，几何不好，立体感特别差。那时候也不爱学习，一个人沉浸在各种各样的事情里面，也试图去考过特优生保送，但没考上。那三年其实是在慢慢扩张自己的视觉吧。

张：其实上中专对于我们农村长大的孩子来说是一个特别大的转变，我们的身份和其他各方面都随之发生了质的变化。您在《中国在梁庄》中写了很多父亲的事情，有关母亲的写得很少。

梁： 我可能会专门为母亲写一个东西，再加上母亲在生命中确实带给了我一些伤害性的东西，所以我很少去触及她。有好多年是不能提的，包括我现在都不愿多说，因为她确实是我生命中的一个阴影。我六岁时母亲生病，十四岁时母亲去世，八年时间她都在病床上躺着，就像一个阴影在黑暗里。

张：您跟哥哥姐姐们交流过母亲吗？

梁： 过去不交流，也不知道交流，现在会经常交流。

张：可能他们关于母亲的记忆跟您差别很大。

梁： 对，差别很大。我大姐跟我母亲交流比较多，她年龄比较大嘛，所以记得我母亲很多事情。我记事比较晚，对健康时的母亲是没有印象的。

张：在书上我看到您写到回家时跟大姐等家人们聚一聚，是不是大姐或者哥哥对您影响挺大的？

梁： 我大姐在我姐姐里是顶梁柱，她的重要性甚至超过了我的父亲。我大姐也是中专毕业的，她考的是卫校。她好像是 1980 年毕业的，当时可以分配到郑州、北京，但是因为我母亲生病，她就到了我们镇上的一个卫生院。她一到那里我和哥哥就跟着去上学了，大姐连我们一块关照着。因为我父亲是个农民，挣钱本来就少，所以我姐姐前期挣的所有的钱都用来供我们上学，我们家庭里面有种自然的相互帮助。我上中专的时候，妹妹跟着我上学，虽然只有一年，但很自然地能帮就帮。其实不是帮，而是履行一种自然的义务，感觉是应该的。但这对我姐姐伤害非常大，因为我姐姐长得比较漂亮，很多男孩子喜欢，但是家庭负担太重，家里有一个病人，又有那么多姊妹要靠她。还记得当年我上师范的时候，姐姐就因为她的婚姻在哭，非常非常难过。当年她喜欢一个男孩子，那个男孩子看到我家的情况，思量好久之后跟我姐姐断绝了关系。那天我姐姐跟我说，当那个男孩子跟她说分手的时候，她在大街上有点像迷失了一样一直骑自行车，但不知道要骑到哪。我现在的姐夫当时也是家里非常穷，家里面姊妹四五个，算是门当户对，谁也不挑谁了。我姐姐结婚前一晚上哭得很伤心，因为我跟她一起住，所以我们姊妹之间的感情是很深的。我们现在对姐姐跟对母亲是一模一样的，甚至超过对母亲，因为对母亲我们可能还会撒娇，还会索取，但是对姐姐不会。她已经付出那么多了，年龄也大了，现在我们应该照顾她。

张：从某种程度上说，你们成长得那么好，大姐是最高兴的。她觉得自己所有的付出都是值得的。

梁：那当然了，她很骄傲的。

张：她觉得她的付出得到了有价值的呈现，这是很重要的。

梁：对，我们还算争气，她是比较欣慰的。我们现在都充当她的角色，鼓励她更加积极，锻炼锻炼身体，保持一个好的心态……

张：你在那个乡村小学工作几年后又去读了硕士和博士是吧？

梁：对，当老师有脱产进修，可以考大专。我后来参加了成人高招，等于脱产进修，在南阳读书。

张：这也是一个契机。

梁：还是很意外的，我当时不知道我还可以干什么，不知道有教育学院可以上，因为那时候太封闭了。我是到了小学之后，问走的前一个女孩子为什么调走，调到什么地方去了，她告诉我考上教育学院了。当时我还问教育学院是什么，别人告诉我教师可以去进修的。

张：这就打开了一个很大的窗户，一个新的世界。

梁：所以后来我才去报了名，当时代数都忘干净了。我初中毕业，上了三年中专，又教了三年书。但那个时候学习还是没问题的，毕竟年纪还小，学习起来还是很开心的，觉得又有了一条出路。

张：到南阳教育学院进修，视野可能就真的开阔了。

梁：对，一个接一个的机会就来了。

张：虽然是教育学院，但是大学跟中专、县城的生活可能是截然不同的。

梁：我在教育学院待了十几天，遇到了我本乡的一个同学，他比我早一年到。有一天我问他在干吗，他说在报自学考试。我问自学考试是什么，他说是自学本科。我问我可不可以报，他说可以，只要是大专同等学力都可以报，我就报了本科的自学。我9月份入学，10月报了本科的自学。后来放麦假的时候，有一个女孩子跟我讲她在考研究生。我从来没有听说过研究生，更没有听说过博士。她跟我讲就是本科上面的那个学历。这都是我开学前两个月发生的事情。所以说机会真的是给那些有准备的人，如果麦假不留在学校学习，可能我就得晚一年知道研究生了。我跟那女孩一块生活了七八天，她学习我也学习，每天用酒精炉做饭，我们俩再合吃。她给我讲她怎么学习、学什么，给我看她看的书，有英语、政治什么的，然后我一点一点积累下来……那两年真的是非常勤奋，我经常给我外甥女讲，我早上5点55分起床，一直学到晚上10点55分，非常充实。当时就想着报中文系，从来没想过报其他专业，有学习《当代文学作品选》《当代文学史》《古代文学史》《古代汉语》，每一门学科对我来说都是全新的。当然还包括学习英语，以前连Animal都不知道是什么意思，我报了许国璋英语，每周两次在南阳的培训班学习。整个过程非常开心，学习的快乐、吸收知识的快乐是无与伦比的。一个广阔的海洋在你眼前展开了，有太多太多东西要学，每天早上 5 点 55 分读英语，当时是 8 点上课，7 点半学生才来，我就飞奔着去吃一点饭，半个小时之后再回来。中午学生都去吃饭了，我一个人学到一点多，下午和晚上教室里都是我一个人在学，外面的世界都被忽略掉了。我上大专进修的第二年参加了研究生考试，考完试突然轻松了，以后再也没有过这种深度的沉浸。

三、自由的教育与生命野性的生长

张：你硕士是在哪里读的？

梁：我硕士是 1997 年在郑州大学读的。自学考试是在河南大学中文系，但没有拿文凭。

张：后来读完硕士呢？

梁：我是北京师范大学王富仁老师的学生。因为我是靠自学来的，知识系统有漏洞，所以一直在补课。但这种野生野长的状态也有好处，没有任何束缚，经常由着性子来，想回家写梁庄就写了。你的道路会决定你的选择，比如我的硕士导师是一个诗人，他也非常随意，他的书房对我开放，我经常去借各种各样的书；他经常说，读书要融进自己的生命体验，这是他对我最大的教育。有次我跟老师说，老师您看我补了这么多年的课都没有补上。老师说，不然你怎么是梁鸿呢？这种比较自由的培育方式，好处是自由不受局限，能总是按照自己的心意来。另外对现实世界需要的东西总是比较迟钝，比如说写梁庄不是为了职称，你会觉得职称那种东西好像没有对你造成多么大的威胁。我花五年的时间写这两本书，过程中没有任何奢求，也没想过别人会关注。这种说走就走的状态现在想是比较好的，发自初心。

张：这太可贵了，现在我常感到被学科知识体系束缚。

梁：现实世界的束缚在我身上不太明显，有的时候也为之苦恼，别人会认为我比较另类。但很多时候是受益的，因为会不自觉地写出不同于别人的东西。

张：这是我很钦佩的。我跟我的学生及同事也说，我们都在高校里工作，有学术的压力、职称的压力。能够把这些东西放到一边，做想做的事情，真的不容易，需要很多勇气。当然，这需要更高的智慧。能不能做好是另一回事。

梁：刚开始你根本不知道能不能做好，不能瞻前顾后。

张：您的创作冲动什么时候有的？

梁：冲动每年都有，每年回家都会跟村支书聊天。是从硕士期间开始的吧。我就今年暑假没回家，一直在写日记和小文章，但没有发表。日记比如说写一个家乡人物、一件小的趣事，连村支书的顺口溜我都抄下来了，还算有心。当时是无意识的。

张：这是做作家的素质。

梁：没有，我后来其实都忘了，偶然翻的时候才发现。包括我现在整理日记，发现原来自己这么早就当作家了。那都是非常零星的，没有整体的概念。

张：我记得上初中时我也写过很多日记，也是断断续续的，但是没有像你这样将乡村的故事整理成文字。

梁：我是 2008 年就有意识地想回家写东西了。那算是自觉的行为，不像之前文学的碎片化收集。

张：从一种冲动到最后真的开始做，这中间是什么在起作用？

梁：自然的积累。

张：学术的东西跟人的生命体验还是隔着一层的，那是从别人的东西中获得自己的体验。

梁：我并不是否认学术，学术非常有价值，这是毫无疑问的。对于我个体而言，我还是想跟我的生命体验更加贴近。并不是说否定学术，而是我生命体验缺乏真实感和更直接的东西，这种缺憾大到有一天我受不了了，于是想着回去。

张：您提到对乡村世界、乡村人物的日记式积累，这可能也是很重要的。同时，我想问另一个问题，当你真正具备了话语自觉的时候，身边的亲人有没有规劝你不要这样做？

梁：你一定要知道，我们家都是文学青年。我的父亲是一个浪漫的农民，这是他一生受罪的最大原因。

张：在作品中我没感受到这一点，只感到你父亲是一个理想化的农民。

梁：我父亲是一个特别爱惹事的人。还记得当时我读《射雕英雄传》时他也在读，所以有些人说农民没有精神追求，这是不对的。对于农民，大家总有平面化的理解。

张：是的，有段时间我父亲到我家里帮忙，你的那本书他全看完了。看过以后说，写得真实啊。

梁：我父亲喜欢没事唱个戏啊，聊个天啊。父亲在村里有个朋友，他们关系比较好，彻夜聊天，有时候抱个树桩坐着，两个人默默无语，也不睡觉，然后好长时间说一句话。冬天的长夜，相互的慰藉，这难道不是精神追求吗？我的父亲喜欢读书，我们家孩子多，又都是文学青年。我很小的时候就在读《世界之窗》、高中语文书了，我的哥哥姐姐都是高中生，有各种各样的书。记得上初中的时候读过《现代文学作品选》，我自己也背唐诗、宋词，一蓑烟雨，满城风絮……对我影响非常大。到我写东西的时候，我们一家人特别支持，包括我妹妹也经常写个诗发给我看一看。我们一家都喜欢文字，虽然他们因为生活的原因没有从事文学事业，但我觉得他们从事文学都会比我做得好，我只不过是有幸考上了学。

张：这很重要，我们这些人，无形之中成为传递声音的人。

梁： 我写完《中国在梁庄》，回到家让他们提意见，人手一本，各自到一个角落去读，包括我父亲。他们看了再给我讲讲哪里写得好，哪里写得不好，可以说家人都是我的第一读者。早年因为生活艰难，这方面交流非常少。我的写作就像凝聚力一样，使家人能够凝聚起来，找到一个精神的支点。这点我还是挺开心的，大家又有了新的凝聚点。

张：这可能对你有特别的意义。

梁： 我很欣慰。一个家庭需要找到一个支点，凝聚起来。

张：有时候我会想，就像费孝通提到的，从乡村走出来的人，尽管心里有许多割舍不了的东西，但回去以后肯定都会与乡村有隔膜，这怎么克服？

梁： 只能或多或少地弥补一下，但最终隔膜感是难以消除的。因为你的生活确实跟他们不一样，你的世界也和他们不一样，当然还有空间上的距离在那。包括和童年的朋友，和堂哥们、叔叔、奶奶的关系，都非常隔膜。但另一方面，存在这种隔膜不等于你不能走进村去，这是两个层面的问题。当你坐在家里跟他们聊天，当你一天天在村里走来走去的时候，那种交流是自然的。你在那生活一段时间，往日熟悉的场景还会再现，它有可能模拟、再现了你早年的生活场景，所以每个人都可能重回乡村，叙述它现在的故事。一旦你走开，就又是一次抽离。我真的不愿乐观地说我可以与家乡打成一片了，这是不可能的，因为中国的乡村和城市差距太大了……

张：您让我想起河南作家乔叶写的《叶小灵病史》。乔叶写叶小灵写得很好，她向往城市生活，有着城市梦想。

梁： 城乡的差异不光在内心，还在于外在的生活方式和精神的存在方式。在乡村只能谈乡村的生活，其实这是一种二元社会结构下的特殊现象，是因为我们生活的裂缝如此之大，所以城乡之间的隔膜难以弥合。我的家乡话一点没变，我到每个乡亲家都非常随意，一下子就可以融入，但是背后的城乡差异是难以弥合的，个人力量难以改变。

张：我觉得你将这种差异性很好地呈现了出来，特别是《出梁庄记》写

得很好。将真情实感呈现出来，会使作品具有更强的真实性和感染力，生命体验能更好地被呈现出来，读来很动人。

梁：我非常感动于你的这种阅读，很多人只从中读出社会问题，没有细读。如果仔细阅读《出梁庄记》，会发现这里面不仅仅包含社会问题，更多包含个人情感及其背后的裂缝，那种难以弥合的情感的东西，也包含希望的不断被压抑。当然读完《出梁庄记》悲伤会很强烈，但另一方面里面也包含许多希望的因子。生命的要求是多种多样的，并不是只要物质，只要生存。同时我自己也是一个维度，包含着一种割裂，一种无能为力，这并不是社会的无能为力。我还是希望大家仔细读读《出梁庄记》，我对每个人的表情姿态都做了非常详细的描述，那些鲜活的形象一下子就能呈现在读者面前。

张：从《中国在梁庄》到《出梁庄记》，里面都有很多人物形象，比如村里的老人、你父亲……这类形象是历史的一个侧面。更具现实性的是乡村的整体伦理秩序，它的当代史。比如过去梁庄吃年夜饭，一碗饭传递来传递去，其实是在传递一种共同体意义上的东西。

梁：年夜饭毕竟是一种象征性的仪式，象征着一种期望。我们家也跟别人吵过架，最后还是端了他们传来的这碗饭，这个过程本身就很有意思。这是一种特别好的方式，是村庄的内部仪式。这种柔性的东西越来越少了。

张：是啊，这些柔性的东西规束着的人心。这种对乡村秩序的呈现是书中很重要的内容。以往费孝通提到乡村秩序，提出是总体性的、道德规范性的。我们看乡村的情感表达方式，农民很少表达情感，很少说爱。就像老舍说的，一个人吃不饱饭，哪有时间来谈情说爱，有欲望化的存在，但不会说爱的字眼。这种爱是曲折的，隐藏得很深，比平时说爱要丰富庄严得多，深沉得多。书中还提到女性和丈夫情感的问题，特别是留守女性的问题，那种情感传达是更隐秘的。

梁：我想通过个案激起读者的疼痛感。仅说案例的数量，会把每个人淹没掉，所以我把它们还原成一个个人，这样写会带来活生生的疼痛感。你会感觉一个人那么疼，那么想活，这也恰恰是文学的力量——它把一个人带给了你，你没有办法不为这个人动容。所以我觉得这也是文学的价值所在，起码能触动人的内心。

四、游荡在内心的写作

张：创作一部作品非常难，有时候会有写作冲动，但并不知道写出来会是什么样的效果。在写《中国在梁庄》的过程中你克服了哪些困难？哪些困难是你开始创作之前想象不到的？

梁：写《中国在梁庄》时最意想不到的是文体的难度。尤其是在整理人物自述的时候，真的觉得人家说的话太好太好了，用我们标准的普通话来写、来转换太没味道了，把人的丰富性抹杀掉了。但同时不想完全用人物自述的形式写，因为那样会缺了我的在场感。在这一过程中反复推敲，最终成了如今的"四不像"。

张：写作也需要不断练习增加经验，特别是在处理框架、语言、文体方面。这可能涉及另一个问题，你以前以人物自述的方式写过没有？

梁：以前从没有用过这种人物自述的方式，都是以第三人称叙述的方式写的。民间语言的活泼、丰富和宽阔，到现在我还是写不尽。这时候完全的人物自述非常好，但又觉得少了在场感，散文形式则便于自我的抒发。我还想做到双向呈现，一方面让村民讲自己的话，另一方面也希望文本中有我，而且这确实更重要。在一个敞开的空间里，带着大家到田间地头，我需要带给读者这种真实的感觉。其实我不会被文体束缚的，这也是我傻乎乎的表现。

张：这也是你成功的原因，好的文学不会被文体所限，而是从内心流淌出来的。

梁：包括写《出梁庄记》时我也考虑过该怎么办，因为第一本书有批评说情感色彩太强，这一批评是有道理的。但这情感到底要不要？想了很久我觉得还是得要，只不过可以稍微推远一点。非虚构我也会写，但我还是没有采用那种方式。

张：这就是文学文本，有些作家文体意识太强未必是好事，特别在今天。

梁：与其非要往套子里面套，为什么不创造一个套子呢？这种方式不能说最好，但最合适，最能达到我想要的效果。

张：所以说效果也是多重的。

梁：至于是什么效果，批评家说是什么就是什么，但我觉得我只能这样写。

张：就像我们看沈从文的作品，能说是散文还是小说吗？不必要一定将它们归类。

梁：当时写的时候没有考虑文体问题，只考虑这样写是最合适的，有时候这股傻劲、这种纯真还是需要的。你说它是短篇小说也行，非虚构的散文也可以，我觉得不用管那么多，也许它是一种新的东西。

张：这是一种纯真的东西。

梁：我觉得这是一种傻乎乎的纯真造成的。

张：我觉得这也是你最可贵的地方，不被概念束缚。

梁：这与我早年的田野训练、自然训练有关。早年的经历带给我整个人一种天然的成分，这种成分现在想想挺珍贵的。游荡在自己的内心，按照自己的方式来生活，你会忽略别人的想法，这会让人感觉很自由，很自在。

张：我在读您的作品时思考过这样一个问题：我们的乡亲到底愿不愿意接受采访，愿不愿意我们将他们的生活呈现出来？还有，采访时或许会有乡镇、村庄的干部在场，也不可避免会写到他们。他们的态度和意见问题又该怎么处理呢？

梁：事实上我都做了一些处理，我的村庄也不叫梁庄。当然，如果你真的一个个查找，肯定也会找到原型的，但我觉得也没有什么关系。文学作品嘛，需要稍稍变形一下，它毕竟不是社会学作品。即使是社会学作品，也经常会使用 L 县、L 村等说法。另外一点，我在写作时也比较傻，没有注意到乡村权力或什么别的忌讳，是在写完与发表之后才知道，原来别人会那么不高兴。其实我特别理解他们的。书中没有赞美他们，反而写出了一些问题，这样或许对人家有影响，这是非常不对的。

张：我读的时候一直在想，乡村的问题错综复杂，所写的又都是我们的乡亲，非常难处理关系。但是您能够游刃有余地写完，我觉得非常了不起。

梁：也不是游刃有余，或许是因为本着一颗单纯之心去做，这种单纯帮了我。我没有写到谁多么阴险。每个人都有自己的难处，一个人有他的问题，也有他的可爱之处，我只是客观地呈现出来。正是这种相对单纯的写法，没有使乡亲们特别不高兴。

张：我是研究乡土文学的，看到您的作品觉得非常精彩，准备好好研究一下。

梁：人难得有共鸣。

五、当代中国乡土青年的命运与未来

张：对我和很多同龄人来说，《平凡的世界》是我们成长过程中一个很重要的精神资源。我们身边的很多兄弟姐妹都很像孙少安，像咱们这样从农村走出来的人相对来说还是比较少的。

梁：《平凡的世界》作为一个文本，已经具备了超出文学本身的意义。当然其中也包括人对命运的抗争，这是普遍存在的。无论哪个时代的人读，都能从中读出那种不甘，以及奋进后的意义感和价值感。这种意义是超越时代的：一方面是乡村青年在中国的普遍命运，能带来一定的共鸣；另一方面它超越了特定的历史环境，能带来对人普遍状态的思考。

张：一个时代的建设需要依靠青年，乡村青年问题是一个很重要的核心

问题。20 世纪 50 至 60 年代，很多人赶上了知识青年下乡运动，那时候青年人都很有朝气。但看看我们现在的乡村青年，总感觉他们好像找不到路了，很多人都拥到城市中来，但却在城市中异化了。城市对他们来说就是一个巨大的迷宫，就是一个干活出力气的地方。他们在城市里找不到归宿，但又回不去乡村，这是一部分人。还有另一部分人，就是考上大学的乡村青年，他们大学毕业后很快失业或找不到工作，与没有上过大学的人没有什么区别。

梁：说实话，我写到他们时，自己也对这种情况非常意外。就像梁磊这个孩子，他在深圳打工，平时说话非常有自己的想法，打扮也很时尚，看上去完全就是一个有文化、有知识的城市青年。我采访他时，他的妻子已经怀孕了，我完全没有想到，他的妻子也需要回家生产，也需要靠母亲在家帮忙。我想这怎么可能呢？他已经算是白领了，谈吐也表明他是非常有自己想法的。但听他讲完他的生活状况和精神状况，我突然发现原来乡村这个词如此深刻地扎根在我们的社会结构之中；原来所谓的社会不公平这么深远地渗透在我们的生活中。我的二嫂（梁磊的母亲）一开始在西安蹬三轮车，等梁磊的女儿一出生，她就从城市回到乡村养育她的孙女。我二哥一个人在西安蹬三轮，梁磊的老婆休了半年产假后回深圳打工。现在一家人在三个地方——梁磊和他老婆在深圳，我的二嫂在家带孙女，二哥在西安打工挣钱。梁磊这样一个有想法的青年，也没有办法亲自抚养自己的孩子。现在很多女孩找老公都希望找一个婆婆年轻的，因为她们希望婆婆能够在家里带孩子，夫妻二人出去打工。这里面是有某些推卸责任的成分，但也是一种大家公认的方式。梁磊其实十分希望自己的孩子在身边，能够好好教养、培育她，但是显然他没有这种条件。所以很多社会问题已经不只是社会问题了，还有种种社会常态在里面。这些社会常态反而非常伤害人，让人十分震惊。

张：我们从乡村走出来的这些人，好像改变了命运，但其实一点也没有改变。

梁：这里的改变命运已经变为了一种特别暧昧、诡异的说法。考上大学不是什么坏事，毕竟文化水平提高了，但是因为这个而把其他所有东西都拉低了，这是不对的，而且是另外一个大问题。做梁庄调查的这四五年，我也在不断成长，对社会的看法和了解程度也在不断加深。

张：我也想听听您的思考。

梁：我认为自己是非常幸运的，在人生中最好的年华做了一件非常喜欢同时也能够帮助自己成长的事情，这是非常难得的。

张：我也觉得很多人，包括我在内，都是非常幸运的。在今天，即使是博士也很难找到一份好的工作。再进一步，能够传递出自己声音是更不容易的。从乡村走出来的普通青年，对于自己在城市中的生存状态与精神状况是非常忧虑的。

梁：压力还是比较大的，包括大学生，我们都有接触。在最青春的年龄，最应该没有压力的时候，他们都把自己深深地压抑了起来。但是我们又不能简单地责备他们，因为整个社会带给了人太大的压力。我们的社会中，那种功利、紧张的气氛将各种各样的压力都压在这代年轻人身上，他们必须承担。

张：对，我在上大学的 20 世纪 90 年代，心里还是很放松的，至少知道有个地方会等待着你，生活会有个着落。所以，那时候我们读书、打球，享受生活，享受生命，那真是黄金时代。现在的大学生真的很压抑。

梁：整个社会世俗化之后，这种世俗的压力便转嫁到年轻人身上。现在年轻人毕业，大部分也能够找到工作，但这个社会要求人要找到更好的工作，要买房买车。这种压力太大了，年轻人是承受不住的。

张：世俗是一个维度。这样的压力需要一代人来承担，并且是没有经济基础的青年一代。城市孩子或许还有父母来帮助，但是很多农村青年一无所有，这种压力太大了。他们的未来真的不乐观。

梁：是的，对于农村青年来说，这种压力无法逃避。一毕业别人有房你没有，这就是很明显的差别。凤凰男，婆媳之争等话题，都在慢慢给农村青年塑造一种负面现象。这种大众传媒的言说慢慢磨灭了人所有的希望。

张：以前还有很多人想要改变命运，靠自己一点点去奋斗，而现在很多人不要过程只要结果。

梁：我觉得现在乡村青年考上好大学的机会都变得越来越少了，找到一份好工作就更难了。农村孩子和城市孩子，确实是两种命运。原来还有"独木桥"，高考等各种方式能让农村孩子变为所谓的"社会精英"，但是现在这种途径越来越少。

张：你这本书就呈现了对这种问题的关注，这种关注与以往的关注和社会学关注不同，它是文学的关注，是有痛感的关注。特别提到了在韩国企业打工的农民工的孩子，那种没有伙伴的童年多么可怕，孩子们寂寞的眼神真的很让人难过。这其实很类似我们今天乡村青年和乡村孩子的命运。

梁：还有更多你看不见的孩子，他们的处境是个巨大的黑洞，在社会的话语层下面，是没有被言说的。

张：所以，这就是你写作的价值。

梁：谢谢。其实当你走下去，深入他们的生活，还是能够发现很多东西的。

张：李敬泽老师说，《出梁庄记》像《出埃及记》一样，寻找一个流着奶与蜜的地方。《出埃及记》走出了一条新的道路，去寻找一个新的生存之地，您对乡村的困境和问题有什么思考？

梁：我觉得，对中国的农民来说，进城是一个单向且被动的选择，今天依然如是。这与钱并没有太大关系——他们有的也挣到了一些钱，基本生活问题也解决了。但是假如有一天，我们的乡村也变得可以和城市媲美，人们想在乡村就在乡村，想去城市就去城市，这是一个自由双向的选择时，那时候我们再说寻找奶与蜜，才是有价值的。现在很多人说，你看城市多好，怎么能说没有找到奶与蜜呢？但这是一个伪问题。因为农村人只能通过进城的方式来寻找，他们在这一过程中付出了很多。所以我觉得，在今天谈乡村问题的时候，我们一定要把问题的根源搞清楚。农民为什么进城？乡村是什么样子的？农民为什么会在城里想念梁庄？他们真的是想念梁庄的生活吗？没有那么简单。他们想念的是他们在梁庄还有房子、身份、尊严，可以在那里招待亲朋好友，可以骄傲地说那才是他们的家。他们可能已经在城市待了二十多年，但那里依然不是他们的家，所以才想念乡村，想念梁庄，因为在那里他们才是主人。他们没有愚昧落后到没办法适应城市生活，而是反过来，城市没有给农民一个很好的家，这也是一个很大的问题。如果有一天我们有各种面貌的乡村，每个乡村有各种各样的历史建筑、生态建筑，人们都可以在此赚到钱，过上比较好的生活，可能人们也会选择在乡村生活。不能简单将这些问题归结为一句话：进不去的城，回不去的乡。为什么要回去？为什么要进去？这些都需要我们思考。所以我每到一个地方都会自问：想不想回梁庄？为什么要回去？并找到了各种各样的答案。

张：您讲得非常好。另一个问题是，您的文学创作从自发到自觉，学者背景有什么帮助吗？

梁：肯定是有很大帮助的。学者背景让我比较具备问题意识，这种问题意识不是说要把一切都问题化。但是，有一定的理论素养是好的，但理论素养有时候也会变成一种桎梏。这就是为什么我在一开始就要避开海登·怀特的那种先验主义。有人说我没有避开，但至少我在时刻提醒自己。我在写这两本书时看了很多理论书，涉及中国乡村社会学、西方社会学等，这些都让我的视野有了很大的拓展与内部的打开。毕竟知识的积累有助于进一步思考问题。我尽力将学术话语化为大众话语、较为文学性的话语。随着这几年研究的不断深入，学术思路也慢慢清晰了，找到了新的问题点，比如要对乡土中国的概念进行一个重新的溯源与分析。学术素养仍旧会成为你往前走的助力，而不会成为一种绝对的障碍。所以，多读书，多思考还是很有帮助的。

张：创作方面有什么新的计划？

梁：因为创作是一个不灭的梦，所以还是会继续写下去。也许会写一些非虚构的作品，比如养老院题材。我这几年回家都会去养老院看一下，去和老人们聊聊天，这个题材肯定会以非虚构的方式写出来，这是比较明确的。我发现中国的老人是一个非常值得写的人群。也会写一些类似散文或者小说的东西。

张：你还是充满了创作热情的。

梁：写作的时候还是会摆脱一些束缚，保持一种纯真，至于写成了之后效果会不会很好，我不敢说。尽量写好吧。

张：我发现河南作家是非常有特色的，生活丰富，精神博大，有非常独特的气质。

梁：河南作家还是非常有文化底蕴的，这种底蕴并不是说要有多么深的文化修养，只是说有一种执着、纯真。哪怕是圆滑的纯真呢。

张：我非常喜欢周大新早期的小说，把那种生活的痛苦执着写得非常深刻。

梁：他的作品是和土地相关的，土地上的种种苦难，土地对人的塑造，当然也包括对作家的塑造，那种倔强、执着在他身上都有体现。这是河南作家一个非常大的特点。这可能与文化氛围有很大关系，大家对知识有很强的敬畏感，这也是一种文化氛围。在河南这个地方，大家认为能写点东西非常了不起。

张：你的这两部作品获得了很多大奖，大家都评价非常高。也有很多访谈，我看《南方周末》用整版给你做访谈，凤凰网也有。你谈得非常好。

梁：我觉得自己说得太多了，2013年我去美国杜克大学待了一段时间，也是想逃避一下，不想说得太多。老老实实地写比较好。

张：我觉得这种声音很重要，饱含着情感去做研究的学者还是很少的。

梁：也是因为有点想法，想交流一下，所以在说。包括现在，一些搞乡村建设的学者请我去参观、讨论等，我能去的也会尽量去。我也想关注一下将来中国乡村的发展方向。我觉得这是一种责任，是个人的根。

张：你做的这些事不仅体现在书本身的价值和意义上，还有一种学术上的价值与意义。

梁：对，我觉得这对我的学术研究还是很有帮助的，有很大影响。虽然这几年我会专注于创作，但是我觉得学术是我更长远的一条路。

张：当然，它们对我们同龄人的学术研究也是有影响的。推动我们关心一些真问题，做一些真正的思考。

梁：我觉得这两本书哪怕没有受到关注，写出来也是非常有意义的。

张：这两本书被关注是迟早的事情，也是必然的，因为它们的价值在那里。"梁庄的故事"不仅指向现实的中国，而且也指向了中国的未来。

裴指海：
作家是面对黑暗的"受难者"

一、"在黄金时代写作"

张丽军（以下简称"张"）：请谈谈您的童年和故乡，及其对您文学创作的影响。

　　裴指海（以下简称"裴"）： 我的故乡在豫西南伏牛山区。我父亲1983年就去世了，是我母亲和一个姐姐供养我们其他四个兄弟姐妹读书。我们考上了大学，村里人认为是因为我父亲的坟墓风水好。几年前，村里有人在我父亲的坟头上钉下了桃木橛子。我们很早离开了乡村，与村里人没有任何利益之争，相反在县城工作的哥哥还为村里做了不少事情，但还是有人想以此来破坏所谓的"风水"。他过得不好，想让你也过得不好。我对这样的乡亲没有任何怨恨，只是觉得好笑。这件事很文学。可以说，这里的土地虽然贫瘠，但却能滋养文学。这对我写战争小说也很有帮助——我们的军队是以农民为主建立起来的，我很了解他们。

　　我还要感谢我的母亲。她是一位伟大的中国女性，顶住乡亲和亲戚的嘲笑，坚决让我们兄弟姐妹读书。她是小学毕业，还是一个讲故事的天才。她在我童年时，给我讲了她所有听过或者看过的"瞎话儿"（民间故事），我的想象力常常在一个个神奇的世界里旅行。我的文学训练从三四岁时就已经开始了，这对我的性格有很大影响。我从小耽于沉思，敏感而又忧郁，成长为一个可以在幻想中生存的人，非常适合进行文学创作。

张：您的写作史可以追溯到中学时代，但与您同时代开始写作的"中学生作家"几乎全军覆没，是什么促使您一直坚持了下来？中学时代的写作对您后来的创作有什么影响？是荣誉还是负担？

裴：我似乎天生就喜欢文学。村里的小伙伴们没有一个像我那样对"瞎话儿"如痴如醉，我整天和村里老头们混在一起，听他们说话，还追着让人家讲从前的事儿。我在上小学时，连哥哥姐姐的高中语文课本都读了。物理、化学课本也啃了好几次，但因为看不懂，没能坚持下来。残缺不全的四大古典名著也都连滚带爬地跳着读完了。认识一大堆字却无书可读，这让我像关在笼子里的困兽一样，眼睛都急红了，逮住什么书都看。村里有个老教师，"文革"时是个"造反派"头头，家里有"文革"时期的《解放军文艺》和《朝霞》，我一篇不落地把它们全看了。那正是 20 世纪 80 年代中期，文坛风起云涌，作家们都在玩现代主义、后现代主义，我却在苦读"文革"十年的文学刊物。这本身就像一部后现代黑色幽默小说里的滑稽情节，让人想笑，却不由流下了辛酸的泪水。

我是十一岁时开始发表文章的，是在省团委主办的《青年导报》，题目叫"别了，别里科夫"。我把样报偷偷地藏了起来，尽量不让别人看到我的作品。中学时发表了百十篇文章，也获了不少奖。写作对我来说是件自然而然的事情，从小文学就跟着我，甩都甩不掉。在艺术学院，我以三四天一部长篇小说的速度读了三年书，毕业时带走的四箱全是书，我最好的朋友也是文学系的。我在军校读的几乎都是西方现代主义、后现代主义文学作品。

张：您在博客里写，当年您作为一名陆军中尉，"每天准时起床，按时熄灯，也没有人可供思念，日子单调却也充实。作为一个经历过物质与精神皆是一穷二白的农村孩子，我是一颗在严酷环境里受孕而来的种子，无论扔在哪里，都能很快适应环境，孜孜不倦地成长"。请您谈谈军旅经历及它对您以后创作的影响。

裴：我的军旅经历像个传奇。新兵连一结束，连队就让我当了军械员兼文书，没干几天，又通知我去武汉学习反坦克导弹维修。我去学了十个月，写了几篇文章发表在军区的报纸上，人刚回来，就被借调到报道组。我把学习期间写的一个中篇小说《1948年庙岭》寄给了《昆仑》，半个月不到，《昆仑》就通知我去北京帮助工作、改稿。我后来就是因为这篇小说顺利地考上了解放军艺术学院文化工作管理系。

从军校毕业时，我去了苏北的一个红军团，驻地在偏僻乡村。从北京一下子到了苏北的"小西伯利亚"，别人觉得我水深火热，自己却觉得这正是我想要的生活。在那个部队待了一年半，开始跟着老首长们做军史，一干就是六年。军史工作快要结束时，军区举办了一个业余作者笔会。负责笔会的是军区文化处处长柳江南，他把我推荐给了创作室主任葛红国。一切都很有戏剧性。

张：您说这是一个作家的黄金时代，每天都经历着神奇，见证着历史。您是怎么理解这个黄金时代的？

裴：这百年来，世界上有哪一个国家比中国经历得更多、更复杂、更神奇？我们只是没有《静静的顿河》《生活与命运》《大师与玛格丽特》这些伟大的作品。作为一个作家，有时回望历史有种很难过的感觉。我们经历了惨痛的族群分裂、社会动荡与战乱，但却没有留下多少震撼人心的作品。我觉得我们的作家对不起我们这个民族，对不起我们经历的历史。但我现在一点都不悲观了，莫言等人的小说都足以与中国的历史和现实相匹配，这让我们的文学变得有希望了。对作家来说，狄更斯所说的时代才是黄金时代，我们有幸正在经历着。

张：您的小说像《苍蝇》《冷的冬，热的雪》《往生》等，写的都是战争年代的故事。如今那段历史离我们越来越远，当下青少年对其认知程度也越来越低，面对这种遗忘历史的现状，您认为文学作品能够扮演一种什么样的角色？

裴：在一定意义上说，所有的小说反映的都是历史。《红楼梦》写的是曹雪芹那个时代的"现实"，彼时的"现实"就是今天的历史。现实不会永远停在那里，很快就成为历史。还有一句话：谁掌握了现在，谁就掌握了历史。专制统治者会将历史进行改写，塞进谎言，用历史来证明其统治的合法性。小说重建历史。它反映一个时代的真实面目，给历史以真实，完善历史、丰富历史。在一个开放的社会里，小说和历史是分得很清的。而专制社会的统治者会对文学进行审查，因为文学最终要作用于人，他们要用文学塑造适应专制统治的人。美国批评家哈罗德·布鲁姆有一个说法——莎士比亚重新发明了人。艺术就是有这样的功用。小说中的人物身上具有崇高品质，比如爱、勇敢、慈悲，他们都是在一个较高的维度上对人说话。这会让我们感动，让我们产生一种下意识的愿望，希望自己能变得更好。阅读扩展生命，让人活得更有尊严，活得更像一个人。这是阅读对我们的投之以桃报之以李。

张：在您的阅读写作生涯中，有什么独特的体验可以给当今的青少年作家借鉴？您最喜欢的中外作家有哪几位？他们带给了你什么样的影响？

裴：何为好小说，何为坏小说，每个人都有自己的标准。我使用巴尔加斯·略萨的概念，他说一切好小说都说真话，一切坏小说都说假话。我喜欢的中国作家有莫言、刘震云，李洱的《花腔》也非常优秀。另外还有卢一萍的纪实文学《八千湘女上天山》。外国作家相对多一点，我列举一些作品吧。比如苏联瓦西里·格罗斯曼的《生活与命运》、布尔加科夫的《大师与玛格丽特》，法国鲍里斯·维昂的《岁月的泡沫》、米歇尔·图尼埃的《桤木王》，西班牙乌纳穆诺的《迷雾》，美国冯内古特的《五号屠场》等。这个名单可以拉得很长，众所周知的卡夫卡、马尔克斯等人我就不提了。我从他们的作品中学到了很多，像巴尔加斯·略萨，他是一个玩结构的高手，我在军校时就几乎看完了他所有的作品。但我同时也警惕与中国文学传统割裂，我很清醒地知道自己是在中国写作，讲述的是中国故事。在这一点上，莫言、余华等作家都做得非常好。

二、"致力于战争文学创作"

张：您原来的作品取材广泛，既有校园题材，又有乡村题材，还有反映部队现实生活的。后来您说建立起了写作的自觉与方向感，那就是致力于战争文学创作。为何您对战争文学情有独钟？

裴：1999 年冬天，我在苏北军营冰冷的宿舍里，突然接到一个陌生的电话，对方嗓音沙哑，有种沧桑感。我后来知道，他叫刘家驹，是一名 1949 年参军，经历过抗美援朝战争的老兵。他受军区一位首长委托，和几个老兵一起组织编写一部类似纪实文学的军史。他们需要抽调几名年轻人和他们一起工作，找到了我。

于是，从 2000 年 1 月开始，我和三四个战友一干就是六年。带领我们写作的老兵都经历过枪林弹雨，他们雄心勃勃地要求我们一个不漏地采访到每一个幸存的老兵。他们的想法非常瑰丽，有着可贵的理想主义光芒。刘家驹老师想象中的这部纪实文学必定是椎心泣血的，里面应该有肮脏的战壕、流血的战场、散发着血腥味的破烂军装，痛哭的士兵、绝望的大地与燃烧的天空、泪流满面的战利品，还有撕心裂肺的改造与被改造……

他们不但带领我们采访，给我们示范如何让接受采访的老兵毫无保留地讲述一切，还给我们讲述了他们所亲历的战争。我们采访的老兵大多数都已经六七十岁，甚至是八九十岁的高龄了。他们讲述的战争没有经过装饰，没有被重新编码。我第一次清晰地感受到战争的苦难、激烈和残酷。很多时候，那些老兵哭，我们也哭。我们采访了两三百名老兵，这简直是一座文学富矿。

我是幸运的，比同龄作家对战争有着更深刻、更真实的感性认识。我觉得战争文学仿佛就是为我量体裁衣准备的。

张：作为"70后"，您没有亲身经历过那场战争。随着时间的推移，战争文学写作的任务逐渐由新一代作家来承担，您认为作为非在场者应该如何写好这一题材？

裴：利用间接经验描述战争，军旅作家具有不可比拟的优势。无论是何种时代，身处何种性质的军队，军人都要面对同样的境遇、同样的人性拷问，他们的情感息息相通。军旅作家对战争的体验虽然来自纸上的记载，但他们能通过阅读最大限度地触摸到战争冰冷的血肉，透过文字知晓战争中的种种机密。这种阅读体验，没有军旅经历的人可能无法体会。这种军人对军人的感情，他人也无从把握。因此，军旅作家所想象／虚构的战争有着其他作家所不具备的说服力。

非在场者叙述战争，这既是缺陷又是优势，可以充分发挥想象力。但这有一个前提：一定要把案头工作做扎实。我对战争已经很熟悉了，但我写《往生》时前后准备了一年多，除了必要的采访，阅读有关书籍、档案，另外还搜集了大量的电子文档，可能在千万字以上。在这个基础上，想象力才有可能真正得到解放，写作才能变得从容不迫。

张：文学能够用来慰藉人心，陶冶灵魂；战争坚硬冰冷，毁灭人的肉体和心灵，但是书写战争的文学作品却如此受人欢迎。您如何看待文学和战争的关系？对于战争，您的理解是什么？

裴：人之初，性本善还是性本恶？至今也是无解。但我想，人类基因里有着战争冲动，是好斗的。男孩子小时候最喜欢玩的就是打仗游戏，我儿子是在部队大院长大的，当兵对他没有吸引力，他长大了要当科学家，但他最爱的玩具还是各种枪支模型。在一定意义上说，人类文明史就是战争与准备战争的历史。战争在人类历史上扮演着一个神秘的角色，既是一头摧毁一切的怪兽，同时又毫无疑问地推动着人类历史的发展。现代文明规则确立以后，战争应该成为人类共同反对之物，战争文学要以审美的手段劝告世人"告别武器"。

张：有人说战争小说应该有英雄主义情怀，但在您的小说中很少能找到真正完美的英雄，反而常常写到小人物。从《英雄》《勇士》到《往生》等，您写了一系列被以往战争作品遮蔽的士兵，很多都不同于我们以往见到的英雄人物。对于英雄，您有什么特殊的选择标准吗？

裴：我其实很害怕和人谈战争文学，似乎没有英雄，我们的战争文学就失去了合法性一样。英雄具有各种面目，像《静静的顿河》里的葛里高利，他一会儿当红军，一会儿当白军，为了一个女人，最后把枪也扔了。按照我们的价值观来评判，他不但不是一个英雄，还是一个叛徒、狗熊，所以我们的战争文学中就见不到这样一位英雄。我们的英雄总是爱憎分明，铿锵有力。性格粗鲁，说些脏话，对我们来说就已经是种突破了。我们国内很有影响的军事文学作品很难被译介出去，最重要的原因是人家不接受，我们的英雄不是人类普遍意义上的英雄，是我们自己的英雄，是符合中国国情的英雄。战争文学是最应该具有反思立场的，包括对英雄。

真正的老兵都是痛恨战争的。所有经历过战争的人都是英雄，同时也是受害者。我理想中的战争文学应该在"反战"的基础上表现英雄，让人成为人。这应该并不违背我们提倡的要表现英雄的文学规训。

三、"脱胎于现实，纠缠于虚幻"的叙事策略

张：战争并不是一种容易处理的小说题材，尤其是面对真实的战争历史，有时候会有很多写作上的限制。您如何处理历史禁区？写作中遇到过这种情况吗？

裴： 苏珊·桑塔格说："文学是进入一种更广大生活的护照，也即进入自由地带的护照。文学就是自由。"德里达在回答"文学是什么"时，他的答案也很简单，"文学是一种允许人们以任何方式讲述任何事情的建制"。在现实生活中，人的创造力并不是自由的，它要受到客观条件的制约。比如，没有科学的发展，没有观察仪器让人们看到宇宙在膨胀，就无法提出"宇宙大爆炸"的假说。人类至今还无法制造出可以突破时空限制的"时间机器"，但早在一百多年前爱因斯坦的相对论还没有出现的时候，已经有书写时间机器的科幻小说出现了。在现实中，人类的想象力还要受到逻辑的限制，比如，我们不可能说某一个人突然毫无原因地变成了甲虫，我们也不可能想象有一个叫玛格丽特的苏联姑娘骑着一头官僚变成的猪在天空中飞翔。但在文学中，人类可以体会到自由创造的乐趣，随心所欲，甚至无需自圆其说。文学源于对超越现实的渴盼，对自由的追求，也必将在对自由的追求中得到新的发展。我觉得如果给自己设限，那便是一个没有出息的作家。很多时候是我们自己把自己吓住了，而伟大的作家恰恰相反。比如莫言，他自己都承认他在现实中是个懦夫，出门打车，还要先给司机一包烟以免被"甩脸子"，但作为作家，一旦开始写作，他就是不可一世的帝王。在《福克纳大叔，你好吗》的演讲中，他说"每当我拿起笔，写我的高密东北乡故事时，就饱尝了大权在握的幸福，在这片国土上，我可以移山填海，呼风唤雨，我让谁死谁就死，让谁活谁就活"。这就是一种自由的状态。他在小说中张扬个性，对历史和现实有

着清醒的认识，敢于表达。文如其人只说对了一半，另一半的事实是，作家可以让作品超越自身。

我们写得不好，与其责怪外部条件，不如问问自己，自己真的具有写出伟大小说的能力了吗？文学就是自由。能够自由表达，这才是写作的乐趣所在。

张：您的纪实文学《冷的冬，热的雪》和《1949 解放》都是在采访几百名老兵的基础上写成的，这些珍贵的第一手资料让您后来的作品极具真实感，而这种真实感在小说中又必须依赖虚构的故事呈现。您如何看待虚构与真实的关系？

裴：虚构只是一种手段，小说是真的，反映真实的人、真实的情感、真实的人生和社会。要让读者相信虚构的故事，作者必须使出浑身解数来"弄假成真"，让读者"信以为真"。因此，小说的想象或者说是虚构总是依附在真实上。想象是自由的，是无限且无边的，但它同时受制于我们的经验与知识，不能凭空胡编乱造。小说有自己的律法，必须在真实的基础上进行想象与虚构。作者只有从真实的此岸出发，才能到达艺术的彼岸，把不可能变成可能，从而得到读者的信任。作家必须诚实地面对现实和过去，写自己相信的东西。当自己都不相信的时候，别指望读者会相信。

张：《往生》中您用了"我"与李茂才两个叙事者，并且故事中的"我"游走在历史与现实之间，所处年代不断变换，有点类似于穿越小说，阅读过程中有很强的冲击感。在叙事方式上，您有什么经验之谈吗？

裴：我的大多数小说有一个共同特点，就是在小说叙事者的选取上，一般兼用"我"与小说中的某一个人物。我之所以迷恋让"我"进入小说成为一个叙事者，归根结底还是因为被"真实"所困扰。我是一个很简单的人，讨厌谎言，也竭力避免撒谎，包括在小说中。可能就是这种焦虑让我过分依赖叙事者带来的"真实感"。

《往生》如果只用李茂才、陈傻子他们来叙事显然是受限的，它将被限制在 1937 年南京保卫战和南京大屠杀这个时间和空间里，这样就只能讲一个英勇抗战的故事，而南京保卫战和南京大屠杀是极具反思性的事件。把 2009 年身为现役军人的"我"作为叙事者植入文本中，这就把小说的时间与空间拓展了，既可以讲述英勇抗战的故事，同时又可以拉开距离从现代视角对它进行反思，小说获得了最大可能的自由。

和我差不多年龄的英国作家大卫·米切尔的长篇小说《云图》中，六个叙事者对应六个空间和时间。他的另一部长篇小说《幽灵代笔》，讲述了在世界的九个地点九个角色朝着一个共同的命运飞驰，叙事更为复杂、智慧，让人叹为观止。

张：您说过"文学如果要重新取得读者信任，作家必须面对现实写作"。而过于贴近现实，又失去了文学的魅力。您如何看待文学的真实？

裴：我觉得首先要搞清楚什么是现实。很多时候，我们是生活在"预先制作的现实"里，这个"现实"是由广播电视、报刊、互联网等大众传媒，以及学校教育、领导讲话、文艺作品等综合手段建构起来的庞大幻觉，就像《黑客帝国》里的"现实"一样。当你洞悉真相，现实却呈现出完全不同的面目。布尔加科夫的《大师与玛格丽特》反映的是不是苏联的现实？《百年孤独》是不是描述了拉丁美洲的现实？相反，苏联时期的斯大林文学奖获奖作品可都被誉为现实主义杰作，我们现在都知道了，它们根本和现实没一点关系。倒是那些貌似现实缺席的小说带给我们的震撼更强烈，更能让我们认清现实。比如奥威尔的《1984》。更为极端的例子是卡夫卡创作于1914年的《在流放地》，他在创作这个小说时肯定想不到三年后会出现苏联，也想不到后来出现的一大片"流放地"。这篇小说就是一个奇迹。

我们"文学"所要贴近的现实并不是《黑客帝国》里那样的表象，而是它背后的另一种现实。就像纪伯伦所说的，"（文学）使看不见的被看见"。这就要求我们必须写真实的小说。文学反映世界，哲学解释世界。小说因为真实性而作用于人，如果不能真实地反映世界，文学就失去了存在的合法性。

真实性是小说的灵魂，这是作家与读者之间的契约。小说本身比作者更有生命力，更有恒久的再创造精神。作者肉身死去数百年、数千年，作品仍会在读者中流传。作品生命本身不断更新，同未来社会无限沟通，继续增值。

张：如今，经历过战争的老兵渐渐变少，我们获取真实历史资料的机会也渐渐变少。您创作的纪实文学和直面战争的小说作品，我认为是拯救真实

的壮举。对于如今很多作家单凭想象和虚构来写战争的情况，您怎么看？

裴：这样的小说很多，无论是互联网上还是书店里，类似的战争小说到处都是。我觉得它们并不是真正意义上的文学作品，只是通俗小说。根据那些小说改编的电视剧我们也看到了，大多数成了"神剧""雷剧"。

同样的故事、同样的人物，严肃文学和通俗文学的讲述方式截然不同，传递出来的信息也有天壤之别。西方好像就分得很清，二者各有各的受众。严肃文学如布克奖绝不会选出通俗文学作品来，而那些通俗文学类的文学奖，像亚瑟·艾利斯奖，也不会颁给严肃文学作品。我们把它们混淆在一起，最后受到伤害的只能是文学本身。

张：在您的很多小说中，"我"总是故事的叙述者，甚至会参与到故事中去，叙述起来有一种历史的在场感。第一人称叙述会不会对您的小说创作有限制？

裴：当然是有限制的，"我"作为叙事者置身于情节之中，作为一个参与者或者目击者是不自由的，只能进行一种主观性叙述和有限度的叙述。我其实一直都很注意这个问题，有时会有意进行必要的训练。我曾经发表过一部中篇小说《反义词乡村》，三个章节分别使用了三个叙事者，用"我、你、他"三种叙述视角来讲述同一个故事。当我发现自己过于依赖第一人称"我"这个叙述视角时，我又开始有意训练自己使用全知全能叙述视角。使用单一的叙述视角是传统做法，小说发展到今天，一般都采用多视角并存的叙述方式，这会让小说更加摇曳生姿。

张：《往生》中，有较多战争场面描述，刻画死亡的残忍、战争的激烈，画面感特别强。在描述这些画面时，您用了很多细节描写，如血肉模糊的尸体、被木棍插入下体的女人、流出来的紫色肠子等。对于这些描写有没有什么顾忌？

裴：这和我的阅读及经历有关。在无书可读的年代里，我读了大量《红日》《吕梁英雄传》《林海雪原》这样的战争小说，小时候也看过大量有关战争的电影，像《地道战》《地雷战》什么的。很多人都知道战争是要死人的，但却不知道人是如何死的。很多时候，我们的胜利就是靠大量的牺牲来取得的。我在小说中直面战争的残酷，有点赌气般地想拨乱反正。另外也是想告诉我军中的兄弟们，战争是残酷的，战争到来时每个人都必须心里有数，做好准备。至于其他读者，我的确想让他们在心理上，甚至生理上对战争产生恶心的感觉，告诉他们战争并不像想象中那样壮美。

直面战争的残酷与血腥，作家也不好受。我在写作《往生》时，曾经一度陷入迷狂与巨大的伤感之中，不得不大声地放着佛教音乐来写作。作家，在一定意义上说，是替全人类面对黑暗的"受难者"。

当然我也意识到，描述战争并不一定要浓重渲染战场的血腥画面，但当不能回避时，我觉得作家也应该直视。我在以后的创作中可能会更关注人，通过人的遭遇、人的命运来表现战争。这要在具体的文本中具体对待。

张：在战争描写中，您用了直面血腥的残忍方式，《往生》中充斥着血淋淋的镜头，常常见到肢体满天飞的残忍画面。这种描写将文学视角由审美转向审丑，请问您是如何认识这种审美倾向的？

裴：直面战争的丑恶，才能反映战争中人性的各个方面。在生与死的面前，人性得到了最彻底的呈现。从技巧上来说，只有把战争的痛苦与灾难展现得越深入，人性之美，甚至革命英雄主义、勇敢顽强精神才能得到更好的确认。审丑也是一种美学。鲍里斯·维昂描述二战诺曼底登陆的短篇小说《蚂蚁》，荒唐、滑稽，用幽默、夸张的手法来描述战争之恶。冯内古特的《五号屠场》是写德累斯顿大轰炸的。沃斯的《狗，你想永生吗》从头到尾描述的都是战争的恐怖，更让人震撼。我其实还算温和的，《搏击俱乐部》编剧帕拉尼克的小说更让人瞠目结舌，他短篇小说《肠子》确实让人生理不适。如果神经不够坚韧，我建议读者不要去看他的小说。但我建议作家朋友们不妨翻翻，看看国外同行的写作走到哪一步了。

四、以人道主义精神审视战争

张：我们习惯于以往的战争文学颂扬胜利，遮蔽失败，习惯了高扬革命

牺牲精神，遮蔽人心的挣扎。如今又出现了很多抗日 "雷剧" "神剧"，一味神化英雄，丑化对手。您如何评价迄今为止的抗日题材文学创作？有何成就？有何欠缺？

裴：我们经历了人类历史上最惨痛的战争，但我们的战争文学与我们所经历的战争不相匹配。我并不同意中国人的创造力不如西方人，甚至不如韩国人的说法，尽管韩国的战争电影远远超越了中国的同类电影，比如《太极旗飘扬》《走进炮火》《登陆之日》《欢迎来到东莫村》等，还有日本的《我想成为贝壳》。中国的《历史的天空》《亮剑》等一系列小说已经把革命英雄主义做到极致了。总而言之，我们的战争文学要把我们的敌人当人来对待，要敢于正视他们，同时也要敢于把我们自己当作人。

张：很多作家写战争时，往往以正义之名颂扬战争，而在您的作品中，更多写到的是战争带给普通人和士兵的苦难，探讨人性的隐秘。对于这种创作倾向，能否谈谈您的用意？

裴：我有一个固执的看法：向读者传递真，就是最好的艺术。用济慈的话说，就是 "美即是真，真即是美"。简单地说，文学就是发现被 "现实" 千方百计遮蔽的真实。中国文学的一个重要传统就是 "文以载道"。道是作家对世界的看法，这在文学中是无法避免要去呈现的。任何一部小说的叙述人都是作者，不管作者如何抵赖，如何不想让人看出来，都是没用的。人是社会的人，我不相信一个作家对社会、对时代没有自己的看法，没有价值观。价值观是文学之魂，没有魂的文学是死的文学。对于我来说，我关注的始终都是人，人在战争中的遭遇、人的命运。曾经有位名将说，我只关心战争输赢，士兵在我眼里就是一堆数字。而作家的任务，就是要把这一个个抽象的数字具象化，把他们还原为一个个活生生的人。而对战争中普通人的关注，是接近战争真相的有效途径，也是唯一的途径。

张：当下青少年不了解战争的残酷，动辄在网络上叫嚣着发动战争。面对这种 "战争狂热" 您有什么看法？想对他们说什么？

裴：南京大屠杀是整个民族的悲剧，我们除了谴责日本侵略者的暴虐，是不是也应该反思一下我们是为何被施暴的？战争毫无疑问是悲剧，但如果我们不善于从中总结教训，那么毫无疑问，无数人白死了。这些都需要反思。我希望我的小说能让读者反思战争，而不是喜欢上战争。真正的战争文学都有一个共同的主题——要和平，不要战争，希望人类能过上安宁幸福的生活。

张：执着地描写战争却又反对战争，以反战的名义描写战争，拒绝遗忘的原因正是我们拒绝历史的重演。在接下来的时间，您有什么创作计划？是否依然会沿着这条道路坚定地走下去？

裴：如果没有采访两三百名老兵的经历，我不可能写出任何一篇像样的战争小说来。那些战争记忆如影随形跟随着我，必将转化为我的写作资源，以小说的面目与世人相见。我一直坚信自己会写出和这些经历相匹配的小说来。我的问题不在于写什么，而在于如何写，如何让自己的写作慢下来。

我永远感谢那些老兵，他们让我明白，作家只有以人道主义精神审视战争，才能创作出震撼人心的、具有美学力量的作品。这注定是一个艰难却也终究能够看到天边曙色的、漫长的孤独旅途。我信心满满。

王秀梅：
疼痛是我文学的根基

一、探寻创作之源

张丽军（以下简称"张"）： 对于一位作家来讲，童年的生活应该是非常重要且对作家后来的成长之路影响很大的。在您的记忆里，您的童年是什么样的？您觉得童年对您走上创作之路有什么影响？

王秀梅（以下简称"王"）： 童年，这是最能给我痛感的词语之一。我曾经在短篇小说《见识冰块的下午》里，对童年时代我所经历过的死亡有过浮光掠影的触及。但即便是浮光掠影的回忆，也是伤筋动骨，痛彻肺腑。我几乎是出生后不久就被送到外婆家中，在那里生活到七周岁，亲眼看到一个在当时的农村还算繁盛的家庭败落下来，大半的亲人陆续以各种方式死去。回到父母家中之后，那陌生感令我害怕和孤僻。更令我费解的，是古怪、畸形、残破、冷漠的生活和情感。我一直试图说服自己，这是 20 世纪 70 年代初期出生在农村的同龄人的共同经历……后来我觉得，我也许是上天派来的旁观者。观察并记录所有亲人在我面前呈现的一切，是我来到世上的任务。因此，童年对我走上创作之路的影响是巨大的。没有童年，就没有我的文学。疼痛是我文学的根基，而童年之痛，是人生初痛。

张： 每一位作家的成长过程对其影响都有举足轻重的作用，作家往往在写作内容、情感、理念等方面都掺杂了自己成长的影子。在您的成长过程中，

尤其是学生时期，有没有对您的写作影响较大的事情？

王：第一件事，1979 年，小学时期，我刚从外婆家中被接回家。村里驻扎着一支部队，分散住在老百姓家中。他们白天到村东的玉皇顶大山上开凿秘密军事山洞，晚上在小学教室里上课读书。那时候我是个孤僻的孩子，周末常常着迷般地倚在爷爷家厢房门口，听小刘叔叔拉手风琴唱歌。小刘叔叔走路时，腋下总夹着一本书。后来他们撤走了，我不知道自己是怎么挺过来的。第二件事是关于父亲和姐姐的。小学时期，有一天偶然发现父亲在偷偷地写剧本，名叫《喜变》。当时有一部很火的电影《咱们的牛百岁》，让身为大队支书的父亲很是兴奋，觉得自己也能写。我常常偷偷打开抽屉翻看进展，可惜，父亲的创作无疾而终。初中时期，发现读师范的姐姐在写小说，用的是当时流行的塑料皮本子，也是无疾而终。第三件事，初中时期，班里一名酷爱写作的男生组织大家成立了文学社，名叫"奋飞之鹰"，阵地是教室西山墙上的一块黑板，很高，需要踩着桌子往上誊抄文章。一般是在星期六放学之后办黑板报，夕阳西下，特别美。第四件事，初中时期，村里一名退伍军人因为待遇问题上吊自杀。因为父亲是村支书，所以我们全家人被其家人围攻。法院尸检、取证、被恐吓、不敢出门、满村贴满大字报……不敢回忆。第五件事，中专时期，班里一名女生写了一篇小散文，投稿到天津广播电台。躺在被窝里听她放收音机，那是我第一次嫉妒别人。第六件事，父亲用电碾子淘金赚了点钱，遭人写信勒索恐吓。父母卷起细软逃到东北，抛弃了我们姐妹四人。当然，风声过后他们还是回来了。那时候我刚中专毕业，我的小妹妹还在读初中。我并不怪他们，他们不是不懂得爱，只是当世界呈现出无常的一面时，他们没有能力去接招。死亡、离弃、孤僻、冷漠、贫穷……我想，20 世纪 70 年代出生的农村孩子境遇都大同小异吧。

张：您如何看待作家的想象力？通过您的作品，我们看出您是一位非常细腻纯洁而且具有丰富想象力的作家。您认为这种丰富的写作想象力与您孩童时期、青少年时期的想象有关吗？

王：我认为想象力从一个人来到世间那一刻起就存在，是附着在这个人全部的血肉和感知中的。很难说，某些时期的想象力跟其他时期的想象力会构成一种什么关系。如果硬要以时期来论，那勉强可以说，孩童和青少年时期的想象力是没有目标的，而当我从事文学创作之后，它有了明确的可以托付的所在。并且，因为写作所需，它变得更加自由和大胆。至于"具有丰富想象力"，这样的评价我听得非常多，我永远都很乐意接受这种赞美，因为想象力对于文学创作来说太重要了。它不是可以学习及训练的技巧，而是与生俱来的一种能力。对此，我实在不知道应该感谢谁。因为一个人的来处非常复杂，不是简单的血缘问题。

张：作家通过情感想象来完成自己的工作。亲情、友情、爱情等这些情感对于一位作家的成长来讲至关重要。您赞同这种观点吗？在您的成长环境里，您是如何不断地发现、寻找、体验这些情感的？这些情感对您的写作起到了一种什么样的作用？

王："至关重要"这个词我很赞同。抛开理论来说，一个作家的成长跟情感有莫大的关系。各种各样的情感包围和推搡着他／她，既压榨又滋养他／她，既向他／她索取又慷慨地给予他／她。对我来说，发现这些情感是一种本能，似乎不必"寻找"。甚至有的时候，我会觉得这些情感太过丰沛，以至成为负累。因为每种情感都附着在人生中大大小小的事件之上，多数时候，我们是在体验"事件"本身。只有当这些事件远去，情感馈赠的那一部分才会显现。我很难理解有人会时刻很明确地在自己的人生中体验着什么。我有过几次痛苦到了无法活下去的程度，那种时候，真心说，如果可以选择，我会选择不要那种体验。当然，等我投入写作，那些当时我不想要的体验就显出了非凡的意义。

二、乘着创作的翅膀飞翔

张：在您的心中，小说应该是一种什么样的存在？您是如何开始写小说的？是什么开启了您的写作之路？

王：小说并不是一种让我愉悦的东西，它一次次掏空我。而且每一次被掏空之后，我还得自我修复，迎接下一次同样的事的发生。一次比一次掏得深，好比在肌肤里寻找一根刺，起先可能只是用针挑破表皮，但我不满意，总觉得刺还在里面，于是继续寻找，往真皮层、皮下组织层、神经组织层掘进，针还可能需要换成刀。在掘进的过程中，我还要被动地发现我上一次没发现的东西，比如组织里的各种病变，那总是令人不快的。我很难理解那些提到写作就感到幸福的同行。开启我写作之路的究竟是什么——随着写作时间的延长，这个问题越来越简单化了。我愿意简单回答：我想写，然后就写了；然后，发现我会写；再然后，希望自己越来越会写。所以也可以这样总结：一方面，我对自己拥有写作天赋这件事有觉察；另一方面，对此感到好奇因而想尝试。至于那些似乎应该回答的——诸如我面对这个世界有倾诉的欲望什么的——反而都不是主要的。每个人都有倾诉和表达的欲望，大街上拾荒的那些人也有，而且一定比作家更强烈。

张：每一位作家在创作过程中都有印象深刻的事情。您写作历程中印象最深的是什么？这对您的写作及后来的生活有什么影响？

王：回答这种问题很冒险，因为一个成熟的作家，每一次写作之后都会立即推翻自己、遗忘自己。耽于旧作并津津乐道是危险的。但访谈的好处在于，它发生在一个时间点。就目前来说，让我印象最深的一次写作，是写《父亲的桥》。从写作技巧、描摹人性、观察世界、剖解自己等方面来说，它对我都有着脱胎换骨的意义。《父亲的桥》之后的写作明显有了不同。这是一种机缘，跟是否苦苦寻求关系不大。这次写作对我日后的影响，从写作上来看，我好像终于猛然明白了小说是什么东西；从生活和价值观上来看，因为小说是写父辈人生的，我开始注视自己的父辈，并以此推测自己未来的人生。

张：写作之前的工作经历对您的写作之路有什么影响？

王：我做过十五年铁路职工，然后转到专业写作。那段工作经历充斥着世上所有工作能够带来的情绪——这么说可能夸张了些。十五年里我换过多个岗位，包括测量工、合同管理员、业务员、文员、办公室主任、通讯报道员，同时兼任过装卸工、劳保管理员、长期给领导办公室打扫卫生的保洁员。每一样我都呕心沥血地干。很多时候我痛恨这些过往，但它们对我从事写作影响巨大。从童年开始，我就认为自己是一个观察员——那些经历，我既是当事人又是旁观者。十五年的铁路职工经历也是如此。虽然一直没从事过行车系统的工作，但我做过的所有工作都是围绕火车这个庞然大物在进行。简而言之，十五年，我一直在做跟火车有关的边缘性工作，隔着一段距离，去观察那个快速穿行在时空之中的庞然大物。我的许多小说都以火车为背景，在我心目中，再没有什么比火车更具备时空感的事物了。机械、金属、移动、速度、陌生人群、各种故事、不可知的远方……它集合了小说所需的元素，将是我永远的道具。对于它，我的想象力永远不会枯竭。

张：作为一位山东作家，您的家乡及成长环境对您的写作有什么影响？

王：我出生和成长在农村。在 20 世纪 70 至 80 年代的胶东农村，人们免不了要忍受贫穷和饥饿。一切的苦难——包括现在看来不可思议而当时却很平常的死亡、疾病、爱情和家庭的不幸、各种分崩离析，实际上都源于贫穷。围绕贫穷的那些鞭打已不仅仅成为烙印，它们更是写作这棵大树深埋于泥土里很重要的根。很庆幸，作为 70 年代初出生的一代人，我们比父辈多了一条考学的出路。我永远忘不了"考学带户口"那段难忘的经历。

张：作为一位女性作家，您觉得您在对于爱情、婚姻与自我的表达方面与男性作家有什么不同？

王：通俗点说，更深入全面一些。这种差别来自天性。强调：是深入，不是深刻。能深入地写爱情、婚姻及进行自我表达，并不一定能结出深刻的果实。沈从文是男性作家，《边城》《丈夫》的深刻却在多数女性作家之上。

张：每位作家心中都有自己的楷模，您认为什么样的作家是最优秀的？他们应该具有哪些品质？

王：一方面必须是这个行当里的天才，几乎是那种提笔就能写，写出来就与众不同的人。另一方面，他们独特、智慧、神秘，有点偏执和理想主义，我认为这些都是成为优秀作家必不可少的气质。我喜欢读作家传记和生平之类的文章，尤其是西方作家的。他们从童年起就与众不同，此后一生都在走与众不同的路，比如赫拉巴尔。在我们的经验里，像他这么随心所欲地更换工作，简直不可想象。

张：您认为一部优秀的作品应该是什么样的？您最喜欢的一部作品是什么？它对您的写作之路有什么影响？

王：每个时期都会有一些作家及作品对我产生深刻的影响，我观察和感受他们的视野、聪慧，转回头来对自己提出新的要求。罗列一些吧：赫拉巴尔《过于喧嚣的孤独》、托尔斯泰《战争与和平》、蒲松龄《聊斋志异》、卡达莱《谁带走了杜伦蒂娜》、马尔克斯《世界上最美的溺水者》、沈从文《山鬼》、辛格《泰贝利和魔鬼》、爱伦·坡《大漩涡底余生记》、卡尔维诺《树上的男爵》等。

张：您认为女性作家的想象力与男性作家的有什么不同？这种不同对他们的写作会有什么样的影响？

王：女性作家想象力的投放，可能更为局部、细腻一些。马尔克斯的《百年孤独》、拉什迪的《羞耻》、卡达莱的《亡军的将领》这些作品中呈现出的想象力和甫一开篇的气象，仿佛就不属于女性作家。但这并不是说女作家的想象力逊色于男作家，我不这么看。恰恰相反，奥地利女作家伊尔莎·艾兴格《镜子的故事》所表现出来的想象力，男性作家恐怕是要望尘莫及的。残雪的独特，也无法被任何一个男性作家模仿。这种不同赋予了女性作家一种专有权……通俗一点说，男性作家那种宽广的想象力，女性作家大概也可以拥有——从理论层面分析是有这个可能的，可以仰赖专注进入和刻意训练。比如艾兴格写战争人性的短篇《被拆开的军令》，就有不逊于男性作家的广度；但反过来，女性作家独特的幽细想象力，男性作家想具备的话可能会很难。

三、槐花洲，彼岸灵魂的追寻

张：您的短篇小说中很多次出现了一个叫槐花洲的地方，为什么要取这样一个名字？它与人们心目中的伊甸园或者桃花源是一样的吗？在您心中，槐花洲应该是一个怎样的地方？

王：我们村附近有一个村庄名叫棉花洲——我感觉很奇怪，那里并不生产棉花。我极其喜爱"洲"这个字，它不同于庄、村、镇、屯、泊。洲的字面释义是水中的陆地，单凭这一点，就足够让它具有不同于庄、屯等的神秘色彩了。我的故乡槐树很多，我喜欢它们开出的一串串不张扬的槐花。另外，自古以来那些对于植物的描摹中，文人们对槐树可是不吝笔墨地赞赏——它是君子、文化、科第吉兆的象征。槐花洲被我多次用到小说中，似乎已经成了王秀梅的代名词，我很高兴。你完全可以把它跟伊甸园或桃花源联想到一起，因为它的确寄托了我的一种遁世情怀。《去槐花洲》《再去槐花洲》《浮世筑》《见识冰块的下午》等小说中，槐花洲但凡出现，都是现实之外的美妙之境。它让我的小说在现实叙述中偶尔空灵一下，而这偶尔的空灵，正是我所追求的力量所在。

张：您的小说集《去槐花洲》中有大量对于梦境的描绘，短篇小说《去槐花洲》《后来》等的结尾都在告诉读者这是一个奇怪的梦或者不存在的东西。您是如何看待梦的？

王：梦是一种无法解释的东西，它不仅跟人的思维、欲望、行为相互观照，更超越它们而存在。它是时光回放机、现实再现机，还是神秘而可怕的预言大师。它跟现实之间的关系有时紧密如同孪生子，有时又疏远隔膜如同火星之于地球。这样的关系正是小说与现实之间的关系。小说是创作试图用个人经验来表达多数人的现实，但它终归不是现实——好了，这就是梦境与现实的相同与不同。无法计数我做过多少梦，有时它们有始有终有情节，简直是一部完整的小说。我睡着，实际上是到了另外一个跌宕的时空之中。有一次我醒来后清晰地记得自己在梦中说过的两句话，那真是绝妙极了，我在现实中无论如何也想不出那样的台词。所以，我还能继续操持小说这件事，需要感谢的除了自身有那么点天赋，还有做梦等这些上天赠予的神秘能力。

张：您小说集《去槐花洲》中的作品大部分是书写两性与爱情的，您如何看待爱情？您的爱情经历对您的写作有什么样的影响？

王：爱情是每个人都要经历的情感。实际上，我认为，不一定非要经历多么非凡的爱情才能影响到写作。当到了某个物理年龄，爱情已不再是吸引你的东西，而它却是永恒的主题。你即便没有经历，也永远表达不完；反过来说，就算经历得非常多，你也永远搞不懂它是个什么东西。这好比死亡，不一定非要经历了才能写好它。我似乎在打太极……面对这样的问题，应该允许打打太极。

张：小说集《去槐花洲》中的十篇小说里有很多小说模式，可以看出您在不断追求写作模式的创新。您心目中理想的小说模式是什么样的？您如何看待中国当代作家小说模式的现状？

王：是的，我一直在这么做。有人曾为此给过我忠告，希望我能有自己固定的特点。换句话说，他们可能认为我的写作模式东一榔头西一棒子。我并不否定那种只要落笔不超过十个字就能让人读出作者是他的作家。这种作家分两类，一类是相当成熟和成功的大师，有可能是尝试了无数的向度，最后选择了仅代表自己的一种模式，也有可能是上路之初就幸运或者极具判断力地认准了某种模式；另一类，他们或许没有意识到这个问题，或许意识到了但是缺乏能力解决。我追求多样化的写作模式，原因主要是我在尽可能地试图发掘自己到底有怎样的能力。另外，那些不可知的新鲜模式总在吸引我。中国当代作家的小说模式跟西方相比自然有极大的差距，被定义出来的概念化左右了作家的判断，这很可怕。另外，中国作家的想象力基础本来就差，而且还有种本能且顽强的自我禁锢，不是短期内能改变的。

张：今后您还会继续创作有关槐花洲的作品吗？您是否打算把有关槐花洲的作品联系起来，写一部长篇？

王：当然！槐花洲是王秀梅的符号，永远的。只要我还在写作，槐花洲就是我所有小说的母体、来处、依靠。它会无条件地被我用各种故事填充和装饰。写一部联系起有关槐花洲所有作品的长篇……这简直是一个美丽的梦，我会做的。

四、童话、女性与魔幻主义

张：您的很多小说都采用一种超现实的方式来呈现，故事内容看似远离真实的生活，但又时刻与我们的日常活动相联系，有的小说充满童话色彩。您认为您的小说与童话的关系是怎样的？童话对于您的写作有没有特别的意义？

王：我一直反对把小说操持成一台现实刻录机。那只是它所具备的功能的一种，而不是全部。它首先应该是一件迷人的艺术品。您说我的小说充满童话色彩，可能源于我把自己对小说的认识本能地注入了字里行间。童话，单单让这两个字在唇齿间停留片刻，就会立即被它迷倒。它之所以迷人，正是因为它既现实又超现实，而且，超现实的那部分寄托了我们所有的理想主义。每个作家都应该有童话情结，甚至应该在适当的时候写一写童话。我有这个欲望。

张：您很多小说的结尾耐人寻味，您认为好的小说结尾应该是怎样的？

王：我对小说的结尾有近乎偏执的追求，并且总是力求一种意料之外的效果。有人可能简单认为这是技术控的表现，但实际上并非如此。在我看来，所有小说情节的推进——无论以现实或超现实的哪种形式——目的都是走到结尾时能够耐人寻味。

张：读了您的小说，我总体的感觉是里面有着大量荒诞、戏剧化的情节，这些情节表面上看或许普通细微，但是却往往表达着故事背后的一些哲理，引人深思。您认为这种西式写作思路是不是中国作家在自己写作道路上的新探寻？您认为中国作家应该如何拓宽自己的写作模式？

王：这个问题，我在多年前就曾被问到。他们问我是不是深受博尔赫斯的影响。而说实话，那时候我初生牛犊不怕虎，几乎没读过书就兴致勃勃地写了起来，根本不知道世界上有个名叫博尔赫斯的家伙。我写了很多年才开始读西方作品，所以我大概是古怪的个例。作品中之所以有疑似西式的色彩，也只能说明文学感觉和思维是超越国籍而共通的。当然，在恶补了一些西方小说的阅读功课之后，我对其文学表达也有着跟其他作家一样的神往和迷恋。大概很多中国作家都在努力把中国化的西式写作思路作为探寻自我写作道路的敲门砖，这没什么不好。拓宽写作模式……这不好说。我始终认为，那些一流大师都是天才，永远不必考虑拓宽这样的问题。需要考虑这个问题的，却往往终其一生都找不到答案。我当然也属于后者，而且我知道这个队伍有多么庞大，所以平时我会明智地不去想这个没有答案的问题。

张：您的很多作品都以心理学、荒诞性、悬疑性情节为主要脉络，在对读者有很强的刺激性同时，也为文学创作开拓了一定的创新空间，更体现了女性作家独特的感知视角。您是怎么想到要进行这种类型的写作的？在今后的写作过程中，您会继续对这种写作方式有所创新吗？

王：我对自己的写作从一开始就没有任何规划，是属于跟着感觉走的那种。大抵还是那个原因：我对自己到底有什么能力感到好奇。几乎是从写第一篇小说开始，我就意识到我有想象力、虚构力和逻辑性。当你有这些素质的时候，它们是不肯老老实实待着的。所以，之前相当长的时间，我处在一种无意识的写作状态中，写作就是为了给想象力和逻辑性充分的自由。从《父亲的桥》开始，我有了控制力，并从中尝到了甜头。有控制才有美感。今后我当然会对这种写作方式继续创新，但一定是在控制的前提下。突破自我是我常考虑的一件事情。每个作家都希望自己的作品不跟别人雷同，就像女人不希望跟人撞衫一样，但要具体实践却很难。在没有找到更好途径的时候，我还是决定不停下，一直写。我不属于那种写几本书就可以一辈子拿来啃老本的作家，另外，重复也有助于发现。如果我停下了，那连重复的能力也没有了。

张：您的小说《父亲的桥》《浮世筑》是写父亲和母亲的。现实生活中，您的父亲与母亲是什么样的？这两个故事中有没有您父母的影子？如果您以后继续这类作品的创作，写作的方向将会指向哪里？

王：现实中，我的父亲不是知识分子，是一个曾经当过十六年村支书的人，年轻时走南闯北过；我的母亲只是一名农妇，但年轻时曾在烟台一家轴承厂上过班，相比普通农妇，也算是见过世面的。《父亲的桥》和《浮世筑》中，严格来说，我父母的影子不多。但我在写的时候，脑子里想的全都是我的父母，这很奇怪。这类作品，尤其是以缪一二为主人公的作品，我陆续又写过几个，还会继续写下去。方向基本会跟《父亲的桥》《浮世筑》保持一致，成为一个类型。

张：蒲松龄写过《聊斋志异》，莫言的作品有一种魔幻现实主义的写作特色。这些作品对您的写作有什么影响？在很多人眼里，山东应该是一个很正统的地方，您认为是什么让山东作家拥有了如此奇妙的想象力与文学创作能力？

王：我尤为喜爱蒲松龄，《聊斋志异》对我的写作影响很大。去年在大学里的一场讲座中，我花很大篇幅表达过对蒲松龄的赞美。儿子读小学二年级时，我就让他读《聊斋志异》。蒲松龄是想象和智慧的天才，但如果你认为他那些精短的小说只是在讲故事，那就太简单了，我认为他还是中国最伟大的哲学家之一。山东当代似乎一直出乡土作家，所以人们惯常会用地域来圈划和定义山东作家。诚然，这有很多的道理可讲，但毕竟不能成为标准。长在同一块地里的蔬菜，不一定必须是同一个品种。另外，山东自古以来也并不是通俗意义上特别正统的地方，战国时期的高等学府——稷下学宫，设在今天的淄博，容纳了诸子百家中大多数主要学派，汇集了天下贤士多达千人。他们天天阐述见解，彼此碰撞，创造了空前的艺术繁盛之景。所以说，山东其实自古以来就是百家争鸣之地，出现蒲松龄这样的天才简直是再正常不过了。这个问题提得特别好，给山东作家带来思考：如何重现老祖宗百家争鸣的风采。

五、文本世界探寻与文坛现状解读

张：读了您的一些中短篇小说，感觉您的小说写了很多日常生活化的内容，可以看出您是一位对于外界的感知非常细微敏感的作家。您如何理解小

说与生活的关系？您的小说素材一般取自哪里？小说中有您自己的影子吗？

王：小说与生活的关系很简单：小说试图表达生活，而它表达的又不仅仅是生活。我的小说素材取自自身和外部——自身的成长经验、外部的所见所得。我的小说中当然有我自己的影子，或者可以说，我行走在那些小说里，只不过经常更换名字、容貌和身份，性格经常裂变。

张：您小说《浮世筑》的题目有什么特别的含义吗？

王：这个题目首先贴合作品要讲述的内容。父亲在不可避绕的浮世之中，试图修筑有别于浮世的栖身之所。实际上，我很不喜欢题目成为小说的注解，但这个小说题目我却很喜欢，因为它在完成注解使命的同时，本身还多少带有些哲学意味。

张：中篇小说《一棵树的死亡方式》以一棵树的口吻为我们讲了一个关于亲情、爱情、背叛、重逢及各种人物的故事，可以说这是一个成年人的童话故事。您是怎么想到站在一棵树的角度来写故事的？在小说的结尾，这张由一棵核桃树做的床在临死的时候仍然挂念着以前和现在的主人，他的这种爱心与善意让每一个读者都感到敬佩。一个没有生命的物品尚能如此，何况我们人类。您最想通过这部小说表达一种什么样的思想？

王：有段时间，我着魔般地想站在一切非人类的角度来写故事。比如一个摄像头、一只猫、一块沉默的石头。因为我认为换成这样的角度，小说一定会有质的变化，所以就有了《一棵树的死亡方式》。我想通过这部小说表达的是，世间万物都有生命和思想，也都会死亡。它们的生和死由于不像人类那么大张旗鼓，因而更有沉默的巨大美感和痛感。

张：在《寻找灵魂相近的人》的创作过程中，您是如何在生活中找到马茫式人物灵魂的典型的？您认为马茫和王伟的灵魂是相近的吗？您认为如何才能塑造好一个典型人物，以帮助读者寻找到自己的灵魂？

王：在生活中，像马茫这样的人应该比比皆是。我身边不一定切切实实有这么一个人，但他的呼吸、他的生活方式，我闭上眼睛就能感受到。马茫和王伟是两个人，他们在尘世中找到了彼此，实际上找到的不是相近的灵魂，而正是自身。所以说，他们又是同一个人。这是我写这个小说的着力点。说到底小说是塑造人物及其命运的，判断这个人物塑造得是不是典型，能不能供读者寻找到自己的灵魂其实很简单：先要让这个人物把自己感动。我写完结尾那句话——在黑夜中，马茫感到他有几次看到了王伟，那熟悉的、瘦棱棱的身影忽隐忽现，马茫感到，那真他妈的像他马茫自己的肖像——差点掉下眼泪。

张：《鱼咒》讲了我与李成就分别吃了鱼的头和鱼的身体，变成了水里的鱼。到了最后，李成就想号召世界上所有的鱼征服人类却失败了。您想通过人变鱼体现什么？

王：我写这部小说，首先自然是想写人与动物的关系。另外，更重要的是想表达一种因果观念。佛教中的三世因果、六道轮回蕴含着丰富耐解的人生哲学，不能简单以迷信论之。在这部小说中，人只有变成鱼，才能切切实实地体会到因果转换、轮回之苦，应有的人性才会复苏。

张：爱情一直是作家津津乐道的永恒话题，您在《回南方》中写爱的时候，没有直接描写人的爱情，叙写的是一对家燕的爱情。这样写或许有您的理由，请谈一谈。

王：我一直对自然界中人类之外的生物——特别是这些生物的情感和思想——存有好奇。比如我们知道有些动物一生对爱情非常坚贞，一夫一妻，至死不渝。某种程度上来说，这些动物的情感比人类可靠和纯洁。这么美和纯洁的爱情，我们人类为什么不能去赞美和叙写呢？

张：《虚构的卷宗》可以说是题材背景非常宏大的一部小说，您是否在尝试着写一些有关民族国家历史等宏大题材的故事？

王：《虚构的卷宗》应该还算不上尝试吧，只能算远远地探了一下脚，并没有够到那块神秘的区域。大概因为距离的原因吧，那块区域对我是有极大吸引力的，我会尝试。

张：可不可以把《虚构的卷宗》看作描写命运的小说？您如何看待命运？

您是如何把命运植入小说中的？

王：可以。成熟的作家，实际上不用刻意去做，都会本能地把命运植入小说之中；初写作的作家，在经过一段时间的训练之后，也会有这个自觉。因为小说的主要功能就是揭示命运，无论短篇、中篇还是长篇，无论在写故事还是人物，实际上归根结底都是在描写命运。至于写得好不好，那是另外一件庞大综合的事情。

张：《往生》中的小女孩那奇妙的想象力让人折服，她说自己前生是一棵槐树。也许随着年龄的增长，我们逐渐变成了"俗人"，可是我们每个人的心灵最深处仍然有着对万物的体察与感觉。您认为人类与世间万物存在着一种怎样的关系？

王：是的。我相信世间万物都有来处，而且死后会有归处。只不过你所承担的那个角色有限期，限期到了，你就得交付出去。这种说法看起来似乎很迷信，但我认为一个作家应该有这种美好的联想，作家的思想应该是庞杂的、根系化的。人类与世间万物，不仅是相生相靠的关系，我愿意把其他生物都看作人类的前生。它们美好、简单，没有经过漫长进化后逐渐积累的那些恶。所以，人类与它们相处的时候，应该怀着一颗敬慕而自省的心。

张：《往生》中最后一段写，"女孩不知道，随着年龄的日渐增长，她了解人世间的事情越多，关于她前生曾经是一棵树的那些记忆就会遗忘得越多。终有一日，她会忘掉前生所有的事。孩子是上帝送给人世间的礼物，他送他们到每户人家去的时候，必有不同的途径和方式，但所有这些孩子，最终都将挣脱这些隐秘的来历，变成彻彻底底的人，跟马路上任何一个大人一样"。这种"前生记忆"有何寓意？

王：在创作的时候，类似于寓意这样的想法并不明晰。但作品完成后，我会拿客观的眼光去打量它，那时候，可能会打量出一些寓意来。我认为，"前生记忆"每个人都有，只不过随着我们进入新的角色，这种记忆注定要遗失。而这个遗忘的时间究竟要多久，长或短暂，我不知道。我只是愿意相信，每个天真烂漫、对世间万物尚能投注童真目光的孩子，都应该有这种记忆。等他长大了，变成一个复杂的社会人，就不配拥有这种美好的记忆了。

张：《回南方》这篇小说末尾提到了沟通的话题，"他非常失望，因为没把他和母燕子的想法，充分地表达给东邻那一对显然很有爱心的小两口。他们的老主人到底怎么了——这件事情，想要了解清楚，唯有人类才能做到；作为两只燕子，他们无能为力"。您是怎么认识人生活中存在的隔阂的？

王：隔阂无处不在，有些就像《回南方》中燕子和屋主人的隔阂那么深。这不是露台门窗的问题，不是语言的问题，不是情感的问题。我把这个问题放在露台上，放在两户紧挨着的邻居身上，他们的露台共用一个栏杆。在这紧挨、浓缩、逼仄的空间中，隔阂就被无限地放大。这是现代人的真实状态。

张：《陈北坡的火车》这篇小说写了有关亲情与人性的故事。陈北坡在追寻自己傻姐姐的过程中，在城市的最底层经历了很多痛苦悲伤的事情，最后的结局也是悲剧。他潜意识中对于女性的依恋与热爱，以及那种"畸形的爱"，让他在寻找救赎的过程中得到了永恒。您如何评价这部小说？

王：我首先会想到一个词：悲悯。陈北坡这个人物，从头到尾都让人想到悲悯。无论是他对外部世界天真的好奇、他逐渐经历的那些痛苦悲伤，还是他对女性的依恋与热爱，无不让人心生悲悯。悲悯是这篇小说的特点。

张：请谈一下您对当代中国文坛的看法。

王：文坛很浮华，浮华绝对是反文学的。我认为重要的一点是，还创作以真正的自由。这个自由，指的不是具体的文本，而是环境。把话语权真正地交还给文本和作家。一个心态成熟的作家应该平静看待所有的无常。一切浮华都是暂时的，最终，文学还是个人的。到最后，考察一个作家的唯一指标，是其作品能否经受时间的残酷捶打。

张：请您谈谈对"70后"作家创作整体现状的看法。您是否认同"70后"作家处于历史夹缝，处于被遮蔽的尴尬状态这种观点？

王："70后"作家的尴尬状态，似乎多年来一直是一种共识，但近几年我的看法有所改变。21世纪之初，大量"70后"作家涌现的时候，我们可以说自己处于历史夹缝，甚至可以为自己振臂一呼。但到现在，我们拿出什么有力的证据来证明我们被遮蔽了吗？没有。

张：作家需要不断地突破自我创作的瓶颈与固化的写作思维，您觉得真正制约女性作家写作的是什么？

王：气象，跟前面谈到的想象力有点类似。《百年孤独》《战争与和平》这样的气象，女性作家如果能突破自己进而达到，那一天，我们就可以骄傲地说，世间没有性别之分。

但这太难了。男性与女性从人类诞生之初就有了主体和客体的分别，这不仅仅有社会原因，更有生理原因。波伏娃在《第二性》中那么深刻地分析了女人为什么不能创造各民族的历史，女人之中为什么没有出现莎士比亚、托尔斯泰、陀思妥耶夫斯基这样的大作家；另外她跟萨特之间有那么伟大的爱情，并被萨特视为在智力水准上最理想的对话者，但实际上，她依然没有改变自己的客体地位。

张：您未来一段时间有什么创作计划？打算在哪些方面进行新的尝试来突破自我？

王：我对时间和年龄节点很敏感。在 38 岁和 39 岁那两年，我寝食难安，野心勃勃，想要制定和实现一些创作计划，向自己的 40 岁献礼。如今，40 岁过去了，我就变得随遇而安了。但近来思考了自己的写作方向，也可以用您这种说法：尝试突破自我。主要考虑的是写作题材上的向度问题，这方面要有所突破的话，必须寄付于长篇。而长篇不是说写就能写的，写长篇是一个系统工程，可能要花上几年时间让思考逐渐走向成熟。您的提问如此周密细致，面面俱到，有很大一部分是我平时没有想到的。回答它们的过程又把我掏空了一次，却让我又重生了一次。这几天在研究 2015 年冥王星逆行对星座的影响，所有星相学家对待冥王星这颗小坏东西逆行的解释主题就是，要克制、忍耐、冷静，寻求转机。简言之，"重生"。我喜欢这个词。

周瑄璞：
因为热血的流动而去爱

一、生活经历与文学创作

张丽军（以下简称 "张"）：作家的童年经验往往会影响其一生，能否谈一下您的童年生活？什么是您最早的文学启蒙？是什么促使您走上了文学创作之路？

周瑄璞（以下简称周）：我出生于河南农村，在家乡跟奶奶长到九岁，转学到西安跟随父母生活，也就是现在人们说的留守儿童。长篇小说《多湾》里，我奶奶是主人公季瓷的原型。童年生活塑造一个人的人格，形成人的世界观，伴随耳畔的奶奶的故事、传说、歌谣，可能是我的文学启蒙吧。当然，或许更是与生俱来的性格因素让我天然地投入了文学的怀抱。

张：请您谈谈童年故乡的具体地名、奶奶的姓名，以及奶奶讲的难忘的故事。

周：我的故乡是河南省临颍县大周村。奶奶名叫李英，爷爷叫周长安。奶奶讲的传说有关公冶长、孟姜女、梁祝、嫦娥。还有很多关于日常生活的故事，大都是教人行善积德、忠孝仁爱、信守诺言、勤奋进取的。这些对于我人生观的树立起到关键性的作用，让我知道，不论遇到任何挫折与困境，都要做个好人。她讲得合辙押韵，对仗工整，易于铭记和传颂。如，福是积的，祸是作的；走遍天下端起碗，搁着勤谨搁不着懒；只吃过天饭，不说过天话；啥贵不吃啥，谁烈不惹他，绣花鞋不踩臭狗屎……非常多。遗憾当时年纪小，没能把它们记录下来，那时也没有什么整理民间歌谣的人，那些类似民歌的韵律都亡佚了，能记下的只有故事情节。只记得她讲到梁山伯扑到坟前与祝英台一起化作蝴蝶（我老家叫作扑棱蛾）翩翩起舞，声音、色彩俱现，情景非常动人。一个几岁孩子的心里没有爱情的概念，只是觉得那场景奇妙绝美。祝英台与男孩子一起上学，到了夜间和衣而眠，让我觉得好玩又神秘。讲到公冶长落难，性命将要不保，他当年救过的蚂蚁连夜赶来帮他分拣谷子和芝麻，将这个几乎不能完成的任务丝毫不差地赶在天亮前做完。报恩的蚂蚁黑夜里的赶路，有条不紊的劳动场面，分秒必争的忙碌……那大段的描述语言简直是宏大叙事呢！每次听到那里，我都会激动得快要落泪；到最后听到公冶长获救又非常开心。这就是我们文学作品中经常表达的拯救、报恩、诺言这类主题。长大后读《悲惨世界》，看到冉·阿让去救助柯赛特，我就想起奶奶讲的那些故事。

奶奶的人生哲理都来自日常生活和时光流年。记得童年生活宁静而寂寞，大年初一天亮时分，我和奶奶从梦中醒来，那是她一年里唯一不起早的一天。我听到远处零星的鞭炮声，就像架子车行走时挂钩碰撞车身的噗噗声。上午，我俩在堂屋对坐，阳光照进来。实在没事干，我说，我去写作业吧。奶奶说，今天不写，大年初一，驴马歇一。生火做饭时她说，人心实，火心虚。关于学习她说，世上没有读书好，世上没有读书难。关于做人她说，憨一点好，太精太能就又成憨子了。

随着年龄增长，我越来越觉得奶奶的话都是真理。

张：从农村来到城市，从河南来到西安，当时幼小的您是如何适应这一重要转变的？请谈谈到西安后的中小学生活及其对您的影响。

周：记得最清楚的是与父母的隔膜。从小没有在一起生活，有陌生感，不愿与他们交流，外部世界所有的一切在自己内心聚集，这或许是我写作后迷恋心理描写的原因。小小的孩子已经觉得自己很大。当时我们几个孩子没有西安户口，在那个一切凭粮本生活的年代，吃高价粮，生活也很困难。我能明显感到与同学的物质差距，非常自卑。这或许就是海明威所说的走上文学之路的原因吧，"源于童年的自卑"。这种心理落差好像是使一个人爱上文学的强大动力。当然，也得益于我父亲爱好文学。家里常年订的报刊有《小说月报》《八小时以外》《儿童时代》《少年文艺》《陕西少年》《中国少年报》。现在想想很奇怪，在当时经济那么困难的情况下，爸爸花钱买书刊竟然从不吝啬。我家刊物和书籍多，我同学放学后常来我家借读。

张：请谈谈您学生时代的生活、阅读与对未来道路的思考。

周：我没有上过大学，工作之后参加自学考试，拿到个大专文凭。

阅读是从小养成的习惯。我对所有写出好作品的人都很佩服和羡慕。那时对工作不满意，一种强烈的改变命运的愿望促使自己走上了写作这条道路。因为除此之外，再没有任何办法可以使一个平民的孩子改变命运了。人的理想只是寻找离自己最近的那条路，当时也没想过要写成什么样子，觉得只要写两下子，能换个工作就行。就像渔夫和金鱼的故事，一开始那个老太婆只是想要个新木盆。其实，我们每个人都是那个老太婆。

我看到所有的梦想一点点开花，以付出青春为代价，这就是我们的人生悖论吧。

我想说的是，理想并不是高尚的东西，它是务实而客观的。我们在追求理想的路上，也不得已在消耗自身。你永远无法做到总是获得而不失去。

张：您曾经做过六年电车售票员，还做过企业报的编辑，对社会的接触也是比较广泛的。请谈一谈您这些年的人生经历和工作情况，您都接触过哪些群体？这些阅历和人生转折是怎样激发您的创作灵感的？

周：六年电车售票员生活，对我是个磨砺和锻炼。那时身处其中，很痛苦，想要离开的强烈愿望带来非凡的动力，让我一刻不停地去学习，去探索，去寻找和等待机会。现在还会偶尔做梦，我在拥挤的车厢里售票，手里的零钱多得抓不住也数不清，不清楚票价，账对不到一起，很着急。我从生产一线考到机关做企业报编辑九年，又调到出版社工作十年，每一步都是凭着自己的努力走出来的，这一点我很欣慰。我生活于普通人中间，像所有中国老百姓一样，过着大家都熟悉的生活，一步一履，并无传奇。我很庆幸生命中有一种向善向上的力量，不放弃，不偷懒，不抱怨。我所阅读过的作品中的主人公：简·爱、约翰·克利斯朵夫、马丁·伊登、裘德、大卫·科波菲尔……

这样自省、奋进的人让我敬仰，我从他们身上得到激励，或者我与他们心意相通，让我一刻不停去追求梦想。每一次失败、挫折和伤痛，将我送往的不是破败、仇恨和扭曲，而是更强烈的热爱、执着和善意。总是有一种力量让我修护自己，清洁自身，完善自我。我非常感谢上天和父母给了我健全的人格与心灵，可以时时感受生之幸运及思考的乐趣。

我要说的是，一个作家的力量更多来自其内心，跟接触过什么人群没有太大或者太必然的关系。如果有一颗文学之心，世上天天有素材，万物皆给人灵感。

张：人们普遍对作家的家庭生活很感兴趣，请谈谈您的父母对您的影响。

周：参见第一个问题，我的人格和世界观的形成主要受我奶奶影响，来自我出生的那片土地。我父亲是从农村求学来到城市的普通技术人员，母亲是农村妇女，不识字，跟着父亲来到城市。像大多数北方农村妇女一样，她一生劳作，懦弱隐忍，从无怨言。我的肉身来自那个不识一字，由一种盲目惯性的力量牵引着生育及劳作的女人，她将我带到这个世界上，她就是我的女神。随着年龄增长，经历了很多事情，我对世间万物充满敬爱，也对她无限感恩。但我的性格更多像我的奶奶，虽然她也不识字，可她是个了不起的女性。她聪明、坚强、能干，散发着强大的能量。希望你在《多湾》中结识季瓷这个人物。

张：您身为人妻、人母，每天除了忙碌公事外，还要顾及自己热爱的写作事业。您的长篇小说《夏日残梦》就是在非常艰难的状况下完成的，因为要照顾家庭，您一度中断了文学事业。面对今天的成就，请谈一下您是如何处理好家庭和写作之间关系的。面对外界因素和家庭琐事的干扰，您在创作道路上笔耕不辍，写下了很多优秀的中短篇，支撑您创作的信念是什么？

周：成就倒是没有，只是一直在坚持。生活和写作是我人生中最重要的事，相互牵制和影响，少了哪一个，另一个就会失去意义，我要做的就是把这两个事业都经营好。为此，别的可以忽略。我很少参加社会活动和应酬，要保证我的孩子放学进门就吃上可口的饭菜，如果有推不掉的事情，我会先将饭安顿好再出门。看似很累，但心里很踏实。我的写作常常伴着洗衣机转动和烧开水做饭进行，洗衣机和开水壶响了，从电脑前离开，应付完它们再回到桌前，刚好也活动身体了。我常常去买菜或散步，走在路边的大树下，觉得这种按自己意愿生活，做自己喜欢的事，不时有小成绩告慰的人生挺好的。

张： 您作为西安古城的代表作家，作品风格与其他陕西作家有着较大的差异。您的作品多以描写女性复杂的情感生活为主，折射当下都市人的生活状态。作为一名女性作家，以您的女性身份和对当今女性的了解，您觉得她们的生存状态如何？

周： 写作永远是个人的事情，每个作家都是独立的个体，不存在站哪个队，归哪个流派。对于"作为西安古城的代表作家"这样的定语，我很荣幸，但实不敢当。一个人的写作，来自个体生命中流淌出来的东西。"作为什么，算什么，会怎样"，这是你们理论研究者的课题。我是做饭的，饭做好端上来给你，我的任务就完成了。

我觉得做女人挺好，生生世世，我愿再做女人。生存状态这个问题太大，以我平凡的人文资质及社会地位，无法高屋建瓴地谈论。我只知道，你所不满的皆是你所庆幸之事的背面，无可取舍与选择，只能打包接受。

张： 您的回答引发了我的兴趣，请谈谈您对女性的理解与思考。为什么说"生生世世，我愿再做女人"？

周： 很简单，因为我没做过男人，不知道做男人有什么好。个人觉得做男人挺苦挺累，而做女人相对轻松吧，没有功名利禄和成就伟业的压力，做好自身，打理好自家生活就好。

二、创作历程和审美嬗变

张： 当今文坛创作快餐化，文学市场化，一些人创作是为着获取经济利益，作品也比较浮躁。您所秉承的创作态度是什么样的？您认为一部好的作品应具备的因素有哪些？

　　周：我们写作，说白了就是追求名利。为了经济利益的创作无可厚非，能通过写作致富也是幸事。假如一个人说自己不爱名不爱利，只是追求文学，那是骗人，我也梦想通过写作获得可观的经济利益。我的创作态度永远是按人性和生活的本质来写，用最高的文学标准要求自己，不会为了钱或其他外在的东西而改变。努力写出好作品，挣钱最好，挣不到也没办法，也没关系。我从来没有富有过，也不知道富日子是怎么回事，觉得现在这样，衣食无忧，能够写作，就很好了。

　　好作品应具备的因素非常多：从文学性上来说，阳光是好，月光也是好；坚硬凛然是好，柔软懦弱也是好；雷霆万钧是好，轻风细雨也是好；正义是好，邪恶也有它存在的道理；纯洁是好，淫荡也当有容身之地；歌颂者尽可放开歌喉，诅咒者必有其痛也应该让其发泄。白天与黑夜构成这个世界，光明和暗处是文学永远的吟唱和交响。

　　好作品的首要标准是真诚，然后才是优美、思想、智慧、哲理。

　　张：您曾经在《经典是永恒的照耀》这篇文章中提到众多文学大师的经典作品，如陀思妥耶夫斯基的《白夜》、雨果的《巴黎圣母院》、托尔斯泰的《战争与和平》、司汤达的《红与黑》等，从经典中感受心灵的激荡。您最欣赏的中外作家有哪些？您又是如何将读到的精髓转化到创作中的呢？在当代中国，您认为一个作家的创作达到了怎样的水平才能称之为大师？

　　周：曾经对我造成震撼的作家很多，我在你提到的那篇文章中已有列举。凡是写出不朽作品的作家，不论古今中外，我都欣赏、崇拜，不自觉学习他们的写作方式。当然以我目前文学修养之粗浅，或许只能做到初级阶段的句式模仿吧。但我能读到他们的作品而心领神会，能让我的读者说，你像某某作家，已经很幸福了。从这一点来说，对我创作有些许影响的是陀思妥耶夫斯基和茨威格——但愿我的列举不至于亵渎这二位大师——我集中阅读他们的作品较多，的确在写作中不由自主地吸收了前者的强大语言攻势，以及后者的精微、细致、繁复、人道主义。

　　国内当代作家的作品我阅读不多，以有限的阅读及对当代作家优秀与否的评判尺度、遴选标准之迷茫，能写什么不能写什么的无知与困惑，不便做出关于"大师"的评论，请谅解。

张：您是否想过今后制定一个长期的阅读计划，有意识地去吸收某些艺术经验，从而充实、丰富自己的创作呢？您认为有这个必要吗？

周：完全有必要，我一直有这个计划，集中时间阅读，并且试图从我完全无知的历史、戏曲、绘画、自然科学等方面吸收营养。我们这一代人生长的人文环境及文化氛围很差，读书太少，传统的东西没有继承上，新知识又接受不到。我们的"童年启蒙""文化启蒙"，想想挺悲哀。一个写作者所要做的，就是试着用自己的眼睛去观察世界，用自己的脑子去思考问题。在文学及文化面前，我永远是小学生，要时不我待地去阅读学习，去思索探寻。

张：您发表的第一部小说是什么？于什么时候？您集中从事文学创作的时间不是很长，便创作出了一系列优美动人的精彩小说，有什么秘诀？

周：我属于无知者无畏，起手就是长篇，于2000年自费出版第一本书，现在看来非常幼稚。我想，不悔少作是需要极大勇气的，恕不详谈。之后出版几部都市情感类小说倒是很顺利，由出版社正常出版。我以为会顺着这个路子，顺利成长为一个在文坛"混个脸熟"的作家。2009年我充满雄心壮志地写出了48万字的长篇小说《多湾》，兴冲冲拿到出版社，以为一颗新星就要从中国文坛升起了，不想遭到拒绝。出版社说，写得倒是好，可太长了，投资有风险。另一家社说，你愿意删去十几万字吗？我拒绝删。还有一家社说，写得挺好，稿子先放下，观察你几年。我心里挺不服气，心想，人家贾老师写得再长你们也不嫌长（当时正逢贾平凹先生的《古炉》问世），不就是嫌我没名气吗？好吧，我放下长篇写中短篇，有点影响再说。瞧我，就是这么天真。人在逆境时的动力是非常强大的，这就是你说的"秘诀"。五六年内，我写出了四五十个中短篇小说，被转载、收入年选、进入小说排行榜者，占一少半。我不知这个比例意味着什么，别的作家是什么情况，只是提供给你，以供参考。在这期间，回头再看我这个长篇，的确有可删减之处。再者，中短篇投稿过程中被编辑不断修改，这使得我敬畏文字，爱惜语言，用中短篇的精准要求来对待一部"长篇巨制"，不时拿出来，一遍遍修改、打量，再放下。我把自己当成那个将要审稿的严苛编辑，直至改到九遍，不用人要求，自愿删去十万字，再投出去，顺利出版。

我想说的是，写出所谓"一系列优美动人的精彩小说"没有什么秘诀，就是凭着一颗探索求证的心，一腔飞蛾扑火般的赤诚和热爱，一股以头撞墙的痴情，加上严谨、细致、耐心的态度。我每一篇小说修改皆在五六遍以上，有的达到十遍，你知道改自己文字改到想吐的感觉吗？你知道夜半醒来突然觉得哪句话怎么改一下更好的感觉吗？你知道一个写作者除了读就是写的日常生活吗？

张：中国现代文学史上，老舍也是一出手就是长篇小说。请具体谈谈您这部长篇小说的情况，如名字、出版社、故事情节、创作构思等。

周：谢谢你给我普及了一个文学常识，可是我哪里能跟老舍先生比呢？对于一本自费书来说，书名、出版社、故事情节这些，现在看来，都没有什么值得说的了。我只是记得那时二十多岁，一个井底之蛙般的女青年，要写我老家村上一户人家的故事，也算是"家族小说"吧。一口气写出十几万字，此情此景，常常回忆起来，顾影自怜。那时我所在的西安市公交总公司，领导非常支持，为本单位能出个"女作家"感到高兴，号召基层单位都来买书。现在只留几本，藏在家里，看到它，就会慌忙移开目光，那是我文学之路上蹒跚学步的留念。

张：几乎每一位作家都有过退稿的打击，您是否经历过？在创作摸索期，您是否遇到过伯乐式的文友或者老师？他们对您的影响如何？

周：我想，这世上很少有未被退过稿的作家，我当然时时经历着退稿。同样一个稿子，这个编辑喜欢，那个不喜欢，这很正常。编辑想发现一个好书稿的愿望和我们想发表小说的心情一样迫切，能退你稿一定是有道理的，证明稿件有这样那样的不足。凡是退我稿的，我都很感谢他们认真读过，给我提出了意见。他们的拒绝也是真诚的。我有好几位期刊编辑朋友，是退稿"退"出来的，有的至今还没有采用过我的投稿。当然，我还会继续投下去。生命不息，投稿不止。这是个磨炼自己的历程，让我学到了很多东西，也使得我们更加相互尊重。

帮助过我的老师很多，恕不一一提及，凡是对我有过指点和鼓励，提出过劝告及批评的老师，我都记在心中。2010 年春天，在鲁迅文学院的学习对我促进最大，是我创作道路上的一个重要节点，打开了一扇窗，让我在一个大的领域内看到了自己的差距。我本人只有大专学历，起点很低。结识那么多高水准的老师，得到他们或多或少的指导，这是我最为珍视的精神财富。

张：您认为长篇和中短篇小说最大的区别是什么呢？

周：以我个人之见，中篇小说着重讲故事，截取一个或几个人物一段时间内的经历。短篇更多讲情绪、情境、片段，我电脑上有个文档叫"碎片"，专门写脑中一闪而过的文字，多者几百字，少者几十字，它们最终都出现在某个小说中，有时为了某一段"碎片"，我会写一个短篇。写短篇是对作家的挑战，没有故事也能写，也敢写，足以见证一个作家的勇气及艺术素养。而长篇小说是对一个作家的综合考量：语言、故事、时代、命运、人生、哲思……直至最终，你要在一部长篇里完成自己人生观、世界观的书写，完全交付自己。长篇就是综合讲述人是怎样活着的，你作为一个写作者的任何优长及短处都会从中体现出来，没有遮掩和保护。

张：具体而言，您是什么时候开始小说体裁类型上的转变的？这个转变过程中，原来的长篇小说写作带给你中短篇小说创作的经验、优势和内在束缚、劣势是什么？

周：写长篇起手，我的长项是有力量，语言上有优势，那些喋喋不休的文字可以天女散花一样变作"闲笔"。一开始写中短篇常常把握不好，一个点展开不容易收回来，作者太强势，常要跳出来指挥人物，对笔下的事与人指指点点，爱发议论。这些在长篇里或许可以被允许，但中短篇字数少，有时候出现这些就是败笔。大段语言常常被删去，不过不会浪费，就像是回收书本报纸一样，它们归于"碎片"，可以被打成纸浆，存到库里，用到别的小说中。

张：您认为一位作家如何才能让自己的文字新鲜呢？您又是如何做到的？

周：永远学习，永远思考，对生活及文学怀抱初见的热爱及孩子般的好奇。

　　张：对形式的自觉，对艺术表现多种方法的尝试，通常也是一个作家走向成熟的必经之途。您的有些短篇小说在艺术探索中具有形式实验的意图，有较多穿插和跳跃，意识流的结构手法纯熟流畅。您是如何灵活驾驭这些形式实验的？又是如何处理形式和内容之间的关系的？

　　周：如果你足够爱一个人，爱得痴迷，是不是会每天早上起来第一个想到的就是他，晚上睡前最后一个意念也是关于他？如果对文学也爱到这个程度呢？吃饭、走路总在想着这件事，难道有做不好的吗？至今我驾照已经到手几年，车也常常闲置，却不开车，当然也是因为对驾车不感兴趣，但更重要原因是我总在想事情，脑子里常常是一些人物与构思。人在现实环境，心中却是另一个世界，总怕开车走神就麻烦了。人生短暂，集中精力做好一件事是很幸福的。

　　张：在《疑似爱情》中，您借丁朵朵之口道出："现实更为复杂，深沉，有意义……每个人的欲望，或者理想都是无止境的、痛苦的，永远追求就永远痛苦。"看过您的小说，我觉得您是鲜明的"经验型作家"，小说人物之间的纠葛和您的生命状态联系得分外紧密。您是如何看待作品中的自传色彩以及经验书写的？

　　周：一个作家一生都在写自己。就算是写别人的故事，可人生体验、人性规律难道不是自己的吗？人类做出来的所有坏事与好事都是人性的映射，魔鬼与天使皆潜伏在我们每个人身上。这个星球上的世代人类，其实都在与人性这个命题荣辱共存。他人的困境就是我的困境，他人的苦乐也会是我的苦乐。难道我们哪个作家还能创造出一套非人类的东西吗？既然是这样，那么，他人即自我，自我即他者。人类经验当然是"通感"。

　　张：您认为，"写作的过程，就是向生活交付的过程。文学的真谛，就是借助不同主人公写自己的生命体验"。您写作的素材大多来自生活中的自我生命体验和内心感受，将来是否会尝试书写自己并不熟悉的题材？

　　周：你不知道前路会与谁人相遇，也不知道哪个题材会进入你的视线。随缘而定，一切皆有安排。每个作家的写作，都跟其几十年的生活有关，或许一个故事或题材某个时刻就能被触及，内心的储藏，点燃灵感的火花。

三、深掘爱情叙事的艺术张力

张：较之于都市的繁华阔大背景，您笔下的故事多发生在狭小封闭的空间。以这种巧妙的写作策略走入都市女性的私密空间，更易于展示女性不为人知的隐秘世界和经验。请您谈谈写作策略。

周：没有什么"巧妙的写作策略"。作家仿佛置身一个手工作坊，没完没了地试验，就像聚斯金德《香水》中的男主人公格雷诺耶，孤军奋战，一次次试验、配比。就像我们欣赏哪个建筑多么精妙，大片民居带给我们美的享受，但是当初建房的人没有想到这些，只是要有房住。我的意思是说，创造是艰苦、有功利性、伤痛劳累的，而欣赏是轻松、美好、愉悦的。一个作家在写作中，是用痛苦和血汗在拼，于失败和打击中摸索，一次次自舔伤口、重整旗鼓。我最理解"呕心沥血"四个字的含义。

文学是审美的艺术，作家要一直探索，将有限的文字组合出无限的可能，使之更符合审美趣味，而不是迎合低级趣味；要能唤醒人类的尊严、激情和美好，还要有自己的特色，而不是面孔模糊。

张：您大多数小说都在讲述都市女性的爱情故事，记录了她们深陷爱情与欲望圄圄之中的婚姻变化和点滴人生轨迹。您没有过多的道德批判色彩，而是给予理解和袒护。您是如何看待女性，乃至人性的这种两面性的呢？您认为爱情和婚姻的区别又在哪里呢？

周：此时的我，要做到的就是试图不被你这个问题所围困、障目。因为大多数时候，这世上的很多问题都是伪命题。你这个问题试图在告诉我，什么是对的，什么是错的，因为你用到了"批判""理解""坦护"这些词语。对于文学和人性来说，爱情只是爱情，与婚内婚外无关。婚姻属于社会范畴，而爱情属于人性范畴；爱情是热血的冲动，婚姻是各种利益综合的结果，这是两个不相干的问题。人类自古以来就有爱情，有两性结合，而婚姻是后来因为种种原因和目的产生的，人们联姻总是有着种种爱情之外的考虑。所以，爱情更符合与体现着人性。我不认为作家对婚姻内外的爱情有评判对错的权利，事实上谁也没有能力确保人类结婚以后就不再产生新的爱情。这个问题过去、现在和未来都无法解决，所以谁也无权评判婚姻内外的爱情孰对孰错。作家只是讴歌爱情，描述爱情，进而讲述人类的欢乐与苦痛，讲述人类试图突破困境所走的路，以及人怎样对待我们这具肉身等一系列问题。

张：您的小说叙事采用一种散文化的笔调，喃喃自语式的吟哦、梦呓般的诉说，或通篇全是抒发内心的感悟，或抒情和叙事交替进行。您为什么选取这种写作方式？这对您的创作产生了什么影响？

周：这个问题有关一个作家的写作风格。我想，写作风格与性格一样，是天生带来的，我们没有可以讨价还价的余地和必要。每个人天然爱吃什么，喜欢什么颜色，喜爱哪个作家，谁也不知道是怎样的密码排列组合决定的。所以提起笔来，不由得就是会选择那样的表达方式。这是一种依我个人能力和水准无法解释的现象，或许能够借此请教各位方家。

有一位期刊总编说，很喜欢我这种风格，因为现在单纯讲故事的小说太多了，有太多这样那样、没完没了的故事，却少有这种文学表达。他所喜欢的，可能就是一种文学之态吧。有一段时间，几位编辑和专家指出我小说磨叽，进入太慢，不吸引人。那好吧，我将手上准备投出的一篇小说删去几千字"废话"（其实文学，难道不是由各种"废话"组成的吗？），发给一个期刊。编辑来电，倒是留用了，"可是不像是你写的了，为何变得如此简洁冷静，我还是喜欢你从前那些"。可见，不管你怎么改变，总会有人爱，有人不爱。所以作家还是要坚持自己，让别人读出这是你的风格，这像你写的，这才是重要的。

张：有评论家认为您的小说分为写实和写虚两类，写实类很生活化，充满人间烟火气息，多见于中篇小说；而写虚类很心灵化，多描写女性作家独特的心灵体验，多见于短篇小说。这似乎是您自己都没有意识到的个人写作规律。您如何看待这种评价？请就某些作品具体谈谈。

周：很简单，因为我是啰唆型作家，总要喋喋不休，要在一个短篇中展开故事，对我来说是远远不够的。但凡有点故事，就得想办法炮制成一个中篇。而吃顿饭，乘趟车，会见个朋友，打碎个杯盘，遇见个路人，某个机缘触发，就要写个短篇。如果不让我絮叨，那么写作对我来说就没有了意义。其实一篇小说，如果只要故事，几百字、几千字就能交代清楚，而小说的魅力就在于满篇的 "废话"，在于那些 "没用" 的语言，在于那些谁杀死了张三、谁在身后拾起你的手绢、谁推门进来了之外的讲述。我认为作家就是个说废话的职业，一生追求就是把废话说得有意义，说得有美感。

张：在一次访谈中，您说 "写作最大的困境就是真实。我们所说的真实，也只是相对的真实、欲说还休的真实、犹抱琵琶的真实"。写作不只是还原生活，不只是倾诉，还是一个磨砺自己的过程。您是如何看待生活真实和文学创作之间的关系的？

周：在文学中，真实是最低标准，也是最高标准。在生活中，凡事一落到纸上或一张开口，就会有不同程度的虚假，而只有面对内心时，我们才会完全真诚。真实的考量，只在内心。我们只要问下自己，我敢真实吗？默默想想这个问题，就知道它的重要性及难度了。我记得《文艺报》在介绍张炜的《你在高原》时，有 "作家用罕见的面对真实的勇气" 这样的话；《邓肯女士自传》前言中好像有 "她用了让我们胆战心惊，不敢直视的坦诚"（很抱歉，报纸无法找到，书已赠送友人，无法引用原话，只是大致意思）……邓肯回忆她十几岁时，已经知道在街头表演中搔首弄姿，以期吸引更多观众，给家里换来些收入。试问有几个女士敢于这样剖析自己？我们大多数人只想把自己装扮成一个纯洁、无辜的人，恨不得没有任何不良记录，错误都是别人的，而自己从无卑下和苟且。可见真实是多么困难的事情。或许我们每个写作者一生要面对的就是有没有勇气真实地呈现生活、呈现人性这个问题，尤其是涉及自身的时候。

可是，看看那些真正打动我们心灵的伟大作品，哪一个不是真实地将自身的伤痛、卑微、失败，以及暗夜里的屈服甚至不堪回首展现出来？当然，我说的并不是要没完没了地自挖伤口展示给人看，而是我们面对写作的一个起点。

假的最省心、最光鲜、最无挂碍，这谁都知道。塑料花永不凋落，永远盛开；假景维持长久，恒温不变；假人折断胳膊腿，丝毫不疼；假象温情脉脉、圆润美好，甜蜜蜜无有磕碰，而真相疼痛凌乱、破败不堪，血淋淋让人不忍面对。出于种种原因，我们不能或不愿说出真相，那么，沉默是你的权利，也是你的底线，但绝不能造出假的来示人。你一假，世人都能看出，因为人性的标准全世界通用，你心所愿也是别人之愿，你心所恶也是他人所恶。只有从你内心流淌出来的文字才能进入别人的心灵，所谓共鸣就是如此吧。

生活真实与文学真实，我并不能上升到理论的高度来谈，只是想到了茨威格的小说《热带癫狂症患者》。女主人公为了隐瞒自己怀孕的事实，要在外出一年的丈夫海外归来前抹平这件事，保住她作为一个妻子的名誉，由此展开了一场和时间赛跑的较量。最后，她付出了生命，死之前恳求医生为她保守秘密，维护其贵族的名誉。而那位开始想轻薄她最终已经爱上了她的医生，为了保全她的名声，也情愿付出生命。为什么这个一心做假、试图欺骗的女人最终赢得了爱戴与尊重？因为她做假过程中的一切表现都是出于真情。我想，文学真实和生活真实的关系，我们或可通过此故事有所领悟吧。

张：您的小说以挖掘都市女性的爱欲纠葛为主线，以不同人物时代光影下的心灵动态折射整个城市最真实清晰的生活形态，如《小雪回来》《房东》等。您怎样看待您作品中的这种时代特性？又是如何看待今天的城市生活的？

周：我眼下还没有上升到"怎么看"的高度，我只是有强烈的功利心，要写出一个又一个故事。有段时间，走在路上，坐在公交车上，我都会竖着耳朵听身边人谈话，抓住一两句信息就想写个小说。我这种状态就像恋爱中的人，因为热血的流动而去爱，没有想过怎样看待的问题。作家要写作，就像母鸡要下蛋，孕妇要生孩子，不会先搞一套理论出来，或者写好应对提问的发言稿，再去孕育和生产。

张：您的小说语言代入感强，您有一种从容不迫地还原生活的文字能力。流水式叙述张弛有度，语言具有贴近生活和人物本身的质感，且语言的主观操控感很强，因此能把握住小说的气韵格局。请谈谈您对小说语言的理解和独特追求。

周：语言是一个作家风格的标志，是小说最基本的要求，一个作家应锤炼自己的语言功力及风格。我不能忍受平庸，常常要求自己语不惊人死不休。当然你也可以说这是写作处于初级阶段的表现，那么我们在走到高级阶段之前，还是把这个必不可少的初级阶段搞扎实吧。

其实我觉得，一个作家的语言生动与否，优美与否，是取决于一些天赋因素的。要珍惜上天给自己的这种馈赠，小心维护，使其保持在一个安全、稳定、与你自己互不伤害、相互促进的状态。再一个就是不停地阅读，修习内功，保持语言的灵敏，要让自己一直在状态。

四、对文坛现状的解读与期待

张：纵观您的全部作品，您最满意哪些？您认为您创作的不足和局限在哪？

周：比较满意《故障》《抵达》等几个短篇和长篇《多湾》。不足和局限皆来自阅读不够、思索不深、勤奋不足。

张：小说诞生于孤独的个人，要想创作出精彩的文学作品，需要作家远离喧嚣，选择沉静。可以说，写作是一个相当痛苦的过程，因为需要拒绝很多诱惑，需要挖掘很多深刻的东西，而且无人能够代劳，必须一个人独自完成并且没有任何捷径。在十多年的创作过程中，您是否惧怕过这种孤独？

周：我从没有惧怕过孤独。我独处的时候，是最投入、最丰富、最旺盛、最缤纷的时候。在众人中间，我反而常常不自在，焦虑、走神。一个人在电脑前写作，时间过得太快，整个世界完全属于我，从来没有时间和兴致抽身出来打量自己是否孤独。所以，孤独对于我，是不存在的；或者说，很遗憾，我从未感受过孤独。

张：请您谈谈对"70后"作家创作整体现状的看法。您喜欢哪几位国内"70后"作家的作品？

周：阅读国内外年轻作家的作品，我有一个明显的感觉就是，国内青年作家与国外青年作家并没有太大差距，不像我们之前想象的那样比人家差好多。如美国的裘帕·拉希莉、胡诺特·迪亚斯、卡勒德·胡赛尼（很凑巧他们都来自移民家庭），爱尔兰的吉根，再早些的麦克尤恩等——当然我的阅读很有限，很粗浅，不免以斑论豹，以黑白两行指认斑马，请原谅我的无知——读时觉得比之国内青年作家也没有胜出许多。一样的青春表达，一样的活力绽放，一样的试图突破，甚至连局限与困惑也是相似的。这与当今世界信息通达有关。所以我们青年作家面对世界文学要有自信。

喜欢的同代作家挺多，写得好的我都喜欢和佩服，不由得深情列举三人吧：盛可以、徐则臣、弋舟。当然，此名单还可以继续列下去，但若那样，将一个连队全部写上，也就失去了意义。"70后"写作者是一个令人尊敬的群体，不论是否谋面，我们都能感受到彼此的存在和努力。每当在期刊上见到他们的名字，读到新作，默默致敬，心有温暖。

张："70后"作家没有前代那样沉重的历史负担，这一方面使作家的创作天地得到开拓，但另一方面又使得文学作品多少有些轻盈感。您是怎么看待文学作品"历史内涵"的？您认为在新时期淡化了历史感之后应该如何加强文学作品的深刻感与厚重感？

周：我很想知道，你是如何得出"'70后'作家没有前代那样沉重的历史负担"这个重大结论的，愿向你请教。

我认为每代人都有自己的历史负担，只是因身在其中，不识真面目。我们这代人承担的历史负担、家国命运、人生苦痛，在若干年后看来，或许也是很沉重的，它只是以一种繁荣、和平、温情的表象呈现罢了。在很大程度上，我们甚至无权去接触与了解那些被称为"历史"的东西。我们被一种庞大的强制力量指向一个看似温和繁荣的所在，要怎样不要怎样，说什么绕开什么，大多人已经被"洗礼"和驯化得聪明极了。力争做乖孩子，自觉遵守纪律，连知道的权利、力量和勇气都没有，这难道还不是我们这代人的悲壮所在吗？若干年后回望我们这代人，那才真是承载着意味深长的"历史内涵"呢！

我知道你真正的意思是我们"70后"好像总也不争气，没有大作品。文

坛还是 "50 后" "60 后" 在扛大鼎。我们可能是 "晚熟品种"，那就只好一直写下去，到几十年后让人们说，怎么还是 "70 后" 在扛大鼎呀?

五、对乡土中国的文学思考

张:现在，让我们来说说《多湾》吧。这部长篇小说是你多年准备、写作、精心打磨的成功之作。小说非常精彩，出版之后引发了很大的反响，引起了很多读者和批评家的关注。对于乡土中国，你在作品中做了很多思考与阐述，对你个人之前的作品是个创新和突破。请谈一谈你对乡土中国都做了哪些思考，这部小说有哪些新的突破，与以往的中国乡土文学有哪些差异，或者这部小说的独特性在哪里。

周:《多湾》是我前半生最重要的作品。前面说过，那些中短篇的写作，都是为了让《多湾》能够问世。也就是说，《多湾》的写作其实在它们之前。我从三十多岁有大致构思，无数次回家乡体验，收集素材，三十七八岁开始写作，直到四十五六岁出版，这部小说伴随我走过了十多年历程，这是我人生最美好、最鼎盛的时光。作家在创作，同时也不断被作品塑造。

人类有寻根的欲望，想知道自己的来处。一个人不论走多远，当他 / 她回望来时路，必定会回到自己出生的那片土地。随着年龄增长，对生命思索，想到我们从哪里来、到哪里去这个问题的时候，一定会涉及土地。中原大地，这是最能代表中国的一片土地，承载了几乎所有的辉煌、传奇、苦难和屈辱。我常常在火车上一过郑州以南，就专心趴在窗口，向我家乡那片土地行注目礼。她平坦、博大、肥沃、仁慈。我常看到这里的人脸上是习惯了失望的表情，那些褶皱和沧桑是生活在土地上人的惯常标签。我有幸生长在这里，又有幸离开这里，在一个安全的距离回望、思索她。

土地养育了人，又束缚了人。不能离开的人怨恨她，离开的人歌颂她。我在《多湾》之中的情愫更多属于后者。距离产生美。我在作品中对大地的反复书写和对乡土的温情描述，不是廉价的歌颂，而是包含着一种深厚复杂的感情。我虽然没有种过地，但和农民是血浓于水的关系。他们的欢乐就是我的幸福，他们的苦难就是我的痛苦。不美化，不夸大，不矫饰，真实地还原这片土地上人们的梦想、挣扎、破碎与含垢忍辱。这是我写作的初衷，也是一切优秀作品的标尺。

天上有多少星星，地上有多少河流，中国农民就有多少苦难和屈辱。他们要承受土地、上天带来的磨难，还要经受历次改朝换代的动荡，血流成河，生命如草芥般消逝。与这些比起来，艰苦的劳作就不算什么了。最荒诞的是还要被利用，历次政治运动，首当其冲的是农民，饥荒时期，最先饿死的竟是种地的农民。

小说中，"文革"来临，龙王庙要被拆除，农民又能怎样呢？只能在内心嘀咕。"几十辈子的人指望这龙王庙活人哩，咋能说拆就拆呢？它咋就成了封建迷信？它愚弄欺骗老百姓？那你说，老百姓要不要装憨装傻？要是这世上老百姓都精了都能了，比你们当官的还懂得多，那还咋叫你们领导哩？""说啥都没用，啥叫形势，啥叫形势逼人，那就是，晚拆半天，晚拆一会儿都不中。几十年后，县上又忙活着恢复旧颍河故道，重盖章龙王庙，这时参与拆庙的人说，咦，你们可不知啊，那时候不拆可不中，这时候不盖也不中。"

这就是这片土地上的人。改天换地，翻云覆雨，他们就这样无奈地随波逐流，顺势而为。保命要紧，生活万岁。其实，我们每一个人何尝不是如此呢？活下去是首要选择。"都说，这片平原地带的人心眼多。心眼多是因为人口稠密，混生活太难，就连每一个传说都相伴着心机与计谋。"细腻与肥沃的土地，也养育无尽心机。作品中那些微妙的人与人之间的关系，相处的分寸感，盘算与谋划，众人小心维持的表面和睦与体面，皆是这片土地晕染出来的风情。我将这一切熟记在心。

我认为这部小说的独特性主要在于写人，写生活，写时光流年，写人性中永恒不变的东西，而不是图解时代与政策。在《多湾》中，时代只是背景，只是道具，人和生活才是主角。之前我们见到那些生硬的作品，人往往是时代的符号，而那样的作品注定短命，会随着时过境迁而如泡沫般被遗忘。一个作家，不应该去写自己不相信或者不能把握的事物，也不应该在文学作品中加入另外的企图。如果说《多湾》还算是成功的，那是因为真诚。我怀着赤子之心书写土地，真实地写出了中国平民走过的路，诚挚地书写女性的身体和心灵，讲述他们的欢乐和痛苦，描绘生命与爱情的绽放与凋零。我为这些只有一次的生命真切地燃烧过做了记录。

张：我们都非常期待您能创作出更加优秀的作品，您未来一段时间有什么样的创作计划？《多湾》之后，是否期待在长篇小说创作上有更大突破？

周：下部长篇还是写从农村走出来的两位女性，我考虑再三，还是要将她们的起点安放在中原大地。涉及乡村，我只对这片土地熟悉，写起来得心应手。对于自己的下部作品会是什么样子，作家永远都怀着好奇和期待，为此我会一直写下去。

张老师，非常感谢您的这些问题。与我们写作者相伴同行的，还有像您一样的同代评论家。让我们共勉彼此相互关注和激励，共赴文学的前路。

路内：
小说存有我全部的热情

一、"误解误读"：身份认同的艰难

张丽军（以下简称"张"）：童年对于作家来说，是极为重要，乃至核心性的精神资源。请谈谈您的童年，以及童年生活对您文学创作的影响。

路内（以下简称"路"）：我个人认为，童年的记忆是靠不住的。有些东西被放大了，变成一个"伪源泉"。我倒觉得青春期比童年更重要些，你看我童年经历的是 20 世纪 70 年代，但我个人印象最深刻的是 20 世纪 80 年代末到 90 年代初的社会变化。这些事物变成了"我拥有而不属于我"的东西，给人一种深刻的丧失感和失控感。童年的印象对我而言是固定不变的，我爸妈都挺爱我，挨打也没什么，但过于美好的东西会可疑。

我小时候家里穷，没有什么书。我一直以为自己生在一个"没文化"的家庭，我爸是个工程师，但他并不爱文学，只会看图纸，我妈是个女工。后来我长大一些，发现我妈还挺爱文学的，那是 80 年代初，整体环境宽松了，文学也复活了，她从工厂、图书馆带回来大量文学期刊。当然我也看不懂，但是家里有这个，气氛很好，她也爱讲点故事给我听，比如缩减版的世界名著和当代小说。也许有点影响，也许只是巧合。

张：中国人的简历中，往往都有一个原籍和出生地需要填写，这在某种意义上体现出地理空间对人的一种内在性影响。请谈谈您的故乡，以及故乡

对您文学创作的影响。

路：我生于苏州，苏州出过一些文人，一些当代知名的小说家。这个城市最可悲的地方是被外人描述为温婉动人的，其实不是，我少年时代见过大量好勇斗狠的本地人，我觉得一点也不温婉啊。长大以后，又觉得仿佛也有一点道理，因为这群人身上没什么匪气，虽然好勇斗狠，但都挺像落魄少爷的。我觉得非常有意思。

八岁以前我生活在古城，恰好是 20 世纪 70 年代。它阴沉而平静，我经常会想起那个年代的小巷，仿佛什么事情都不会发生。八岁以后，搬到工厂的新村，北边是城区，南边是农村，这个城区在此后的三十多年里不断改造扩大，农村已经没了，古城也没了，最后连工厂和新村都没了。我身上带有一点工厂气质，写起来也比较熟悉，但我不觉得自己属于工厂。我不是纯粹的工厂子弟，因为小时候很近的地方就是那个阴沉平静却又不断改建的城市。

我现在回忆起来，觉得这种丧失感和城市有关，渐渐变成我写作的一个内因。青年时代我去过很多地方，离开自己所谓的故乡，这段经历还没有来得及写出来，希望能有机会。

张：作为一位个人经历比较丰富的作家，您觉得写小说给您带来了什么？

路：有两个方面吧，一是对于自身经历的再认识，小说确实可以把个人历史的、日常细节的东西进行再呈现；二是我个人觉得，一旦开始写小说，那些所谓的个人经历也许并不是特别重要。即使它们不存在，或者换成其他经历，或许可能我仍然会写作。写作本身是高于个人经历的。

张：您觉得在当下社会之中，我们要以怎样的姿态面对日常生活？您所期待的阅读者又是怎样的呢？

路：日常生活是片面的，和文学、艺术没有任何关系，我应该没有资格指出所谓合理的姿态吧，只能说拥有片面的幸福感总是好的。

我希望读者受过良好的艺术教育，有开阔的眼界，对小说这门手艺有见地，对中国的现实和历史有全面的理解，对当下的世界有自己的认知。要求再高点的话，最好他们自己也写点短篇小说，那我就有机会受教了。

张：在您的"追随"三部曲中，主人公都是在这个瞬息万变的社会中找寻着自己的位置。您所说的"追随"，是否可以理解为路小路对于人生之路的"追随"？您对于"追随"是怎么看的呢？

路：现在想来，它是一个人到处碰壁的诗意说法。

张：您对于"身份认同"的否定，是否基于评论者对于您创作身份的归类？

路：我不太清楚评论者对我的具体态度，我从来没开过作品研讨会之类，没有当面讨教过。但是我个人确实不喜欢简单的分类法，我总有办法狡辩吧，这也是让我面对以后的写作在心理上不处于下风的办法。我读过一些对拙作的评价，有些是论文形式，有些是书评形式，后者的误解似乎更多些。但是一旦有论者将我的作品拔高到例如历史书写的层面，我也会有点警惕，我是不是真的有意识地在这么写，还是一半游戏一半当真？

张：您对于"中间代"的称谓是持赞同态度的，您是如何定义"中间代"的呢？

路：一开始我不太明白这个概念，它是书商提出来的，我觉得评论界并不认同。如果一个作家有点野心的话，肯定是不满足于这种标签的。但是最近一年，也就是这个概念慢慢淡化的时候，我反而觉得它是有点道理的。它隐含了一个"70后"或"80后"作家的困境，我以前感受不深，现在渐渐觉得它是存在的，而且有着深刻的影响。体制或市场的双重压力在作家四十岁以后会体现出来，更何况，权力和金钱本来就可以互换的，也许面临的根本就是同一种压力。我无法定义中间代，只希望能看到这些人老了以后，在写什么，还怎么写。我对同代作家怀有的敬意和不敬都是存在的。

张：您说得很好。请具体谈谈您对同时代作家的"敬意与不敬"。

路：文学丧失了神圣感。这可能是好事，本来嘛，帝王将相才子佳人，都很讨厌。但是当神圣感本身也变成不敬的时候，问题变得复杂了。我说不好这个，有待时间来考验。也许时间都考验不了呢。

张：您说您与期刊的关系很近，多数小说也是发表在主流的文学期刊上，如《收获》《人民文学》，您如何看待自己与主流文学之间的关系？

路：其实文学期刊就是几位编辑在那儿忙活，他们大体上无力主导主流文学的褒贬，只能就自己和刊物的标准来选择作品，有时也要兼顾市场效应和名人效应。能够在优秀文学期刊发表作品，对作者来说是一种心理上的安慰，多少会受到一点认可。我不知道自己和主流文学的关系怎么样，也有人说我受惠良多，那就好。

顺便说一句，我认为今时今日的文学道路是变窄了，因为期刊的阅读量下降了。网络小说曾经如日中天，不过它们很快会让位于新媒体。这倒不是最重要的，有人说期刊主导了文学的发展趋势，仿佛它变成了一个成功学的过滤器。好吧，即便如此，期刊仍然是三十多年来最能保证文学质量的载体，虽然它不够好，但它及格了。

张：如果说《少年巴比伦》《追随她的旅程》中还有您个人经历的影子，《云中人》则与您的经历毫不相干。一开始写自我经历的动因是什么？转而写"他人经历"的起因是什么？与文学批评有关吗？

路：《云中人》是 2009 年开始写的，写了两年半才完成。当时好像确实有一个说法，讲我是自发写作，意思大概就是不太值钱吧，什么新人奖也就提名一下、提名两下。我自己想想，也是很无趣的。很多作家的第一部长篇，都是以个人经历为机缘而开始写作的，其实这不重要。我们可以讨论小说的写法，可以商榷，但我当时确实很排斥别人说这个人就是在自发写作。我记得 2008 年《少年巴比伦》发表以后，被一个评论者斥为"莫名其妙"的小说，我想要是能坐下来好好谈，也许对方就不至于这么傲慢了。我在写作上存在着很多困惑和疑难，但我很少能找到人来谈这个。

张：是啊，困惑和疑难对我们每个人都是存在的，当然，又是各不相同的。请谈谈您写作的困惑与疑难。

路：我最大的困惑是当下的文学环境。这件事在写作之初是没有的，写着写着，它出现了，是因为我走进这个环境了，我体会到了。它会影响到一个作家的审美、表述方式和理念，有时候是角力，逆向地走可能会更好，但需要更坚定一些。除了我自己之外，还有大量的作品在出版和发表，如果有兴趣和时间，应该领略一下，掂量一下。我还是比较相信自己的阅读水平的，就小说而言。

张：每个人都逃不出自己的时代。20 世纪 70 年代出生的您，对于"60后""80 后"的作品怎么看？有非常喜欢的作家作品吗？

路：我喜欢的"60 后"作家比较多，我一度把苏童、余华、格非都归为"50 后"作家，因为我确实是在二十岁头上就读了他们的小说。后来才发现，哎呀，人家真是年少成名啊。毕飞宇和朱文也是我喜欢的作家。

张：请谈谈您早期的工作经历，以及它对您思考人生、世界和文学的影响。

路：说实话，没什么影响。我十九岁就上班了，那个年代太无知，如果说影响的话，那就是我非常憎恨蛮不讲理的人。在世界的两侧，一侧是对于无知感到恐惧，一侧是对于话语权感到恐惧。

张：您从十九岁起就外出工作，过早踏入社会是否造成了您心灵上的早熟？您在作品之中所透露出的灰暗情绪是否与您的经历有关？

路：好像没有那么惨吧，我那个年代，小朋友都是十几岁就出去工作的。比我年长一代的人，像我叔叔，十几岁就去做知青了，大家也没觉得很糟糕。当时的社会环境也比较单纯，人都活得很天真。

张：您说过您最早接触的文学是苏童、林白等先锋作家创作的小说，20世纪 80 年代的先锋小说用形式实验的方式继续着对于"文化之根"的寻觅。您是如何看待先锋文学的？开启您创作闸门的是其形式还是气质？

路：我至今仍对先锋派怀有敬畏之心。现在我看孙甘露的《呼吸》、林白的《一个人的战争》和苏童的大部分短篇，觉得一点都没有过时。它们对我来说不是倒退的寻觅，而是仍然指向未来。我自己写了小说才明白，要做到二十年前的小说拿出来读仍不过时，这是非常非常难的，比拿文学奖都难。有时候，我希望自己和先锋派是同代作家。在那个年代仍能脱颖而出，才是一流的作家。

张：请谈谈您的阅读经历，您最喜欢哪些作家作品？您是否喜欢鲁迅的作品？

路：我喜欢很多作家，福克纳、卡夫卡、狄更斯、陀思妥耶夫斯基。还有一些诗人，比如特朗斯特罗姆、柏桦。我读书不是很多，会拿着一本书持续地读，十几遍地读下去。我很喜欢鲁迅，但我觉得阅读他最困难的是站在哪个位置上，选择哪个立点。这和我理解卡夫卡一样，我能看懂一部分，但我复制不出来。

张：您在《被文学过滤的世界》中说道，"回顾人生，惨不忍睹，写进小说里倒也挺有意思，相反光鲜美妙的人生写出来可能是乏味的"。是否可以理解为您写小说就是一种内心的发泄呢？

路：我也不知道自己为什么要说这个话了，哪有什么光鲜美妙的人生呢？那些惨不忍睹的也未必就真的很惨吧。这话很矫情，换现在不会说了。

张：您说您对于文学是保持尊重并因此受惠的。您在一次曲折的送货过程中，悟得文学在很久以前就诉说过人类现如今的生存状态。您觉得文学的意义是否就在于这种前瞻性、启示性？

路：对我来说，我觉得要获得文学的意义，不比领悟宗教的真谛更容易。但是在现实中，我能体会到的常常是无意义，一切坚固的东西都烟消云散了。某些瞬间我无比相信的，甚至是文学所呈现的冷冰冰的、热乎乎的，都会在另一个瞬间失去意义。我很不爱听人讲文学的意义所在，尤其不爱听作家讲这个，大概也是出于嫉妒。我得花费漫长的时间去接近有可能找寻不到的所谓真谛，而别人已经胜券在握了。我觉得这有点像触电，我确实感觉到了电流，但如果持续太久就会死掉，就什么都感觉不到了。这是我的困惑所在。

张：您是否欣赏新写实小说所描写的烦恼人生？在您的作品中，生活并非没有希望，但希望并不那么真切和现实。您觉得文学应该带给读者什么？是希望多一些还是叹息多一些？

路：我不太知道新写实小说指的是哪些作品，它们的审美旨趣如何。文学能带给读者的，我想最可靠的，是对于世界的理解方式，它不在乎希望或失望。

二、"我懂得这个世界"：审美特质探寻

张：您在《少年巴比伦》《追随她的旅程》中将发生地点设定为"戴城"。成熟作家一个标志就是找到了一个属于自己的文学故乡。在这个故乡里，作家了解它的一切，为它精心设计了每一个细节。戴城是不是您心有所属的文学故乡？

路：《花街往事》的发生地也在戴城。我这么写着，觉得自己非常了解笔下的"场"，能够嗅到它的气息，但是也谈不上把它"故乡化"。这得看我十年之后在写什么，还能不能写下去。

张：能否谈谈您所感知到的戴城气息？我对此非常感兴趣。您是如何激发、感知和捕捉到它的？戴城与您的故乡有哪些隐秘的精神通道？

路：有一度，我觉得它可以套用到任何一个中国的小城市。但是随着我渐渐写得多了，它终究不可避免地呈现出了一个具体的轮廓，变得越来越像我的故乡了。你这么问，我感到很迷茫，到底是我写得不够抽象呢（像卡夫卡那样抽象），还是说我真的老了，变得善于回忆细节了。

某种程度上，经验限制了作家。因为经验唾手可得，你会不由自主去写。所有小说课程都会告诉学生，尽可能写自己熟悉的。我就是这么写的，我认为我写的是一种人世的经验。尽管"追随"三部曲中有大量的调笑，但我始终怀着真诚去写，而不是"别出心裁"。我想，在一开始，怀着真诚去触摸我心中的人世，这无法脱离固有的经验。但是慢慢地，经验会被用光，会透支掉，因此以后会做一些调整。

张：《少年巴比伦》已经被归类为青年工人成长写作。您年近四十写成长

小说，回味青春往事，自然少了许多青春的幻想与希望。回望"80 后""90 后"作家对于青春的描写，也与这种老成的、困顿的书写风格相近。您对于青春小说、成长小说是如何定义的？这样的小说是否应多少带有青春的美梦与不切实际的幻想？

路：《少年巴比伦》是我三十岁时写的，写了一稿没写完，就放着，到三十四岁写完的。它与其说是成长小说，不如说是个回忆小说，里面充满了回忆的迷惘而不是青春期的躁动。我自己二十多岁的时候也写过小说，知道这里存在巨大的差异，唯一的办法是让自己经历一些时间。

张：《云中人》出版以后，有人说好有人说坏。您欣赏哪些批评者的评价？您觉得什么样的批评才是您喜欢的？

路：过去得太久了，记不清了。这个小说里有一些地方我没有处理好，但构成它内在的东西，我至今还是很坚持。

张：请谈谈您所提到并一直在坚持的"内在的东西"。这对于读者和研究者而言，也是很重要的、内核性的东西。

路：我还在摸索，只能肤浅地讲讲。比如说历史叙事，我觉得这个概念很空洞，又比如说触及当下，也是一样。打个比方，我读格非的《人面桃花》，觉得那里面有超越概念化的历史叙事的东西，也不触及当下，但人家把这么一部小说强有力地展开了。他就是能做到。一个小说家能像大师那样自信地叙事，比什么都重要。

张：您说创作《云中人》是故意为之，您还说："评论界说我只会写自己的故事。这种话是很难听的。"是对这种批评的傲慢态度不满，还是对"只会写自己的故事"这样的定位不满？

路：人们往往是靠阅读获得写小说的能力，而不是靠自己的经验来获得。那么写小说本身可以被认为是种技艺或者别的，但不能认为是作家在玩自己。个人经验对作家往往是限制而不是动力，写小说超过五十万字就会咒骂那个该死的个人经验了。但我不妨声明一下，评论界也不是一致批判我，似乎我和评论界很敌对的样子。不是这样，也有鼓励我的，很多。

张：您觉得对一位小说家来说，只写自己的故事和什么故事都能写，哪一个更能体现作家的能力与价值？

路：最能体现能力和价值的，一是风格，二是眼界。故事不重要。

张：《云中人》写的是您虚构的大学生活，但我觉得您依旧是在写您的技校生活。小说中那种矗立在一片厂区里的大学，可以说是大学也可以说是技校。我认为您热爱的依旧是您所回味的青春生活，您是否同意呢？

路：还可以，这个小说写的是 21 世纪初的大学，我经常去几所大学闲晃，如果没有这个认知基础的话，是写不出来的。反过来说，我认为这个小说和青春没有太大关系，它更着眼于呈现一个"小说"的要素结构。

张：无论《云中人》披着怎样的外衣，它都带有您对于生活的理解与感悟。"人们对世界的认知常常是基于极为表象的东西。"这是否代表着您对于社会生活本质的理解？

路：这个是小说中人物的观点，如果具体说《花街往事》啊、《少年巴比伦》啊，其中的观念又会不太一样。《花街往事》里面那些人活在生活的表面，他们觉得很好，不能深入下去，也不需要深刻的哲理来维系他们和生活之间的关系。

张：《云中人》里有大段对于社会现实的评说。尽管都是借助主人公之口，但我相信这些评说都带有您的影子。您说"每一个年代都拥有它独特的咒语"，我们这个时代的咒语该如何破解？

路：我们已经度过很多个年代了，但我没有能力为当下破解魔咒。

张：您说《云中人》本来想写成一部探案小说，描写主人公寻找杀害女孩真凶的过程。但不可否认的是，这个主题只在小说的后半段出现，前半段更多的是对大学生活的描写。您这样安排是为了什么？

路：落笔时不想写成一个探案小说了，因为探案小说是非常软弱的。

张：《云中人》里描写了和 "我" 有关的几个女孩，她们的命运或是离开，或是消失，或是死亡。为什么您要做这样的安排？为什么象征着美好的女孩都在离开 "我"？

路：这个小说里，我试图确立一个以主人公为圆心的场，它所呈现出的结构关系，有些片段就是个死胡同，不和任何事件发生关系，有些片段则直接打通小说。我想用这样一个迷宫式的、可读的故事来考量一下。它来源于生活，生活就是个迷宫，但一旦写出来，它便成了一个文本。在这样的结构里，不可避免的，人物会成为工具，有刻意安排的痕迹。这个问题我也考虑了很久，之后写《花街往事》是换了一种方式。

张：请谈谈您对《花街往事》叙事方式的新思考和新建构。您在多大程度上实现了这一意图？

路：这个小说是 2012 年写的，当时写完《云中人》，我非常压抑，竟然差点被自己写的小说拖垮。后来我想写一个稍稍放松的，写一些我对于往事的追忆式的故事，然后我发现自己恢复了 2006 年时的状态，显得有点热忱，有点啰里巴嗦。这样写到十万字的时候，觉得太散了，只能改成七个中短篇，让它收住。发表在《人民文学》以后又添了一篇。这个小说里存有我全部的热情，以及对世界、对丧失的时间的善意。也许我应该把它写得更长一点，因为将来可能没有这种心情再写类似的小说了。

三、"被文学过滤的世界"：对文坛现状的解读

张：作为 "中间代" 作家的代表人物，您如何区分 "中间代" 作家与非 "中间代" 作家？您与哪位 "中间代" 作家关系密切？

路：我真的分不清，而且这也不重要。似乎也没有特别密切的 "中间代" 作家朋友，在一起的时候也从来不谈 "中间代" 什么的。我有时候会和阿乙、阿丁聊几句，但是很奇怪，我好像从来不和冯唐、曹寇聊小说，尽管我自觉和他们挺合得来的。另外，走走、张悦然、周嘉宁这几位女作家，我也经常

会和她们瞎聊。

张：**您很少评论同代作家，您说他们都很弱势，批评他们于心不忍。您对于同代作家的创作现状满意吗？**

路：我自己也还在写，怎么可能去批评同代作家呢？这话有歧义，不是说他们在我面前弱势，而是我们共同弱势。我甚至也不可能去批评所谓的文学环境，因为一代一代的优秀作家都可能是从一个糟糕的文学环境里走出来的。这可能有点自作多情了，我是觉得大家都很"命苦"，而且说实话，写作前途也都不是很乐观。

张：**您说"作家这个圈子里标准不是只有一个，很多标准在缠绕"。您觉得自己在哪些标准中被缠绕着？您是否想逃离这样一个标准缠绕的世界？认为怎样的作家圈子是您理想中的样子？**

路：我忘记自己在哪个场合说过这话了，也许当时是有所指的。标准多重本来就是文学的特征，如果有场外因素，那大家也只能认命。我应该是不可能脱离这个世界了，除非停止写作。在我看来，作家圈子就是大家吃吃饭，谈谈小说，就可以了。

张：**您说"我不想跟别人比较"，也就是说写作更多的是个人的事。您认为评价一部作品好与坏的标准是什么？**

路：写作不是战斗啊，比得出个什么好坏来，自己心里明白就可以了。作品的好和坏也没有统一标准，照我私心而言，好的作品一定是能让我感动、敬佩的。

张：**到目前为止，您个人最满意，或是最喜欢、最重要的作品是哪部？**

路：都不是特别满意。我最喜欢的是《少年巴比伦》的后半部分和《花街往事》的前半部分。也许它们都还算重要吧，但"重要"是一个文学评论的说法，我自己不知道。

张：**您认为您目前创作存在的苦恼、困惑是什么？您认为自己审美创作**

的局限、困境或者不足在哪里?

路: 我比较真诚地回答您的问题:如果能忘记评论界某些人设置的藩篱(也是给无数青年作家设置的陷阱),我会写得好一点。

张: 您对自己的文学写作(语言、题材、结构、地理等)是否有一个整体性的规划和思考?

路: 我想写一个庞大、连贯的故事,有一个巨大的空间,而不是设置在某一个城市。时间轴有十几年长,有好几个主要人物用一种诡异的方式构建起关系。它来源于我二十五岁时看仓库的经历,不是看一个固定的仓库,而是去全国各地的仓库轮换看守。这个故事太迷惑我了,实际上在写《云中人》的时候已经碰触到了它,但没有展开。现在我应该有部分能力去完成它,我给它取名叫"雾行者"。

朱山坡：
无隐喻，不成小说

张丽军（以下简称"张"）：您的新著《风暴预警期》引起了关注和反响，是 2016 年中国长篇小说的一个重要收获，尤其是在"70 后"作家的长篇小说中显得比较另类。这部长篇小说的结构颇具匠心，每一章节都像是一个短篇小说，而连起来又组成了一部长篇，可以说是"以短篇的形式写长篇"。请问您选择这种方式来结构小说的原因是什么？

朱山坡（以下简称"朱"）：写长篇小说必然会遇到结构的问题。作家总要绞尽脑汁谋篇布局，尽量使自己的作品区别于别人，具有标新立异的独特性。我不太喜欢平铺直叙的长篇，哪怕它的故事能吸引人一口气读完。其实"以短篇的形式写长篇"是一种策略，我认为《水浒传》就由系列短篇组成。比如奈保尔的《米格尔街》、安德森的《小镇畸人》，看上去是短篇小说集，但我更愿意把它们当成长篇小说来读。因为它们虽然每一章是独立的，但整体上气脉相连，把小镇上的十几个典型人物通过一个个故事、细节串联起来，互相呼应，浑然一体，完成了对独特文学世界的塑造。我想，长篇小说不应该只有一种模样，不一定是线性的，不一定总是很紧凑和错综复杂。要反映一个世界的真实，可以通过不同侧面的折射和碎片化的拼凑来完成。《风暴预警期》里的每一个故事自成一体，每一个章节既可作为整部小说的一部分，又可以单独成篇。它既是长篇，又是短篇；既是单曲，又是组曲、交响乐。叙述不断地在几个主要人物之间进行切换，把每一个人的命运拆分开来，不会影响他们形象的完整性，也不会影响故事的力量。上帝藏在细节里，依附在每一个人物的身上。我尝试以倒叙、插叙、回放和旁逸斜出的手法完成跨越时空的叙述，通过打碎、拆分、糅合、重组，拼凑出一幅有色彩、有气息、有视觉冲击力、野性蓬勃且杂草丛生的抽象画。这是一个被勾勒出来的熟悉又陌生的世界，这正是我想要的 "蛋镇"。

张：《风暴预警期》中的 "风暴" 是一种非常强大的力量，它让南方小镇蛋镇处在一个非常奇异的位置上。风暴既塑造了蛋镇的外在形态，又左右着在这里生活的人的行动和命运。在 "风暴预警期"，人们既兴奋又惶恐。您如何看待这样一种力量？

朱：风暴有物理（自然）上的，也有心理上的，有一股摧枯拉朽的力量。蛋镇上的人每年都要等待台风来临，依靠台风清污去垢，除恶扬善，恢复公平正义，也试图依靠台风改变自己命运，改变固有的秩序。每一个人对风暴满怀期待，却又害怕被摧毁一切。蛋镇人人心里都有风暴，仿佛每个人都患上了风暴依赖症，但他们单纯得从来不追问风暴到底是什么东西。这是一种奇特的心理，也正是我的兴奋点。

张：风暴无疑是一种可怕的灾难，但在您的《风暴预警期》中我发现它除了显示出具有破坏性的一面（狂风肆虐、山洪暴发、洪水泛滥、农田房屋都被摧毁）外，还显示出了其具有建设性的一面：风暴也彻底清洗了蛋镇污浊的街道，唤醒良知，人心得以修复。您在写作时是有意识这样设置的吗？

朱：显然是有意为之。世界藏污纳垢，人心也并非洁净无邪。顽固的一切无法自己消融，撕裂的人心无法自己痊愈，唯有等待台风和洪水。如期而至的台风是蛋镇的 "宿命"，被扫荡、摧毁、肆虐，人们无能为力，不堪一击，无法躲避，不能逃离，逆来顺受，被困在风暴洪水的牢笼里听从命运的安排。台风洪水与每一个人息息相关，人心或许被摧残，受破损，被扭曲，已麻木，已颓败；然而，也有可能相反——风暴唤醒了良知，重塑人心，整合支离破碎。

张：我注意到您曾经说过，"我们都生活在精神病患者的身边。我对精神病人题材特别迷恋。……在我的眼里，这个世界上有太多 '有病' 的人，而

这些人是需要怜悯的"。《风暴预警期》这部小说中涉及很多有些偏执或是病态的人物形象，这些人物构成了一个荒诞的世界，您如何看待小说中的这些人物？

朱：世界上根本不存在所谓"正常"的人，人人都声称自己正常而别人有病的世界本身就很荒唐。我们常常同情、怜悯别人，唯独没有同情、怜悯自己。这跟台风和洪水都没有关系。我们的身体和内心都遍布暗疾，腐烂、隐痛、蛆虫横生，我们都需要洗刷，将自己置于阳光之下。《风暴预警期》只是试图在风光秀丽、阳光明媚、温情脉脉的南方小镇，在那个新旧之交、剧烈更变的时代环境下，在爱恨交织、悲喜齐鸣的心理层面，勾勒出一群普通人的独特面容，揭示一个又一个卑微、孤独、绝望、不安的魂魄和异化的心灵。这些人物心里都有与生俱来的悲凉、无法言说的哀伤、莫名其妙的激情，容易陷入迷茫与虚无。台风激活了他们，也淹没了他们。我们只能听到台风狂啸怒吼，而听不到他们内心低沉的哀号。

张：《风暴预警期》中"隐喻"无处不在。小说中人物的偏执、病态甚至疯狂都有某种具体的原因，比如说荣秋天之所以陷入癫狂一直给"中央军委"写信，是因为他在执行任务时枪杀了一个后来被证明无辜的犯人。您觉得这究竟是人物的病态还是现实的病态？

朱：世界就是一个巨大的隐喻。谁发现了"隐喻"谁就会发出惊叫，因为他看到了机密和真相，有了绝望和恐惧。《风暴预警期》中，我相信自己有了发现，情不自禁地发出了惊叫。我的惊叫随风飘散，付之流水，我甚至说不清楚我要告诉你们什么。台风本身难道不是一个隐喻吗？我自认为，正是因为这些隐喻，这部小说有了些许价值。

张：《风暴预警期》中这些有些"病态"的人物身上却带有很强的理想主义色彩，他们都有自己的生命诉求并不断为之努力，"我"坚持要逃离蛋镇去寻找妈妈，荣春天在战场失去一条腿后立志要做出世界上最好喝的汽水，只会用手风琴拉《莫斯科郊外的晚上》的李旦坚持在小镇传播"艺术"，段诗人写下了无数的与台风有关的诗歌……您如何看待他们身上的理想主义气质？

朱：他们的理想也是病态的。在一个狂风暴雨的世界里，每一个人都会萌生各种想法和追求，这也是一种抗争。看似人人与众不同，但实际上都逃不脱宿命的牢笼。比如"我"，一次又一次出逃，却没有一次成功。怪女人郭梅悄悄地离开蛋镇，一路向北，声称到达了"寒风的故乡"西伯利亚，结果被一个自称"苏联"的北方男人强奸了，生下了一个姓"苏"的孩子，她的一生都将在等待孩子的父亲中度过。这些人物荒唐可笑，却又让我的心隐隐作痛。

张：我认为这些人物的共通之处在于孤独，不知您是否同意？小说中的人物做出种种努力试图反抗这种现状，但他们的反抗都失败了，而失败又让他们更加孤独。这种孤独是否象征着人类的精神困境？

朱：孤独、绝望、恐惧、死亡是文学永恒的主题，也是人类的精神困境。我已经非常努力地将这些贯穿于《风暴预警期》之中，读者很容易便能从文字中感受得到。有时候，为了对抗孤独、绝望、恐惧、死亡，他们会做出很多匪夷所思、荒诞无稽的事情来，有些是故意的，有些是下意识的、本能的，但在强大的现实面前，所有的反抗都是徒劳，这会使人陷入虚无和消极。风暴来临，内心躁动；风暴远去，躁动平息，如死灰般沉寂。周而复始，是无法停止的轮回。然而，这恰恰也是他们的日常生活。

张：《风暴预警期》中的"父亲"形象引人注意，这里的荣耀是一个曾身经百战的国民党老兵，儿女都是被他收养的弃婴。为了养活他们，荣耀在困难岁月里经历了难以想象的苦难。"我"和四个哥哥对荣耀感情复杂，对他心怀敌意，甚至恨之入骨。兄弟们性格各异，亲情淡薄，关系冷漠，各自沉溺于自己的天地中。您这样设置家庭关系的原因是什么？

朱：我塑造过不少"父亲"的形象。在《风暴预警期》中，"我"是一个少女，生活在一个六口之家。我和四个兄长都是街头的弃婴，被荣耀收养，含辛茹苦养大，一家人受尽屈辱。这一年，又到台风预警期，长兄荣春天正在试制世界上最好喝的汽水，二兄荣夏天正筹办一场还不确定的婚礼，不问世事的三兄荣秋天沉迷于给军委写信请求参战，四兄荣冬天为了赚更多的钱正在夜以继日地剥青蛙皮，而"我"正准备一声不响地逃离蛋镇……荣耀意外被一个肥胖的女人压死了，打乱了我们的节奏，也勾起了纷繁细腻的回忆。荣耀是一个内心暗藏风暴的人，他比谁都渴望风暴的到来。因为他有强烈的正义感，但对丑恶无能为力，他需要台风"惩恶扬善"，清除污秽，还世界一个干净。由于他的个性和卑微，含辛茹苦养大的五个儿女对他叛逆怨恨，而他对此只好忍气吞声，只有台风将至未至之时，他才能尽情地释放自己。他经历过无数风暴，内心被风暴扭曲，留下了创伤。他报告台风行踪，给蛋镇"预警"，说明他的内心无比清醒和警惕。只是我们对他缺乏了解，彼此间有巨大的隔阂，无法沟通，各自成为连亲情也无法穿透的坚固堡垒。这一切，需要台风和死亡才能摧毁。最后，在暴风骤雨中，亲情毅然回归，我们决定齐心协力为荣耀办一场像样的葬礼。这个家庭中的人物关系千疮百孔，脆弱得像一所破房子般不堪一击。荣耀只能用死亡重新、暂时弥合了他们。台风离去，葬礼结束，子女们还会分崩离析。这不也是人与人关系的一种常态吗？

张：您曾经提到："十年前，我发现了一个'秘密'：对写小说而言，想象力和虚构能力比生活经验更重要。于是，我不再迷信繁杂紊乱的现实生活，而是回到想象中去虚构我的小说世界。""我调动了遥远而混沌的记忆，在想象的空间中开疆拓土，虚构出一个个光怪陆离陌生得连自己都懵懂的世界，冲动、蛮横、狂傲、怀疑、困惑、自卑，胆小如鼠又浑身是胆……"在您的《风暴预警期》中，我看到了拉美魔幻现实主义的影子，真实与虚构的壁垒被打破了，我们既看到了您的写实能力，也看到了您的虚构才华。这样一个虚实混杂的空间，是否更有利于传达出对荒诞世界的真实理解？您在写作中受到过魔幻现实主义的影响吗？或者说您的想象、虚构与魔幻现实主义的不同之处在哪？

朱：我喜欢拉美魔幻现实主义，那是对刻板现实主义的反叛。每一个作家都有来路，但未必都有去向。我遵循有来历的写作。我们这个时代的荒诞无处不在，荒唐可笑之事司空见惯，在西方人看来惊天动地的事情，我们却麻木不仁，熟视无睹，我们的内心已经很难掀起波澜了。僵化、粗暴的写实主义还能激起你的兴趣吗？还能刺痛你的神经吗？魔幻就是荒诞。写实主义已经无法抵达现实，必须借助荒诞，因为荒诞比现实更接近真实。当下，写实主义大行其道，鸡毛蒜皮，家长里短，机械地照搬生活，刻板地描摹日常，对这种写作我没有任何兴趣。文学还是崇尚想象力的，想象力决定作家才华的高低。想象力不仅体现在编故事和细节上，更体现在叙述和语言上。建构一个完整、牢固、可靠的文学世界，对作家的虚构能力是一种考验。说实话，我对自己的想象力并不十分信任，我得紧紧依靠更多、更直观的事实，我害怕自己想象力过于丰富而事实基础不牢靠。蛋镇是一个虚构的地方，为了把它写得扎实，我反复画了几幅地图，把每一条街道（巷子）、每一间店铺、每一幢建筑物（房子）、每一座桥梁（道路）等都画得清清楚楚。我还查阅了不少地方志资料，听一些人讲述当年的旧事，找到事实的观照和虚构的基础。

张：《风暴预警期》及您之前的作品中都有很多关于暴力和死亡的叙述，您如何看待暴力和死亡？

朱：这个社会戾气太重了，仿佛人人心里都暗藏炸药包。暴力和死亡成为日常生活的一部分，我们从来就没有真正的安全感。当用正常的方法无法在这个世界上行走时，我也会怒火中烧，出现暴力倾向。比如说，去办事遭到百般刁难时，有就要打架的冲动。《三国演义》《水浒传》《西游记》等文学作品无不充斥着暴力，台风、洪水也是一种暴力。暴力作为文学的一部分出现不应当大惊小怪，也不应该受到指责。死亡更值得我们正视。我们只是悲伤、痛哭，却一直没法理解死亡。死亡如此简单，又如此复杂，如此肤浅，又如此深邃，像平静的湖面，又像无穷的深渊。死亡是永远不得其解的谜。关于死亡，小说家要做的还有太多。

张：《风暴预警期》中许多人物的命运遭际都与历史、战争有关，请谈谈您的思考。

朱：荣耀和赵中国都是身经百战的国民党老兵，他们的际遇和恐惧让人唏嘘。战争远去，身心仍伤痕累累。小人物在灾难面前，在大时代面前，犹如草木在台风、洪水面前一般无能为力，要么被风吹散，要么被水淹没，消失在大千世界的尘埃里。我想通过文学打捞他们，让他们浮出水面，待风平浪静、尘埃落定后，我们能依稀看清他们卑微的面容。

张：您的小说给人一种处于先锋文学和现实主义之间的感觉，正如您在建构蛋镇这个荒诞世界的时候，也没有忘记对历史和战争进行思考。这种张力给您的小说创作增添了极大的魅力，您如何看待二者的关系？

朱："70后"作家都受过先锋文学的诱惑，又饱受现实主义的熏陶。直到今天，我依然为先锋文学赞叹，前辈们的叙述方式和语言创新都让我着迷。我不明白人们为什么羞于谈论先锋。我以自己不是先锋作家而自卑，我只是学到他们（包括外国作家）的一点皮毛，因而常常黔驴技穷。《风暴预警期》中写到了蛋镇百年以上的历史，揭示时代"风暴"对普通老百姓生活和命运的影响。有读者说读后心情很沉重、压抑，建议我今后写得阳光明媚些，读起来轻松愉快。我说，文学并不一定都是阳光明媚的，写到满目疮痍、悲愤填膺处我不能粉饰太平，故作轻松。读者也应该有直面沉重和苦难的勇气。

张：是什么促使您创作了《风暴预警期》？

朱：我相信每一个作家在选择长篇小说题材时一定会反复论证，不断自我否定，然后才下定决心。他们写的都是自己无法放弃的题材。台风在我脑海里盘缠、呼啸了好久。台风差不多是我童年最深刻的记忆了。台风来了，摧枯拉朽，山洪暴发，山体滑坡，洪水泛滥，河水逃离河床，稻田、原野、桥梁和房屋都被淹没，庄稼和草木一片狼藉，连最高大的树都遍体鳞伤，原先熟悉的地方变得陌生……还有那狡猾的禽兽、生机勃勃的植物和热气腾腾的内心，都是南方独有的。现在，过去很多年了，这些景象再也难得一见。尤其是我再也没见过洪水，也没有了风暴预警期的兴奋和惶恐。我从没有忘记自己南方作家的身份，一直在提醒自己：南方！南方！我开始回想台风和洪水，怀念我在小镇上读书的时光。风起云涌，尘土飞扬，草木摇晃，洪水悄然而至，那些应该复活、重现、说话的人从旧时蛋镇的大街小巷一一涌现，纷纷来到我的面前，于是便有了《风暴预警期》。

张：您如何看待同时代"70后"作家的创作？您认为"70后"作家应如何向经典文学掘进？

朱：目前 "70后" 作家很活跃，是文学期刊的主力，写出了许多优秀的中短篇小说，长篇小说创作也渐入佳境。我对我们 "70后" 这一代作家充满期待。如果回头认真梳理一下，你会发现 "70后" 作家其实已经写出了一些经典作品，但经典化是一个漫长的过程。

张：请谈谈您下一步的创作计划。

朱：正在写一部有关历史人物的长篇小说。但我更喜欢写短篇，痛快，对它们有激情，关键是写起来没那么累。

东君：
"写作可以让我获得内心的自由"

张丽军（以下简称"张"）：东君，语出屈原《九歌》，意为"太阳"，请问您为何以此为名？有什么特殊的含义吗？

东君（以下简称"东"）： 中学时期，交了几位外地笔友，其中一位叫"云中君"，我就随便取了"东君"这个笔名。还有一层意思是，温州古名东瓯，东君就是"东瓯先生"。笔名不像衣服，用旧了就想扔掉。这个笔名我用了多年，后来就懒得更换了。其间我还偶尔用过肖泉、厉瓯白等笔名。

张：据说您曾三变志向，最开始想当画家，后来改行准备做武师，最终弃武从文成为了一名作家。那么，这些转变是基于什么样的原因呢？

东： 小时候的确有画画的天分，可惜父亲一直想让我子承父业，因此没有打算让我朝艺术方向发展。父亲和我那个自称"云盘传人"的叔叔都是民间拳师，收了不少徒弟。20世纪80年代对我来说是一个"拳打脚踢"的年代。那时候最喜欢读的两本杂志是《武林》与《精武》，其中大部分是叔叔购买的，我借来阅读，也煞有介事地做了些笔记。其中有一期杂志的封面人物是技击家蔡龙云先生，没想到二十多年后我竟有幸见到了他，并且跟他有过一次深谈。中学时期，我在父亲的安排下曾参加过一次浙江省青少年拳击选拔赛，最后落败而归。那时既心高气傲又极度自卑，一经挫折，从此就与习武绝缘。

张：童年经历是一个人思想的起源，会对以后的创作产生深刻的影响。您出生在一个父亲、叔叔都是拳师的家庭，曾立志做武师，还参加过省里的

青少年拳击选拔赛，最后成了一个作家，这样的经历可谓传奇。请问童年时期的哪些人和事对您后来的创作产生了影响？

东：我虽然出生于习武之家，但骨子里还是偏爱文学。家里有一橱书，大都是哥哥买的。他外出念大学，书放在那里，我好像没理由不翻翻。我一本接一本书看下来，就着了迷。

张：除了读书以外，能否具体谈谈童年时期对您产生过影响且至今令您记忆深刻的事情？能否具体谈谈您的家人，如父亲、母亲、哥哥？哥哥的书对您产生了影响，哥哥的观念、思想、行为是否也对您产生了潜移默化的影响？

东：很奇怪，我童年时代几乎没怎么读过《安徒生童话》之类的书。读得最多的是古代绣像小说、武侠小说、古典诗词文赋。中学时期，哥哥从大学带回一本校刊和一张现代诗报。我读完这些刊物，觉得自己也能尝试写一点，于是我就开始写诗了。不是旧体诗，是现代诗。事实上我那时候写的现代诗，不过是古典诗词的翻译。

张：能给我们分享一下您的读书经历吗？您又是如何开始文学创作的？哪些作家、作品对您影响最深？

东：浅显如《安徒生童话》，深奥如萨特与钱锺书的著作，差不多都读了。读多了，脑子里就有了想法，于是就想写点东西。我的文学创作是从诗歌开始的。仍然记得1978年初读北岛、杨炼时那种陌生的兴奋，忽然发现在唐诗宋词之外，诗还可以这样写，就有了一种说不出的好奇。但真正影响我诗歌写作的是两本诗选，一本是《世界抒情诗选》，从那里我读到了希梅内斯、聂鲁达、叶芝、里尔克等人的诗，情绪低落的时候就拿出来读几首。另一本则是流沙河先生主编的《台湾诗人十二家》，里面有纪弦、痖弦、郑愁予、余光中、洛夫、商禽等诗人的诗，都是我当时极为喜欢的。后来买到《港台文学选刊》这本杂志，我一般是先读诗，后读散文或小说。那个年代，我喜欢的流行歌曲也大都来自港台，内地的歌曲几乎不听。沉浸在那种氛围里，我早期的诗歌习作自然而然地就沾上了浓重的台湾诗人腔调。米沃什在一篇有关诗的评论文章中说，童年的感知力有着伟大的持久性，他最初那些孩子气的诗作已经包含了他后来全部作品的某些特征。我觉得的确是这样。

张：您中学时受过什么样的教育？对您产生了怎样的影响？

东：我骨子里跟众多温州人一样，渴望"走出去"。其实我有过一次走出去的机会。刚读中学的时候，父母就对我说，你要好好念书，过几年就把你送到意大利表哥那边去。表哥在意大利佛罗伦萨做服装生意，前景不错。我去佛罗伦萨做什么？不知道。我还没有做好足够的准备。佛罗伦萨，在一个文学小青年的脑子里就是但丁的故乡，徐志摩那个年代的人把它翻译成"翡冷翠"（多好听的地名）。单是冲着这一点，我就对佛罗伦萨十分神往。三姨妈去世后，我的出国梦也就变成了泡影。之后我就变得像一只泄了气的气球，整个人都是飘忽的。我高中念的是文秘专业，读书等同混日子。记得那时我写过一篇谈论《诗经》的文章，语文老师读了，竟然没吭声。我觉得纳闷，就过去找他。他叫蒋韶华，是乐清师范学院的语文老师，来我们这个班兼职教语文对他来说简直就是屈才。因此，他刚来的时候，跟我们的关系有点紧张。我把文章交给他看，并不是要证明自己的才华，而是为了纠正他对我们所持的偏见——因为之前有一个语文老师就曾断定，我们这种不入流的学校不可能出那种有写作才能的学生。我跟蒋老师聊了近一个小时，他似乎有点惊讶。后来他坦言：他之所以没有把我的文章放在心上，是因为他起初以为那是抄袭的。但他听我聊到自己读过的书之后，就不能不相信我有这种写作能力了。他给我的最高待遇是：我上语文课的时候可以看课外书。我一直独来独往，很少有人知道我在写东西。同学都觉得我这人不太合群，怪怪的，连我父母也不知道我天天趴在那里究竟在鼓捣些什么。父亲的一位朋友见我长着一副读书人的模样，想推荐我去杭州某所大学念法律专业的预科班，但父亲婉言谢绝了。他大概是觉得我平常沉默寡言，读了也白读。再说，那时候家里十分拮据，实在拿不出更多的钱再培养一个大学生。对我来说，念书也的确是一件挺无聊的事。那时候，除了阅读与写作，我对别的事都提不起兴趣。事实也证明，我看的书越多，厌学情绪越强烈。现在想来，我是一个多么固执的人呵。

张：吴组缃先生有句名言："中文系的学生不会写东西，就等于糖不甜。"

遗憾的是我们现在中文专业培养的作家越来越少，您怎么看？

东：我不是科班出身，我的写作大可以归入"野路子"。文学写作能不能教？显然，按照海明威先生的说法，是不能教的。他说，只有狗娘养的才会进大学学习写作。但另一位美国作家卡佛却认为，写作是可以教的。卡佛曾在大学里教过小说创作，这从他的学生写的《良师卡佛》一文里可以看到。一位好的老师会让你感到，他们不是老师，而是朋友。师生之间的影响应该是双向的。记得多年前参加青创会，王安忆在她的发言稿中说，真正的写作是无法教与学的，更多是施加某种影响，建立一种信任和亲近。我现在在温州大学教创意写作，我常常跟学生们就某个主题展开讨论，然后同步写作。写完了，我们就在群里互相传阅，或是在上课的时候由我进行点评，同学们再次展开讨论。

张：有评论家说您的小说追求"清"与"淡"，与沈从文、废名、汪曾祺同属一类，但您自己很少读上述三位的作品，说受其影响十分牵强。那么，哪些作家真正影响了您的写作？

东：评论家很容易陷入一个理论怪圈，一旦发现某个作家某个时期的某部作品像某位前辈作家，就非要从中寻找继承关系。有评论家说我的小说有沈从文、废名、汪曾祺的味道之后，我才正儿八经地去读他们的作品。包括温州籍作家林斤澜的小说，我也是很晚才读。之前，这些人的作品我只是零零星星读过一点。其实真正影响我写作的还是西方作家。我十分粗略地把他们分成几脉，比如：博尔赫斯、卡尔维诺等是一脉；卡夫卡、舒尔茨等是一脉；福克纳、西蒙等是一脉；鲁尔福、马尔克斯等是一脉；海明威、卡佛、福特等是一脉；贝克特、图森等是一脉……我一脉一脉地读过来，就知道了西方文学的来龙去脉。东方作家里，几位日本作家如芥川龙之介、横光利一、川端康成、三岛由纪夫等，也曾对我有过影响。

张：文学给您的生活带来了哪些影响？

东：我选择文学作为我的志业，但人家问我职业时，我常常要犹豫一下。有时会问自己：作家也算是职业吗？有一回，我偶然看到一篇报道，杭州的媒体记者以"写作男"来称呼我，我觉得有些别扭。事实上，我在一些职业栏中填写的大都是"自由撰稿人"。我所认同的，也许不是"撰稿人"，而是"自由"。这个词更接近我内心的某种状态。直到现在我仍然认为，写作可以让我获得内心的自由。

张：您谈到您的文学创作是从诗歌开始的，诗歌对您的小说创作产生了哪些影响？

东：我的写作始于诗，至今仍然没有放弃诗歌写作。我敢说，我读过的诗远远多于小说。出于某种原因，我很少发表诗。我觉得诗歌写作是一种更个人化、更隐秘的行为。我写作《夜宴杂谈》时，固然是把它视作非韵文叙事，但写着写着，一种古典诗歌的韵律感就从我心底滋生出来。因此，我的一位同道读完我的小说回复说，阅读过程中她脑子里会浮现出李商隐的诗句。我说，是的，我写到夜宴的场景时脑子里的确萦回着李商隐的一句诗："隔座送钩春酒暖，分曹射覆蜡灯红。"这就对了。那位朋友点头说，就是这种感觉了。事实上，我在写这篇小说之前脑子还没有这句诗，它也没有在我脑子里变成原点性灵感。

张：您说过"生活比小说更荒诞"，在当下社会，这确实是一种普遍存在的现象，以至于很多作家写作时照搬现实、挪用新闻。但小说家的责任是要"走一条自己的、不同于事件的实际进程的道路，发掘现实中模糊的、潜在的甚至相反的东西"，这样才能在荒诞的现实中找到小说的突围之路。对于小说如何书写现实，您有什么看法？

东：我不太喜欢那种过于写实的作品，看画也是如此。我不喜欢那种照相般的、没有多少想象力的画。很多评论家谈到现实主义，就喜欢运用"深入"和"贴近"这些老套的词汇，让人感觉现实就是一个女人。小说过于贴近现实，不一定就是写实。相反，它可能变得板滞。写实之外，偶尔写意，追求一种象外之致，就像古诗一样，能有一种境生象外的效果。如果拿画来作比的话，我的小说大多不是写实的，而是写意的，有时甚至是大写意的。《梦是怎么来的》《他是何人我是谁》等小说是写意的，《苏蕙园先生年谱》《异人小传》《面孔》等就是大写意的。

我喜欢在小说中营造一种氛围。这就像夏日里一团慢慢积聚的乌云、一阵潮湿的风,它们的到来就是为了催生一阵雨。遣词造句有时候就是呼风唤雨。我就是在这样一种氛围里,写下了《如果下雨天你骑马去拜客》这个短篇小说。我已经忘记了自己是先写下几个未成形的小说片段,还是先写下这个让自己触发灵感的题目。但我仍然清楚地记得,当我写下 "雨" 这个汉字时,一些美好的意象就纷至沓来了。小说中没有写到什么骑马的情景,不过雨是一定要下的。光是看题目 "如果下雨天你骑马去拜客",你或许会觉得这是一篇古代题材的小说。而事实上,我写的是全球金融海啸对一个边远之地的影响,以及由此带来的山乡格局的异动。"三海龟" 觉得自己所做的一切都朝美好的一面发展,包括改造山村格局、改善阿义太公的生活、给阿义太公的曾孙创造一个美好的未来。而我们从中也可以看到,这个山村被过度开发之后不复从前,它已经变成了城市的一部分。结局看起来是皆大欢喜的,但你仔细琢磨,却能发现一种深蕴其间的哀意。如果把这篇小说比喻成一场雨,那么,它不是倾盆而下的豪雨,也不是润物无声的细雨,而是一场滴沥不止、意犹未尽的夏雨。

我们都生活在多媒体时代,会不可避免地阅读或浏览大量网络资讯。这里面很大一部分是我们所不需要的,但我们偏偏要对自己不需要的东西产生兴趣,这是一个悖论。布鲁姆说,你读了这些三流作品,就没有时间读一流作品了。但你不得不承认,我们在网络上能获取一些经典作品无法提供的新信息。

张:您提到的 "写意" "大写意" 是很有韵味的,正如同您的作品有自己独特的味道,这在中国 "70 后" 作家中是独树一帜的。您谈到阅读中对西方文学的接受及其影响。事实上,我认为,对作家的文学观能产生影响的不仅是阅读,而且还有更为广阔的东西,如地域文化、民俗风土、家族传统、民族审美品格等无形的东西,这些可能更加深刻、丰富、内在。您作品的这种写意性审美品性,是否受到东方文化、地域文化等审美元素的影响?这是非常可贵的艺术探索,请您谈谈这一探索过程的甘苦、叙述的难度,以及存在的困境。

东:这些年,我在小说创作之余写了一些碎片式的叙事文字,长则数百字,短则数十字,比起日本 "掌小说" 来更短,大概只能算 "拇指小说" 了。

这些短章都是写人，像人物速写，寥寥几笔，不求完成度有多高，言语有中，风神能见，就足够了。我把这些碎片像百衲衣似的集合在一起，冠以"面孔"这个题目；里面的文字也约略做了排布，求的是文气贯通。《面孔》已经写了三卷，计一百七十余篇，先后在两家刊物刊发。刊发之前，我曾在小圈子里贴出一部分内容，有人问我，这算是小说还是散文？我无以回答。它不像小说，也不像散文，更不像诗，但又兼有上述几种文体的某些特征。《面孔》与我前些年写的另一部小说《苏薏园先生年谱》延续的都是《世说新语》这一脉传统，我就是想用这种既古老又现代的方式记录种种世相。一段文字，常常是由一个词、一个意象或一句话生发开来的。记事之外，我也下了点功夫寻求一种内在的气韵，有没有做到就是另一回事了。如果有一种画可被称为写意画，那么我这一类文字大概就叫写意文吧。

张：当代作家，尤其是"70后"作家，往往对西方作家的作品如数家珍，信手拈来，但当讲述中国故事的时候经验却捉襟见肘。您的作品在"西天取经"之后又重新回到中国本土，走了一条更深、更广却也更难的路。请问您对学习西方与讲述中国故事有什么独特见解？

东：近几年，我也开始关注同行的写作。尤其是读那些比我年轻的作家的书，我总觉得自己的大脑已经陈旧了，得换一个新的了。我看完了之后，如果内心有点小激动，就会给他们发个短信，谈点粗浅的看法。有时候兴致来了，我就写点评论之类的文字。

谈到"短板"，我当然知道自己的短板在哪里。但我觉得自己悟性不高，属于后知后觉的那一类。正儿八经写了这么多年小说，时不时还要在写作中犯一些低级错误，比如叙事问题。

张：请谈谈您在阅读同行、同龄人作品或更年轻作家作品时的"小激动"，以及您与其他同时代作家的交流情况，我和读者都很想了解。请谈谈您对中国"70后"作家创作的思考、认识、评价。您认为"70后"至今还处于被遮蔽状态的根本原因是什么？

东：近十年来，我与同辈作家之间的认识与结交，几乎都是因为国内的文学期刊。我们感觉自己得益于期刊的同时，也许不能不正视这一现状：我们的写作正越来越趋同，这与期刊上所发表的作品之间的相互影响不无关系。20 世纪 20 年代，日本作家芥川龙之介曾在一篇题为《文艺杂谈》的文章中说："现在的长篇小说，总让人觉得某些方面有报纸的气息。如果由后代人来看，现在短篇小说的字里行间也使人感到有月刊的气息。"如何摆脱这种气息，仍然是我们今天面临的一个问题。

张：您的有些作品并没有延续中国传统小说的叙述传统，而是借鉴了怪诞现实主义的叙述方式，同时在文体方面打破了既有的文体模式，加入了书信、年谱、记者访谈等各种文体形式。这种创新是出于一种什么样的艺术考虑？

东：我早期不少小说受西方现代派小说影响极深，采用的是焦点叙事的方式，但写着写着就发现自己写的东西跟很多人没有什么区别。我后来试着采用散点叙事的方式来写，发现自己的心性可以更自由地发挥。但问题就来了，散点叙事其实并非散漫无章，不讲究限制视角的，相反，它对视角的限制可能更加微妙。

举例来说吧。我写作短篇小说《听洪素手弹琴》时也遇到过叙述视角对焦不准的问题。我把视点放在人物徐三白身上时，就只能从徐的视角来写洪素手；我把焦点放在人物顾樵先生身上时，就只能从顾樵的视角来写洪素手。但我写着写着就忘记了这一点，写到第三章时问题就出来了：

让徐三白遗憾的是，洪素手没有弹出让他醉心的曲子来。洪素手说，你走了之后，我再坐下来试练几遍。徐三白走后，她又坐下来，一个人，慢慢将气息调匀了，挥手之间，心就远了。弦动，琴体也随之振动，身体里的那根弦无声无息地应和着。

如果视点人物是洪素手，这样写是毫无疑义的。但我选择的是徐三白，他走了之后，作者不能让叙述者逾越视角来写洪素手弹琴的细节。因此，我就把"徐三白走后"这一段文字删除了。

为了厘清视角，我特意把这篇小说像交响乐那样分为四章，并且分别以"A 面"与"B 面"作为区分。A 面、B 面是传统磁带的专用名词，我之所以这么分，一方面是为了对应"听洪素手弹琴"这个题目，另一方面，也是强调"A 面"是以徐三白作为视点人物，"B 面"是以顾樵作为视点人物，既是通过他们的视角来看洪素手，也是通过他们的耳朵来听洪素手。

我是个"老改犯"，总喜欢不厌其烦地修改自己已经发表过的作品。有人说，与其改旧作，不如重新写一篇。我却不这么想。重写一个，也许是一种重复的写作，但在修改的过程中，你会发现新的东西。这些新的东西自己以前没有发现，但它会在后来的作品中冒出来。

张：您的艺术探索意识较强，常在小说中设有不少谜团和悬念，以至有读者反映有些作品不太好理解，您如何看？

东：曾有评论家说，我的某一部分作品读来晦涩难解，索性把那一部分小说称为"没有谜底的小说"。有一回在一次作品研讨会上，一位评论家说，他把我的《某年某月某先生》读了两遍，但仍然不得其解。我就有点惊讶了。的确，我在小说中安放了一些谜团。谜团一环接一环，直至最后，女主人公的身份依然是个谜。这篇小说采用隐喻的手法写人与人之间的微妙关系：一棵白果树隔着一座山可以把花粉传给另一棵白果树，但一个人即使走得再近也无法走进另一个人的内心深处；然而人又生活在与他人纠缠牵扯的谜团中，想跳出尘世寻求解脱也是不可能的。我不喜欢那种一眼就让人看透、然后能说出个道道来的小说。

张：您提到小说要体现东方精神，内在的精神是东方的，但兼有西方现代派的一些特点。请您结合自己的创作谈一谈"东方精神"。

东：我前几天跟一个古建筑保护群里的朋友转了几座江南老民居，发现民国建筑有一个特点，那就是中西合璧。因此，我如果不是作家，而是一名建筑设计师，我也可能也会造这样一栋房子：廊柱、檐口、窗户是西式的，传统的清水砖墙面，抬梁穿斗式木构梁架。门台的顶部是西式的，大门立面则是传统的砖石门台构图。

事实上，我所追求的一种理想的小说境界应该是这样的：在北方语系（普通话）写作之外，不失南方叙事的特色，其内在精神是东方的，外在的表现手法则兼有西方现代派的元素。

这些年，我一直在朝这个方向努力。我现在还没有把自己的那栋楼搭建起来。我现在所能做的就是，把四至立定，把梁柱摆好。如果说小说是我的客厅，门面略大一些，那么散文随笔和评论就是我的书房，诗歌是我的卧室。还有一个房间，我打算辟为戏剧。

张：您谈得很好。能谈谈您的写作计划吗？会不会继续探索新的写作风格？

东：有一次，我跟几位朋友谈到了未来的写作，我们都预感到人工智能写作迟早会来，由此会带来亘古未有的变局。目下，机器人写作的推理小说和诗歌都已经出来了，这无论对网络文学和纯文学都会构成很大的冲击，但我觉得，类型文学可能首当其冲。当然，纯文学也不能幸免，机器人的智能化程度只会越来越高，它们可以把托尔斯泰不太喜欢的莎士比亚跟托翁本人的风格搅混在一起，生产出一种新异的东西。20世纪初，章太炎先生看到西方现代诗进入中国，视若异端邪物，"不知叫彼作什么"。慢慢地，人们就习惯了这种全新的分行文字。人就是这么怪，发明了"阿尔法狗"用来打败李世石，还要发明写推理小说的机器人，试图打败东野圭吾。因此，哲学家齐泽克不无悲观地说，你永远只能是第二提琴手，机器人可以打败你。但是，人总是有办法的。进入人机合一的时代之后，一种新的人工智能写作必将带来新的文学标准。那时候，过去或现在畅销一时、在某个"标准"之上的文学作品是否还能留存仍然值得怀疑。

金仁顺：
最让我疼痛的细节最吸引我

受访人：金仁顺，吉林省作家协会主席、作家

访谈形式：网络采访

时间：2024 年 1 月 23 日、1 月 29 日

张丽军（以下简称"张"）：金仁顺老师好！真有意思，2012 年，我在《芳草》做过一个您的访谈；十多年后，我们又一次在《芳草》相遇了。请谈谈您这十年来创作的新感觉、新体验和对文学的新思考。

金仁顺（以下简称"金"）：谢谢！十二年，春风吹又生。

感觉、体验及思考，倒也没什么新的，太阳底下无新事。变化在于随着年龄的增长，对这个世界的感受越来越复杂。尤其最近几年情况特殊，疾病和科技对人类进行了双重暴击。现在的一个说法是，人的存在或许只是个程序，人生只是一个设定而已。如果这样的话，那我们所有的感受、体验和思考岂不都成了笑话？当然，即使只是一个程序，过程也自有其意义。我们今天就姑且谈谈人生和文学写作的意义吧。

张：您的回答真有趣，很有当下流行的科幻小说的感觉。您如何认识人生和文学写作的意义？是文学写作赋予了人生意义吗？

金：对我而言，是的。如果我们真的是个程序，那所有我们拥有的形而

下的东西不过是个设定，在这个设定的基础上，形而上的东西：我们的思考和我们各自赋予人生的意义才是重要的。没有文学，生命可能只是一笔笔墨；但有了文学，这一笔就是流星。

张：比起十年前来，您如何理解今天女性的处境（总体的与个体经验意义上的）？您更多关注哪一类女性群体，她们在社会生活中扮演着怎样的角色，在性别意识上有什么特征？您的女性书写有哪些新变化？

金：这十几年来，我的女性意识确实有个非常明显的转变：年轻女性群体，尤其是都市和高学历群体，她们越来越不在乎爱情和婚姻了，"搞钱""搞事业"变成了生活重心，不稀罕哪个男人的垂青，姐妹们自己赚钱买房、买车、周游世界。从人的独立意识上讲，这当然是好的，但每个人都要演主角，爱情和婚姻越来越荒芜，人类画地为牢，孤独终老，这种生活也绝非什么进步和理想。从创作的角度上谈，现在的键盘侠又有多少人需要文学？我们正在失去真实生活，文学还能撑多久？心灵枯竭，文学安在？

我关心的女性群体，一类是我跟我年龄相仿的，上有老下有小，老人多病，小孩多事，职场前景一眼看到头；颜值身材急剧缩水，爱情绝缘、婚姻将就。这些现实听上去很让人泄气吧？但事实上，我身边这个年纪的女性朋友活得一个比一个带劲儿，这些现实她们都有，但她们踩着这些鸡毛蒜皮，把自己的事业搞得风生水起，业余生活丰富多彩。另外一类是"00后"，他们未雨绸缪，小小年纪各种危机各种卷，想着省钱想着稳定，什么人生道理都能信口道来，明明是青春年少，却活成了老干部。当然，这些人物一旦进入作品里，都需要个体化，不能一概而论，每个人就是每个人。

张：死亡是文学的最重要主题之一，也是您小说中一个不可或缺的部分，您如何看待死亡叙事？您的死亡叙事承担着哪些文学功能？

金：最近几年，对很多人来说，死亡是司空见惯的事件。我居住的小区被封闭过 88 天，我站在自己的房间，眼看着小区景观从冬雪覆盖变成桃花盛开。接听到的消息有两大类，一类关于粮食和蔬菜，另一类就是死亡。这种死亡是一种现实叙事，真实发生，但因为隔绝状态，又有种超现实感。死亡不像我们年幼时感受到的，惊恐、黑暗、冰冷，如今，死亡变成了一个空间：

盛放着过去、未来和现实中的一部分，盛放了实体，也盛放了虚幻。

张：这种基于疫情时代的新死亡认知和体验，是否在后疫情时代对您的文学书写，尤其是关于死亡主题的书写产生了影响？

金：有影响，而且影响很深。以后的写作都绕不开这个。

张：您的长篇小说《春香》是在朝鲜人民家喻户晓的古典文学名著《春香传》基础上进行的创造性书写，您将春香一个人的传奇故事改写为春香母女两代人的命运故事，使小说的主题更具有一般性、普遍性。正因此，《春香》自发表以来，获得的好评不断。您是如何看待传统文学资源对于小说创作的影响这一问题的？

金：我一直很喜欢老故事。能流传下来的故事未必都是经典，但一定会有闪光点。《春香传》里面充满了矛盾和漏洞，可那种纯真和理想气息让人迷恋。写作《春香》的时候，女性主义还没有今天这般的声势，那还是大部分女生相信爱情，渴望遇到白马王子的时候。大部分女生处于弱势，有些许卑微和许多艰难，所以在小说里面，我希望我的春香和香夫人是傲然直立的，是玉兰花树，是不管世界多污浊也能独自芬芳的。

张：您形容这两位女性是"玉兰花树"，这个比喻太好了。小说中春香的父亲是药师，春香自幼几乎对药学无师自通。书中的植物药学书写让我感觉特别惊艳。张炜先生的《独药师》基于蓬莱千年长生文化中的药学文化，您作品中的植物药学源于哪里？您对植物药学有过研究吗？

金：年轻的时候喜欢读读《广群芳谱》一类的书。我喜欢植物。植物是自然界不说话的科学家，有大智慧，隐于深山也显于市井，很有意思也很有意味。

张：东北是您成长的故乡，《爱情冷气流》《小野先生》《彼此》等小说都以东北地区为背景。您小说中的东北书写既呈现了这块黑土地不同于其他地区的地域特色，您又在作品中塑造了个性鲜明的东北人形象。您觉得东北文化的特质是什么？您对于现在所提的"东北文化复兴"怎样看？您对"铁西三剑客"的文学创作是否关注？有何认识？

金：对于东北作家，"东北文化复兴"是个很让人激动的说法。可我从来没搞清楚，文化复兴，复在哪些方面，以及如何兴起？东北曾经有过堪称辉煌的历史，可成就这些历史的人并不都是东北土生土长的，其中很多是因为祖国建设的需要从全国各地迁移到东北地区工作的人。

"铁西三剑客"，是不是命名得过于随意了？怎么就"剑客"了？他们又不是写武侠小说的，反而是写下岗比较多吧。而且，他们若是剑客，敌人或者仇人又是谁？他们的作品我看过一部分，有东北味儿，也有伤痛和深沉的情感，很好。

张：您的感觉很好，"铁西三剑客"的小说有"伤痛和深沉的情感"。这种情感表达是否和您一些小说（尤其是您早期的小说）的叙事风格有某些相通之处？现在您创作中的情感是否更深沉或更沉潜了？

金：年少时候写作，也伤痛，但更多是锐利，是和现实生活正面硬刚。但写了快三十年了，稍微知道些深浅，自然就转换方式了。深沉或者说沉潜，都对。说白了还是复杂了，复杂没什么不好，别浑浊就行。

张：您曾将自己的小说《水边的阿狄丽娜》改编成电影《绿茶》。近年来，随着影视的迅猛发展，小说改编为影视剧的现象已经越来越普遍。作为影视戏剧专业的作家，您如何看待这一现象？在小说改编为影视剧的过程中应该注意哪些问题？

金：我真的不太懂，给不出任何建议。最近几年看影视剧有限，一个感觉是，网文改编远远跑在传统文学前面；另外一个是现在很多年轻的影视编剧很厉害，在故事结构、对白、人物塑造等方面都做得相当好，把原著给打磨、提升了好几个档次。江山代有人才出，未来行业细化，大家比肩而行。

张：在谈论创作的文章中，您曾多次提到过日本文学的影响，如芥川龙之介的作品。除此之外，还有哪些外国作家作品对您产生过影响？

金：我喜欢的作家太多了，很难一一列举，比如说简·奥斯汀，她的小说日常、从容、琐碎，但又浪漫、深刻、高级。再比如说理查德·耶茨，再比如朱利安·巴恩斯。我读作品比较看眼缘，喜欢就喜欢了，没太想过能不能受影响，偷学点儿精髓啥的。但读书破万卷，下笔自然不同，影响是不知不觉的。

　　张：我特别喜欢作家谈阅读。原来我在山东的时候，听刘玉栋谈他最近读小说的感觉，很有收获，能触及文学内部、深处东西。请您谈谈近十年来，尤其是近年来您的文学阅读与感受，谈谈您喜欢的国内外作家以及喜欢的理由。

　　金：这十年的阅读变化是，如果喜欢一个作家，比如说耶茨和巴恩斯，我会把他们全部的作品都读一遍。另外，这几年我也看了不少网文，看看当下的年轻人在写些什么。网文同质化问题固然非常严重，互相抄来抄去，搬来搬去，也缺少了些深度和思考，但写作者们身处另外一个江湖，各个门派、各种奇思妙想也是很有意思的。有的时候看板着脸装深沉的文字看腻了，看看网文满地打滚儿，感觉还挺好的。

　　张：在互联网时代，人们的沟通变得简单、自由起来，但这种沟通往往是浮于表面的，难以深入心灵深处，这不得不说是当代人的悲剧。您的小说《彼此》《云雀》《纪念我的朋友金枝》聚焦当代人的情感问题，试图探讨家庭、朋友、恋人之间的沟通问题。2022年底，魏微推出长篇小说《烟霞里》，关注的是当代人的情感和心灵。您如何看待当代人的这种情感困境？您是否将推出自己的新长篇小说？

　　金：我们之前的情感困境比起现在，差不多算是刚刚开始。随着网络时代的发展，人们将一步步滑向深渊，手机正在变成很多人的亲人、朋友，甚至一切，我们正在用科技埋葬情感，把人变成网络人、机器人。我可能过于悲观了，但担忧是真的，身边有这么多抑郁的朋友也是真的。

　　暂时没有新长篇写作计划。

　　张：在之前一次访谈中，您曾经说自己有时候在重新编辑、出版小说集时，会回过头去看以前创作的作品。我在阅读您的作品时发现了一个很有意思的现象，就是同一篇小说有两个不同的名字，如《当青遇到蓝》(《失意的咖啡馆》，新世界出版社2016年版)，这篇小说在小说集《纪念我的朋友金枝》（长江文艺出版社2017年版）中，就改名为"秋千椅"；《莲步轻移》（《失意的咖啡馆》，新世界出版社2016年版）这篇小说在小说集《纪念我的朋友金枝》（长江文艺出版社2017年版）中，名字又改为了"在敦煌"。请问题目是您自己改的还是编辑改的？您是如何看待这种改名现象的？

金：这种情况不太多。《失意咖啡馆》这本书的编辑是我的一个闺蜜，当时刚调过去，想做一本有文艺腔调的书。我说我的文本不适合，她说其实换个名字就可以，我说那你实在想做就试试吧。惯常我的小说名字都起得很简单，比较抗拒太花哨的东西。作品的名字很重要，能透露出写作者或者出版者的气质和目的。

张：您在创作中一贯坚持适度的原则，小说结尾大都是点到为止，并没有明确指出事情或人物情感的发展方向，在《莫莫格》这篇小说中尤其如此。当我读到宝玲独自一人出去面对一群品行极差的工人时，迫不及待地想要知道宝玲接下来的遭遇，小说却戛然而止了，读来稍有不尽兴之感，也因此，这篇小说一直让我念念不忘。您是如何看待作家追求小说结尾艺术性与读者追求故事情节完整性这一冲突问题的呢？

金：短篇小说的结尾应该是下一个故事的开始，所以才能让人念念不忘。结尾要给前面的故事一个收束，又要留出足够的空间以待未来。其实短篇小说之间是有接续密码的，只不过小说里面的人物换了头脸、年纪、身份，大家冷眼看成了别的故事。从创作主题而言，许多作家的短篇小说都是能找到呼应关系的。

张："短篇小说之间是有接续密码的"，您的言说很有启发性。这种"接续"是很有意义和价值的，有的作家或许是无意的。请问您的这种"接续"是不是有意设置的？能否以您的小说创作为例，谈谈这种"接续密码"？

金：我们在一个阶段关心的主题是一样的，表达这个主题的角度有很多种，但说来说去其实是一件事，就像盲人摸象。这不是有意设置，而是自然而然，一个时期聚光的点就那么一两个。我小说里面的很多女性形象性情相似，但因为身份和境遇的不同，他们在不同的故事里面呈现出了不同的样貌。这种情况也符合很多其他作家的创作。

张：自初登文坛以来，您就一直被冠以"美女作家""少数民族作家""'70后'作家"等标签，您如何看待这样的"标签"？或者说，您如何看待作家创作的个性化，以及这种个性化在遭遇群体问题时的处置方法？

金：年轻的时候，"标签"是作家的关键词，方便被归类，被平行或者纵向比较。这不是我们的问题，而是评论家的问题。"标签"意味着标识，也意味着打包，加强了群体辨识性，但削弱了个性。对作家来说，个性化当然是最重要、最可贵的。作家的工作关乎精神和心灵，工作方式又是独立的，没有个性，泯然众人，意味着产出的作品没有价值。好作家自然会从群体中脱颖而出。对于成熟作家而言，作品才是唯一重要的事儿，没有作品，以后是不是作家都不好说。

张：每个作家都致力于构建一个完整的、属于自己的文学世界，这个世界承载着书写者所有的梦想、生命体验与生存思考，您所想要构建的文学世界是什么样子的？

金：我没有什么野心，能成为作家，能写出几篇小说，是我的幸运。我没奢想过建立自己的文学世界。我只是想，以后等我老了，没了，我女儿想我了，可以在我的文字里面找我，见字如面。

张：您提到了女儿，希望她能在文字里发现您，这就是文学创作的意义和价值之一。能否谈谈您的女儿、家庭，以及日常生活中的自己？我记得几年前跟作家东紫谈话，她说孩子的出生对她的创作产生了很大的影响。您的女儿对您的创作有何影响？

金：女儿把我变得柔软、温和了。原本针锋相对的事情，我会考虑有没有可能两全，如果不能，那我可能会妥协。我不是一个好母亲，作家其实是非常自私的，介意自己的时间和感受，但她一直在我的视线里，我们的关系更接近朋友。她小学的时候我陪她背《论语》，送她学古筝，差不多也只做了这两件事。她进入青春期后，我们会聊聊情感话题、社会热点，她给予我的信息量远超过我给予她的；现在她上了大学，我期待她能教我更多东西，而这是一定的。

张：您是美食家吗？我感觉您对食物有独特的审美体验和生命感觉。

金：美食家不敢当，"吃货"一枚。我奶奶和妈妈厨艺都很好，从小我就很有口福，也养成了一些饮食习惯。美食是柴米油盐酱醋茶共同创造的奇迹，是文学艺术表达中很重要的一部分，是人最重要的生命经验之一。我有段时间专门读写美食的小说和随笔，很喜欢，写作时也很注意写食物。我在一篇随笔《离散者聚会》中就专门写到了食物。当我们对一个城市感到陌生时，美食地图是我们了解它最好的方式之一。我在《春香》里面也写到了很多食物，朝鲜族天生对食物非常敏感、在意，很多奶奶、妈妈都是通过一汤一饭来表达爱和关怀的，所以韩国拍《大长今》那样的电视剧再合适不过了。民以食为天，文学怎么可以忽略掉美食？

张：不少评论文章都说"冷"是您小说的突出特色。但是近来，我在您一些作品中感到了一股新的"暖流"。您对这种情感色调的处理有何用意？是不是有意为之？

金：年轻时太过简单粗暴，处理人物和事件，手起刀落，落下个"冷"名。年岁渐长，经历的事情多了，不固执也不强求，这种随性的生活态度反映到作品中来，就"暖和"了些。这种"冷"当然不会是刻意为之，是性格里面的东西使然，另外就是年轻生涩，不会虚与委蛇，索性一刀下去。

张：我们之前谈论过您的爱情书写，这次，我们继续深入交流。您笔下的爱情故事带有某种恐惧、悲伤甚至是神秘的色彩；出轨、怀疑等是爱情故事中的常见元素，小说看似写的是爱情，但实际上却是"无情"的故事，有种既"冷"且"酷"的感觉，甚至是一种重新阐释世界、人生、生命与爱情的哲学化认知体验。请谈谈您笔下爱情故事的构思来源与现实批判。您的爱情观是什么样子的？您如何思考和认知人与人的关系？

金：我是水瓶座，我的爱情观就很符合水瓶座的爱情观。可能过于爱自己，自尊是一切情感关系里面必须首先保证的东西，其他皆可牺牲。"冷"是自私，但被包装好以后，会显得有些"酷"。你说得非常好，看似写爱情，实则无情。爱情确实可能电光石火，风雷激荡，但那是暂时的，是有时效性的，而婚姻是漫长的将就和妥协。

以前的日子过得很慢，可以一生只爱一个人，只守着一个家。而现在的社会变化太快了，欲望五花八门，消费激情的方式多种多样，爱情和婚姻跟以往已经有了巨大的差别，将来会不会泯灭都不好说。这还是很让人遗憾的，科技是带来了便利，但便利本身消解了太多美好和珍贵。如果某一天我们的生活中连爱情都没有了，那可真悲哀。

张：随着城市化进程的加快，以城市为故事背景的小说数量变得越来越多，你的许多小说也可以归到城市文学之中。萧红写出了《呼兰河传》，迟子建写出了《额尔古纳河右岸》等地域性民族史诗，您长期在长春生活，是否也有写出东北民族史诗、长春地域民族史诗的念头？

金：没有。史诗哪里是想写就能写出来的。呵。

张：请谈谈您对长春的认识和体验，您喜欢长春吗？您写过有关长春的小说吗？

金：长春是我生活最久的城市，我人生中最重要的阶段都生活在这个城市。在一个城市生活了超过三十年，这个城市就是家。长春是个不太有存在感，但生活起来很舒服的城市。这里当然出过不少事情，出过不少人物，也风云际会过。《小野先生》就是我为长春写的小说，里面写到了很多我平时喜欢的街道、建筑，这是我献给长春的礼物。

张：《起因》这篇小说讲述的故事很平常，人物也很普通，但读完后却让人回味无穷。这不仅是因为故事本身的丰富性，还因为讲述故事的技巧纯熟。用一个故事去表达自己对生活、对世界的理解与深刻的哲理化体验，这可以说是真正的"艺术"。在写作时，哪种故事能够吸引您？您在讲述故事时是否会有意识地去思考该运用何种叙事技巧？

金：能让我疼痛的细节最吸引我。这些细节会贮存在我的记忆里，像一粒粒种子，有一天会生发成一篇小说。当然，这些"种子"不会在小说里生硬地呈现出来，但我自己知道，那是这篇小说的起点。我没有刻意地运用技巧，一刻意就没意思了。

张：您的小说语言有一种独特的味道与感觉，独具一格。您是如何建构自己小说语言的？这种语言与您小说结构布局的开放性、多义化是否有某种内在的同构性关系？您对语言有什么追求？您最欣赏哪位作家的语言？

金：我生活在长春，到处都是野生脱口秀达人和段子手，日常生活中经常会出现喜剧氛围。泡在这样的环境里，会下意识捕捉语言的亮点，思考为什么同样一件事叙述人不同效果天差地别。我上大学时学的专业是戏剧文学，对戏剧和电影对白都比较在意，慢慢就养成了对语言表达的兴趣。我喜欢有个性、智慧、幽默的语言，听起来似乎每个都很难做到，但很多优秀作家都同时具备这些特质。

张：除小说外，您还创作话剧。目前为止，您已经创作和发表了五部话剧作品，您自己更偏爱哪种体裁的创作呢？您最喜欢的小说是哪部？最能达到您心中理想小说标准的是哪部？

金：大学毕业后我一头扎进了 "文学" 里，但时不时，搞 "戏剧" 的朋友会 "胁迫" 我重回舞台剧创作，最近两年我还跟朋友们一起做舞台剧。

我最喜欢写的还是小说，其他文本要看当时的兴趣，或者给朋友帮忙，都是票友性质，高兴为主，没什么功利性。但小说不一样。小说能深入心灵层面，是朋友也是老师，有一种强大的力量。

理想中的小说其实没有一定的标准，我也很难在自己已经完成的作品里面挑出哪部最爱或者最理想。我喜欢的是写小说时挖掘的过程，在一个故事里面埋藏着点儿宝藏，哪怕那只是一句话或者一个细节，都会让我暗暗高兴。

张：我认为 "70 后" 作家是最独特的一代人，经历了从农业文明、工业文明到后工业文明的不同时代，是能出大作品的一代。从 20 世纪 90 年代到 21 世纪 20 年代，中国 "70 后" 作家的创作已经经过了三十多年的磨砺，您如何看待今天 "70 后" 作家的创作？您喜欢的同代人作品有哪些？

金：虽然生活的时代是同一个，但作家各有各的不同。"70 后" 作家当前是最好的时候，经历够多，感悟够深，体力也还充足，十年内，我也很期待看到朋友们出精品。喜欢的作家很多，好作品也很多，列举起来太长了，就不占版面了。

张：《白色猛虎》为您带来了新的声誉。这是关于长白山的创作，里面孕育了很多具有新质的东西。很荣幸，2023 年您的《白色猛虎》和我的高晓声论文章一起获得了第十四届万松浦文学奖。请您谈谈《白色猛虎》中展现出的创作新变化与新思考。

金：那先祝贺我们一下。呵。

《白色猛虎》是写给中年女性的。这个年纪的女人活得不容易，我自己就在这个年龄段，我们看透了生活真相——别谈什么热爱和拥抱——只能无可奈何地接受。吃过的苦经过岁月的发酵并没有变成糖，而是苦上加苦，却又无法为外人道，不是不敢讲，是讲了便矫情了。很多中年女性面对的是生活的全面崩塌，哪怕那些外表活得颇光鲜靓丽的，内里也充满了焦虑和纠结。中年人最可怕的认识是我们曾经以为能掌控的一切，发现不过是个幻觉；我们以为真心付出的东西，比如爱情和亲情，也未必有回报。孤独才是我们的结局。小说里面的女人在长白山的严寒天气里面对着风雪叫板：放马过来吧；也能在阳光明媚里面，想一死了之。

张：请您谈谈未来一段时间的创作计划。

金：我的创作一直没什么计划，想写就想，说停就停。我们在生活之中，也在作品之中，写作就是个通道，连接生活和创作，也连接庸常与灵魂。

张：我很喜欢您的回答，您的文学观是自然的、审美的、诗性的。自由、自然、随性，对于文学是最好的朋友，但是一些传世之作和经典之作也都是精心、用心、专心建构起来的。陈忠实曾经提到自己想写一部枕棺之作，为此不断积累素材。作为非常有才华的作家，您是否也在积累、酝酿属于您自己，也属于这个时代的大作？正如您所言"我们在生活之中，也在作品之中"。

金：作家没可能一样啊，也没有统一标准。时代如此浩大，哪里有什么敢说是属于自己的？回到第一个问题，我们没准儿是虚拟的呢。尽可能做好自己，尽最大努力写好作品，岂能尽如人意，但求无愧我心。

鲁敏：
我偏爱叛逆性、有强烈主张的人物

受访人：鲁敏，江苏省作家协会副主席、作家

访谈形式：网络采访

时间：2024 年 4 月 12 日、4 月 13 日

张丽军（以下简称"张"）：鲁敏老师好！非常感谢您，这大概是我第二次约您做访谈。您拒绝做重复性访谈，这让我感到很兴奋，也感到压力。希望我的访谈不是对您时间的浪费，而是真正具有新意的、深入您心灵世界和创作文本内里的。我从 2009 年开始做 "70 后" 作家研究与访谈，就是力图为未来的历史及其研究者提供一个较为丰富、独特且具有时代气息的作家精神档案图谱。请谈谈您最想与未来的读者及历史研究者交流的话题、故事或经验。

鲁敏（以下简称"鲁"）：谢谢张教授。写作、阅读与研究，我觉得是各自独立、各自丰沛的阶段，还真不敢对后两者谈什么思考。最大的想法，还是先做好我的这部分，然后才敢小小地期望着，有此时此刻与未来的读者、研究者能够看到。

张：我们知道，在文学史的叙述中，作家往往有一个文学地理或文学形象的定位，比如莫言的"高密东北乡"，张炜的"芦青河与半岛叙述"，贾平

凹的"商州"系列。您对文学地理空间建构有什么认识？您是否还要继续建构"东坝"系列？

鲁： 这个问题总被问到。一个人，总会处于时间与空间之中，即使虚构，也会折射出相应的时空元素与特征。从这个角度来说，作家笔下文学地理空间的建构与形成或许也是一件比较自然的事情。当然，不同的写作者对此会有不同的理解与实践，强化是一种常见的策略，消减或去空间化，我觉得也是一种很高明的处理。相对于具体的地理空间，文学空间应当有更开阔的意义——缥缈或抽象的意义。

在写作早期，我虽然已到城市，但对乡村的记忆与情感还强有力地占据着我全部的心。带着一种断脐般的痛苦与伤感，我知道我的故乡与我已是永诀。所以那些年我一口气写了不少以"东坝"为背景，乃至主角的小说，从后来的角度往回看，也许形成了所谓的"东坝"系列。至今还有读者喜欢。我也很珍爱那时的情感以及我的东坝。

现今的情感与记忆另有重心，如果没有新的触动，"东坝"系列恐怕还是会被搁置在时间深处。

张： 您在多部长篇小说中塑造了众多"抗拒者形象"，如《奔月》中的女主角抗拒世俗生活，上演了一起惊天大逃亡，以新的身份开启人生；《六人晚餐》中的晓蓝和晓白始终有一种强烈的抗拒意识，直到大爆炸两人才开始迅速成长，意识到苦难与爱同在，获得了新的人生启示；《金色河流》中的儿子王桑与父亲展开了一场漫长的抗拒战，以颓废、无为做武器抗拒父亲的"成长安排"。这些"抗拒者形象"极大丰富、拓展和深化了故事的精神深度、心灵广阔度，展现了一个个平凡人内心的"精神风暴"，从而构建了一种深度精神叙事。这是否构成了您笔下人物形象的精神谱系？您是有意为之还是无意创造、不自觉建构的？这与您的成长是否具有某种精神同构性？我感觉您在现实生活中是很善解人意的，这是否与您对"虚构"的推崇有关？在"虚构"中，您是否达到或创造了一个新的自由世界？

鲁： 你的梳理和解读角度很特别，谢谢。但"抗拒者形象"实在不敢讲作精神谱系，因为这不是特意为之。每个长篇都有自己的来路与成长。小说中主人公的面孔、他们的个性，也是在各自的境遇与命运中跋涉形成的。

　　不过，我确实更偏爱叛逆性、有强烈主张的人物。虚构的艺术，可以是对现实的忠实写照，可以是适当变形的折射，也可以是发足狂奔的异想。对这样陌生化"异己"的刻画，对"打破现实"人物的塑造，也是我写作的重要乐趣。

　　包括对读者来说，这种"抗拒者形象"可能也有其抵达意义。像《奔月》中的"小六"，至今还有读者会在微博后台留言向我反馈想法。他们在生活中也是循距蹈规的保守主义者，却偏偏欣赏和羡慕小六——当然，也带着一种隔岸观火的安全感。他们现实中可以不必也不可能这么"刚"、这么"较真"，但他们很乐于知道，世上有个"小六"去替他们尝试了一下、跳跃了一下。

　　张：在我研究的"70后"优秀小说家中，您的长篇创作较为繁盛，有多部非常优秀的长篇小说，《博情书》《此情无法投递》《奔月》《六人晚餐》中都有大量关于身体、欲望的叙述，为人物内心世界打开了一扇扇隐秘的精神风景"取景器"，弥漫着浓郁的荷尔蒙气息。您在以往的访谈中提到："肉体、欲望太重要了，占了人性很大很大的比重啊，肯定要写，就只怕写得等而下之、皮毛不及。我有一个阶段，对心性很看重，所以才写'暗疾'之类的文雅又分析的故事。但最近又不是这么想的了，推翻了，现在是觉得肉体、力比多、本能、暴力什么的，更关键，是无耻但值得重视，乃至尊重的力量，能构成和推动历史的力量。"您谈得非常好，您在小说文本中的"力比多"描写特别精彩，很具有震撼力，展现了人性的复杂性与人物心灵的深度。新作《金色河流》中有了新变化，这里面身体叙事变成了一种略述。这是否体现了您欲望书写的新思考与新变化？

　　鲁：一个阶段有一个阶段的关注点，会有变化。最近这几年，长篇《金色河流》也好，包括平常发表在期刊上的一些中短篇，我总是想寻找和书写"面孔"。不见得一定是"典型环境中的典型面孔"，但这个面孔一定是能打动我的、有书写价值的、有时空意味的。这样的人物是一个综合体，有丰裕的金钱生活，有荷尔蒙的驱动，教育、阶层、城乡、性别等许多元素在其身上有统治与刻痕，还要面对外部世界的击打或推动等。也许，这仍然是广义上的欲望。存在即是欲望，每一张面孔，归根结底都包含着对欲望的理解、追求与处置，哪怕是清心寡欲，那也是一种追求和处置。

张：我看到您在伦敦书展的最新文化交流活动，以及《金色河流》在国外的译介与传播。请谈谈您作品的海外传播情况。您对此有何感受与思考？

鲁：伦敦书展以版权交易为主，这次也确实为《金色河流》增加了一些语种的接洽与输出机会。此前也有《六人晚餐》《此情无法投递》《奔月》《或有故事曾经发生》《荷尔蒙夜谈》《墙上的父亲》等长篇或小说集的多语种输出，这当中也有不少趣事和感受，以前写过小文章，这里不再展开。

在对外交流中能感到，海外市场更侧重现实主义题材，侧重当代生活，对"写什么"的关注大于"怎么写"，许多在技巧和风格上有探索的优秀中文作品反而会被忽略。海外图书版权交易很重视读者和市场的反馈，他们往往围绕着"读者想读什么"来寻找作品，并不特别关注或照顾"你在写什么"。

欧洲对东亚文学挺友好的，不止中国文学，这几年韩国文学、日本文学的译介也特别活跃。各个国家都对文化与文学输出做着长期的推动工作，像韩国，在对翻译与出版的资助上就有很多既务实又创新的举措。

前不久我参加"龚古尔文学奖中国评选"系列活动之圆桌对谈，龚古尔文学奖是法国文学的老牌奖项，已有 120 多年的历史。为了准备该活动，我翻看家里的书架找龚古尔文学奖获奖作品，发现许多早年读过的法国小说都是，像《情人》《桤木王》《暗铺街》《来日方长》《三个折不断的女人》等。翻开来一看封二，发现它们有个很大的共同点：它们得以被译介到中国，都得到了法国外交部的专项出版资助。直到今天，法国政府还在以各种方式资助法语文学的外译，比如面向中国的傅雷翻译资助等。所以，不论什么语种，即使是经典之作，跨越巴别塔的最初一步，还是需要诸多外部合力的推动。

中国现在也有许多不同层级、不同面向的资助项目，这很必要，对文学作品的推广是一种有效的辅助。但对于中国文学如何真正落地海外图书市场，不止扶持机制，还有出版代理机制、书展活动参与等，我们还有很多事情需要学习和完善。

张："家庭"是您小说叙事的核心单元之一，与其他作家不同的是，您小说中的家庭关系往往是"撕裂"的。《取景器》《暗疾》《月下逃逸》等言说了婚姻的琐屑、空洞与乏味，《镜中姐妹》《墙上的父亲》《六人晚餐》等讲述了家庭成员之间的隔膜，新作《金色河流》中也有类似的描写。那么，造成您这种叙事取向的原因是什么？您是如何理解中国式家庭关系的？

鲁：对小说来说，"家庭"是个巨大的支点与容器。也许在通常看来，战争更大，瘟疫更大，政治更大，历史更大。家庭，那算个什么小鼻子小眼的。但我总感到，世界上一切所谓重大事件都是出自人，而每个人的背后，其来处、爱恨、牵掣、弱点、归路，都是亲人、家庭与爱。一百万条关于这个世界的线索，最后都会以某种方式穿到家庭的针孔里。数千年的时间从烟尘里穿过，能让人们落泪的，恰恰可能只是婴儿扑向母亲怀抱的那个画面。

中国式的家庭也一样，包括整个东亚。在我们的传统与伦理中，家庭关系极为重要。家庭对一个人的影响，既有代际上的、性别上的，也有身体上、精神上的……太多了，渗透到每一个悲剧性、浪漫性或闹剧性的基因之中。

稍微夸张点来说，写好中国式家庭中的人，就写好了独属于我们国度的故事与面孔。

张：您多次提到童年、故乡，外公、舅舅、母亲，以及更改您报考学校的父亲。您的乡村生活经历，我感觉不是像我这样有着很大的"土气"，而是似乎有着很强的"文化气"。请谈谈您乡村生活的独特性，以及对您文学创作影响较大的亲人。

鲁：主要还是因为地域上的差异。江苏乡村本就是物产丰富的平原，地肥，水丰，少灾。在我的少年时期，20 世纪 80 年代，物质上不能算特别匮乏，加之整个地方也都有耕读传家的风气。我家的亲友里有四五个老师，余者或是兽医，或在农具厂与广播站工作，到哪儿都有书或报刊可看。不只我，我周围的小孩好像也差不多。只要拿起书，大人一般不会喊着干活。走到哪家，堂屋的重要位置必然是贴着小孩的奖状，与先人们的照片共占一个墙壁。

文学上有特别影响的亲友也谈不上，因为我在这方面产生兴趣是很后来的事。但故乡，尤其是我母亲、我不在场的父亲、我寄居的外公外婆一家，极大地塑造了我的性格，这比文学对我的影响更大。性格决定命运，我蛮认可这句话的。

张：您说《金色河流》中的"有总"这一形象您"惦记"了小二十年，什么原因让您对写这类形象特别感兴趣？小二十年可以说是一段不短的时间，这些年里您对有总这类"小老板"的认识是不是也经历了一些变化？

鲁：确实，这些变化还是蛮典型的，我们可以用"晚报故事"来看。早期是暴发户的故事比较多，写卖瓜子、卖啤酒的如何挣大钱；几年后，主流变成了商海沉浮、兄弟恩怨，以及财富导致的背叛等；再往后，画风又变了，财富越积累越多，有人选择读书深造，有人去登山，还有人去"灵修"，许多我们熟悉的大商人都在这个名单里。最近这些年，很多人开始转向慈善。远至曹德旺、鸿星尔克，近到身边的耳闻目睹，比如小老板们自己建造的乡村图书馆或养老院等，这些都对我触动很大。有总代表的是一个处于不断自我蜕变中的群体形象，但人们依然对他们粗暴地投以蔑视、妒忌或仇恨。

包括生活中认识的。我原来在通信行业工作时，认识了一个宜兴的小老板。这个小老板当时正在为儿子不肯接班而苦恼。他的儿子当时在国外学考古，对他的生意毫无兴趣，完全瞧不上。这个脸上已经生出老人斑的小老板向我诉说时，语气伤感，眼神却小心翼翼。因为一个读书人骂自己的儿子不读书可以理直气壮，但是一个商人说自己的孩子为何不跟我一起挣钱，就好像很内疚，不大说得出来。这个小老板的表情里面显现出许多问题，包含着人们对于物质创造的各种偏见与误解。我们或许已经走到了现代性的高处，但许多想法仍然远远落在低地。

张：文学史中有许多经典的"傻子"形象，如《白痴》里的梅诗金公爵、《喧哗与骚动》里的班吉、《尘埃落定》里土司家的二少爷，《金色河流》中的穆沧也是一位心智不健全者。您想借助这一形象传达怎样的思想内涵？

鲁：对，还有冯内古特《五号屠场》里的士兵比利，斯坦贝克《人鼠之间》里的傻子莱尼等。我曾经很喜欢福柯对于疯癫的指认，他关于人类集体意识的警告，关于所谓社会整体体系中对病症的排异、厌憎和压迫等。傻子与疯癫不同，文学也与哲学有不同的甚至是相反的表达方式。去年我写过一个书评《傻子们的聚会》，就是写了这五个伟大的傻子。我心目中，斯坦贝克是写傻子写得最好的，虽然这句话听上去也许有点怪，但我认为是这一顶桂冠。就像人们常说的 "画人容易描鬼难"，舞台上的酒鬼、影视里的精神病患者都是很难表演的。不仅如此，文学里的傻子常常还事关叙事策略、主观视角、道德主张等 "非傻子" 的因素，傻子在小说里也可谓是一种重要的类型人物。

《金色河流》里的穆沧是一位阿斯伯格征患者，从他的行为准则、人物成长线上看，我没有进行太多夸张或象征性的演绎。他开始就像一块不爱动窝的石头，到结尾还是那块石头，还在原地不动。这个人物在生活中有原型，家中有这样亲人的陌生读者，也觉得我写得 "十分像"。大家对这个人物除了格外偏爱，还从他身上读到了某种接近价值参照或精神清洗的意味。我很高兴会有这些丰富的反馈。

当然，你讲得对，没有一个人物是无缘无故出现的，每个傻子背后都坐着其虚构者与创造者，作家躲躲闪闪地藏在傻子后面，有多么真诚就有多么狡猾，当他们交付出一个傻子人物时，同时也就设下了一个契约式的陷阱——我写穆沧，也是这样的。但我不想自我阐释得太多。

张：您说 "我一向如此，追求变化与动荡，追求危险与冒犯，我反感那种咬了一块大肉就死死不放的战略"。您的《奔月》是对传统神话的戏仿，《六人晚餐》里有着寓言化的表达，《金色河流》也通过谢老师的笔记本流露出 "元小说" 的叙事意味，您是否有意在小说的叙事形式上寻求突破或某种先锋性？但我在思考：谢老师的旁观者与见证者形象是否可以不要？写谢老师时是否交代过多？是否可以有更多留白？

鲁：对，假如只是写一个小老板自我回望的遗产故事，不见得需要谢老师。谢老师在小说里是个次要人物，也有人认为可以去掉。在我最初的构思里，有总、穆沧、王桑、河山、丁宁……所有人都有了，故事也完整了，随时都可以开始，但我就是迟迟没法动笔。我老觉得少了个东西，要说少了什么，也说不上来。直到有一天，谢老师突然出现——有他，才能有你所说的 "元叙事" 形式。但这还不是重要的。最主要的，还跟我对小说写作与非虚构写作的某些思考有关。

非虚构写作其实同样非常主观化，写作者也会做小说家做的事，比如在素材的使用上，会为了服务文章主题而有所选择。既然虚构技术可以作用于非虚构，那么非虚构的方法论和创作过程也可以拿来服务我的小说。所以从技术角度来说，他是我叙事策略里一个十分关键的角色。对于谢老师，你可以从虚构对非虚构的借鉴角度去理解，也可以从元小说的角度去理解；可以把他单独拎出来理解谢老师其人其事，也可以通过他去理解有总与有总的儿女们。谢老师的加入，可以说是帮助我在这部小说中达成了文本上的一点创新。

这是其一。还有其二。在《金色河流》里，我们如何判定有总的一生？有总的回望难免会包含自我辩护，这时谢老师作为一个旁观者，他的各种观察和思路能给有总带来多角度、多层次的阐释。从"穆有衡的黑暗原罪史"到"宏大、复杂的时代之子"，再从"穆有衡和他的儿女们"到"虚构的非虚构"，最后依然回到了老问题——我们如何看待一个人的一生，如何认识一个人的价值。而这恰恰不是恒定和确定的，而是多重、多变的，可能彼此遮蔽和覆盖，从不同角度进入会有不同理解。哪怕离有总这么近的谢老师，也无法再现他的生命。

所以谢老师在这里帮我实现了多重的写作野心，貌似是戏仿非虚构，其实更是以多重视角和层次去摸索关于"一个人的一生"的表达，尤其是对生命之"不可解"的一声吁叹。

张：您小说的语言精雕细琢，有着独特的鲁敏式的诗性风格，我特别喜欢。读您的作品《六人晚餐》，一气呵成，有行云流水之感。您的小说语言观是怎样的？您的语言是如何锤炼，如何形成的？

鲁：语言上离我的理想还差很多。我在语言上的天赋并不好，我只是比较肯改。中短篇会改无数遍，长篇起码也会改六七稿。其中相当的力气都用在语言上，这种修改很笨、很费时间，有时也改得疲倦和沮丧。只能这样，我是靠改出来的。

张：《金色河流》的故事内核是改革开放初代创业者的故事，但是小说对

有总创业过程的着墨并不多；反而小说中昆曲这一叙事元素从开头、中间到结尾处都有很多描绘，您对此有着怎样的考量？昆剧《白罗衫》与《金色河流》有异曲同工的"互文"之感，您把二者并置在一起有何考量？

鲁：《金色河流》探讨的不是有总们的钱从何处来，而在他们的钱往何处去。故小说的叙事重点不在有总的创业过程。

写昆曲是因为我是江苏人，南京这里兰苑剧场每个周末都有折子戏演出，戏迷相当活跃，到岁末封箱演出大反串时，台上台下能一起合唱的。我跟在后面玩了十多年，这个过程中，也慢慢认识了好一批优秀的昆曲从业者，听到不少改良与改革故事，更多了些复杂的感受。昆曲是至为寂寞、至为古老的艺术，物极必反之下，似乎也有种异样的反作用力，是一种超越时代的恒在。从读者阅读角度来看，这在节奏与气质上是一个调停，这条线与主线里的遗产之争也可以看作非物质遗产流传的一种对照。

而写《白罗衫》，是因为正好看过这出戏的"师徒四代同台"，小说里又需要写到"延续"，就动笔写了，起初谈不上有什么特别考量。只写着写着，发现此剧内容与河山跟有总的"义父—养女"关系恰有对照，都包含义与理、恩与罪的对冲，就稍微借题发挥了几句。很高兴你能注意到这出戏的内容。

张：金钱和昆曲在小说中形成一种对比，您对商业与艺术、物质与非物质之间的复杂关系有着怎样的思考？

鲁：这么多年来，文学书写现场较多侧重于精神层面的表达，而把金钱与财富视为通往生活的一种物化"途径"，但我总是感到，这种"上层建筑"的情怀视角似乎是一只单筒望远镜，文学还应当有另一只镜筒，对准物质进步与壮美。从事实上来说，我们作为个体，包括我们所热爱的文学艺术，也都是经济基础与物质进步的在场者与受惠者。应当有镜头对准有总这样纯粹的物质创造者，对他们来说，金钱和财富不是什么手段与途径，恰恰就是生活的道路和价值本身。在他们及其子女的身上，我们可以看到这几十年来东方式的财富观在不同代际的寄寓、冲突与变迁。

我在很多年前写过《伴宴》，里面主要涉及民乐。那时把艺术与商业、物质与非物质似乎看作一对矛盾冲突、隔阂重重的二元对立的存在，那在当时也是很普遍、很典型的一种理解。十多年过去了，我用《金色河流》重新表达了我的思考，当然，这不只是我的思考，更是整个外部世界的现代性变迁与进步。

张：听您说，您正在创作一部新的长篇小说。能否提前"剧透"一下新长篇的主题内容或细节，这是关心和热爱您的读者很想知道的。您未来五到十年有什么写作计划或愿望？

鲁：锅里的东西正咕噜噜小火炖着呢，提前揭盖子就不好吃了。作家就是迷信的厨子。我就不揭盖儿了。

张：谢谢鲁敏老师在紧张、持续的新长篇小说写作中抽出时间来做访谈。和您的众多读者一样，我对您的新长篇小说翘首以盼。

马笑泉：
我时常处于一种自我搏斗的状态中

受访人：马笑泉，湖南省作家协会副主席、著名作家
访谈形式：网络采访
时间：2023 年 5 月 14 日、5 月 17 日

张丽军（以下简称"张"）：您在几部作品的"自序"中都提到了回望童年的自觉意识，您的小说处女作《红蛇男孩》关切的也是童年时代对于人生命轨迹的重大影响。能否谈一谈童年对于您创作的影响，或者说童年经历与您创作的关系？

马笑泉（以下简称"马"）：对我而言，童年肯定是创作的原点。即使我不再书写童年时代的经历，那时所形成的对世界的印象，所养成的感受方式和思维方式，依然会在我的写作中有所体现。

张：请具体谈谈您童年印象特别深的几件事情。

马：跟公鸡打架；深夜蹲在平房尽头巨大空旷的厕所里胡思乱想；冬天异想天开去厂区的草料库烤火，结果烧掉小半个草料库；比赛骑童车从坡上飞速冲下；滚铁环；弹弓大仗；拍烟纸壳赢到一张"岳麓山"高兴得在地上打滚；翻越各种高度的红砖墙；折各式各样的纸飞机去天楼上放；春节时结伴挨家挨户拜年；跟着大人在工会活动室集体观看《大侠霍元甲》；学跳霹

霓舞；夜晚掉到街边沟里毫发无损；去基建工地上挑衅大狗被追得一路狂奔；在电影院门口晃悠试图混进去；得到五元巨款后带着几个小伙伴上街挥霍一空……

张：您母亲是汉族人，在您幼时就常带您参加诗社的文学聚会，能聊一聊母亲对您的影响吗？母亲是否影响了您作品中女性形象的塑造呢？我看您作品中的女性，母亲的身份功能似乎并不是特别突出。

马：我母亲是 20 世纪 80 年代的文学青年，她给我提供了一个近距离接触那个群体氛围的通道，同时她的藏书也为我打开了文学之门。但很长时间内，她都反对我走职业写作之路，这是出于一位中国母亲的现实考虑。

我塑造过很多女性形象，并不刻意突出哪种类型。说到笔下的母亲形象，《放养年代》中的宋巧云和《银行档案》中的尹桂花塑造得比较立体，但跟我母亲隔得很远。中篇小说《对河》中母亲的形象，有她老人家几分影子。

张：可否具体谈谈您的父亲与母亲对您童年、少年成长的影响？

马：父亲是个钳工，在我读小学时即沾染上赌博恶习，最终导致与母亲离婚。他跟我母亲处在两极：一个极其不负责任、好逸恶劳、放荡不羁；一个非常上进、勤奋、热爱学习、有很强的家庭责任感和事业心。这两极都融入了我的天性，使我时常处于一种自我搏斗的状态中。

张：一些学者将您作品冷硬、刚劲的审美风格归结于回族子弟的特殊气质，您怎么看呢？

马：气质是先天禀赋和后天历练相结合的产物。我不喜欢刻意强调这些，而更愿意让它们自然流露。我的小说风格比较复杂，冷峻刚劲有之，雍容厚重有之，阴郁诡谲有之，空灵跳脱有之，婉约柔美有之，主要是由素材本身的质地和表达的主旨共同决定的。

张：您初中就读于隆回一中，那个校园很美，校园里交叠的青石板上氤氲着葱茏又青涩的气息。当时您加入了校文学社，这是不是您开始建构文学理想的地方？您能分享一下当时参加文学社的经历吗？这种经历给您之后的

文学创作带来了什么影响？

马：我加入文学社是被动的，起因是在年级作文比赛中得了第一名，文学社指导老师找上门来。社员证很快被我弄丢了，社里举办的讲座我也只参加过一次。我那时心思主要在玩上头。童年和少年时就得狠狠地玩，这对以后写小说大有裨益。

张：**您在中学阶段喜欢看什么书？这一阶段，哪些作家或作品给您的文学创作带来了影响？**

马：初中阶段能够弄到的课外书着实有限，因为少，所以一旦到手便会如饥似渴地阅读。那时我住在外公家，他老人家书柜里有不少鲁迅的作品，还有一本《唐诗选析》，一本王力先生的《诗词格律十讲》，都被我翻到烂熟。看鲁迅的作品，一般的初中生都感到头疼，我却很容易进入，那种冰火一体的独特美感着实令人沉醉。《唐诗选析》是张燕瑾先生编选的，当时大部分诗作都熟到能背诵的地步，连《春江花月夜》《蜀道难》也能整首背出，现在只记得些零散片段，但其神韵已深入骨髓。《诗词格律十讲》写得深入浅出，遗憾的是没有涉及平水韵。我现在还能作点旧体诗，就是那时打下的底子。个人少得可怜的藏书中分量最重的是《三国演义》，那是一个阿姨送我的生日礼物。书中好些英雄豪杰身上散发着名士气，是那个时代的集体风范，这种类型的人物影响到我的成长。至于创作上的影响，我后来写小说，场面再大，事件再纷繁心里也不怵，似乎很有把握，大概是受益于这部书。我们县里的天才诗人匡国泰送了我弟弟一本《鸟巢下的风景》（我弟弟跟他的宝贝女儿是小学同学兼好友），被我据为己有。还有一部应该是母亲买的《朦胧诗选》，让我跟诗歌结下了不解之缘。此外，便是在同学中传阅的武侠小说。那时只是觉得好看，一翻开便欲罢不能。多年之后再回想，金庸、古龙，还有梁羽生和温瑞安的部分小说，实际上构成了我的一个重要文学源头。到了中专，学校图书馆藏书丰富，阅览室文学期刊品种也不少。沈从文、穆旦、张爱玲、韩少功、苏童，这些我喜爱的作家的作品都是那时读到的。我还开始阅读哲学著作，叔本华、尼采、萨特，让同学们感到惊奇。

张：**可否介绍一下您的外公，以及他对您创作的直接与间接影响？**

马：外公出自滩头李家，与大学者李剑农同族，曾担任过多所小学和中学的校长，最后在隆回一中退休。他正直、宽仁、乐观，工作认真负责，这些品格无形中影响了我。因为长期操劳，身体欠佳，退居二线后他开始练习气功，两三年内居然修炼有成，能够遥感看病，县里有不少人找他老人家诊疗，还有一些同好上门交流。虽然我没能练成气功，但处在这种氛围中，略略领悟到了精气神的重要性，这对我日后的创作产生了极其有益的影响。创作时我特别注意调气，在这个基础上用神来统摄全篇。而平时的读书游历，包括健身，在我看来，也是个"练精化气"的过程，在为创作积攒能量。这使我规避了那种通过损耗生命来写作的路径，而让文学创作成为了一种修炼，其目的是打开自己的小宇宙，跟一个更大的宇宙接通消息。

张：您提到的"县里的天才诗人匡国泰"，我特别感兴趣，他是一个什么样的"天才诗人"？对您和当地文学有什么影响？

马：他起初是电影公司的放映员，经常去乡下放露天电影，无师自通学会了写诗。当时《诗刊》的编辑，后来的大编剧邹静之很欣赏他，以大篇幅刊发其名作《一天》和《消失》，还跑到隆回来看他。他因此调入县文化馆，却是当摄影专干。他最大的兴趣是游荡和摄影，写诗尚在其次。之后调入《湖南文学》，不久又跟王静怡去北京办了一阵《母语》，现在退休了，每年依然有大半时间在外游荡，湖南的每个乡镇他都走到了。他的诗歌成就和人生态度，影响了隆回，乃至整个邵阳地区的文学青年。我家与他家是世交。他跟我大舅在知青时代就结为好友（我大舅李路明是当时县里的另一个天才，邵阳师专中文系毕业，参加工作后又考上了中国艺术研究院，成为王朝闻的学生。毕业时因为吃不惯北京的饭菜坚持回到湖南，进了湖南美术出版社，在绘画、批评和出版三个方面都有重要成就，是 20 世纪 80 至 90 年代湖南当代艺术的灵魂人物），他妻子与我母亲曾是同事，关系很好。他超然的人生态度和灵动的艺术感觉都影响到了我。

张：看您的经历，您 1997 年中专毕业分配至银行，2005 年调到《邵阳日报》，2008 年您的《银行档案》出版。八年的银行工作经历，应该给您带来了很不一样的观察世界的窗口，您是什么时候有了以"档案体"来写一

部关于银行从业人员长篇小说的想法呢?

马:在官方的人事档案中,每个人都被抽干了血肉,只剩下一份高度程式化的履历和一些难以追究过程的奖赏记录。档案理应是真实的,但充其量只是一种干瘪的真实。我决定给一个单位的每位职工另建一份人事档案,这份档案从民间视角切入,以小说形式完成。小说首先是一门虚构的艺术,然而它可以最大限度地抵达一种血肉丰满的真实。还有一个动机,就是我读过的小说往往只有一到两个主角,其他人物无论多么充满活力、富有性格,也只能作为配角存在。但生活不是这样,生活中每个人都是主角。在人物自己的世界里,一个普通职员的重要性远远高于一个银行行长。换个角度来考量——在别人的生活中,每个人又都是配角。应该有这样一部小说:所有人物都是主角,所有人物又都是配角。这两个想法驱使我撰写此书。2004 年动笔,2005 年完成。节选本发表在《收获》上时名为"民间档案",足本出版时改名为"银行档案"。

张:中专是我们那个年代最优秀初中生的优先选择。那个时代的中专教育是很受重视的、中专生活是丰富多彩的。请谈谈您的中专专业及学习生活。

马:我进的那所中专叫湖南银行学校,隶属于中国人民银行。因为母亲当时在邵阳市人民银行工作,我作为子弟,读的自然是城市金融专业,这个专业是培养银行职员的。我实在不喜欢金融,一度还担心自己毕不了业,但整所学校只有我一个人如此怀疑,其他人都把我看成天赋很高的大才子。我当时是文学社社长、校报学生记者组组长、校电视台栏目策划,还担任了学习部副部长,成天忙着办刊、写文章、做策划,还要带人去抓考勤。这些事情冲淡了我对学业的厌恶,帮助我度过了实际上很苦闷的三年。

张:您在 2000 年曾经组织湘西南网络写手聚会交流,能讲一讲聚会交流的故事吗?您有什么收获?

马:那是网络论坛时代的文学聚会。网络降低了文学的入场门槛,使得大量的"草根"写手有机会展露身手。我那时负责主持湖南作家网邵阳论坛版块,有机会把一些地方文学新锐组织起来,让他们集体亮相,也是一大快事。

张：您曾创办民刊《突破》，坚持一种纯文学的立场，后来您在《邵阳日报》任文艺副刊部主任。这些经历对您的文学创作有什么影响？

马：我"出道"时，文学论坛时代已拉开帷幕，而文学民刊时代其实已进入末期。《突破》只办了一期，自己组稿，自己设计版式和封面，然后自己掏腰包印刷。作者都是我在网络论坛上结识的，有轩辕轼轲、马策、吴幼明、李樯、刘春、木桦、叶明新、林苑中、阿翔、黄海等人，内容涵盖小说、诗歌、散文，包括我的中篇处女作《愤怒的血》（后来发表在《芙蓉》上时改名为"愤怒青年"）。我四处寄送，结果《当代》的周昌义老师和《收获》的王继军老师都给我打了电话，从此我跟这两本重要的文学刊物建立了联系。

在邵阳日报社，我编了十年副刊，从普通编辑做到编辑部主任，后来连理论版也归我打理。在这个过程中，得跟形形色色的作者打交道，还要处理社里社外的各种关系，虽然没有改变我的性格，但着实长了见识。

张：2008 年您入读鲁迅文学院第 8 届高研班，2015 年入读第 28 届高研班，2017 年又入读北京师范大学与鲁迅文学院联合培养文学创作方向研究生班，是什么契机让您继续求学？您能聊聊三次求学经历吗？

马：鲁迅文学院第 8 届高研班是青年作家班。其实第 7 届招生时，湖南省作家协会就给我打了电话。我一听要去四个月，担心请不下假，便回绝了。第二年又动员我去，我觉得再推辞有点不好意思，便硬着头皮去找总编辑请假。总编辑听说整个邵阳地区还没有作家进过鲁迅文学院高研班学习，遂欣然同意。第 28 届是高峰班，俗称"回炉班"，是把一批老学员召回鲁院再进修一次，时间也是四个月。我那时已调入湖南省作家协会任专业作家，省作协的党组书记觉得能进这个班是种荣誉，大手一挥便让我去了。这两次学习某种程度上都有被动的成分。2008 年是在十里堡老鲁院，从春到夏；2015 年是在芍药居新鲁院，从秋到冬。空间和时间两方面，无意中凑了个圆满。进北京师范大学与鲁迅文学院联合培养研究生班倒是主动报名，因为当年读的是中专，之后通过自考拿到本科文凭，没有在大学里学习的经历，想通过这次机会补上。邱华栋老师很支持我，并给予了实质性帮助。被录取后，选了欧阳江河为论文导师，李洱为作家导师，扎扎实实脱产读了一年书，还写了不少东西。

张：您怎么看"70后"作家这一创作群体？能否谈谈对同代人作品的理解？您对中国当代文坛文学大家的理解是怎样的呢？

马：以代际来划分作家群体，尤其是十年为一代，只是方便言说的权宜之计。作家终究是凭借个体的创作安身立命，每个真正的作家都是如此不同的"这一个"。如果非要谈一谈粗略的观感，我觉得"70后"整体上太温驯，"家养"的气息比较浓。

当代中国文坛，货真价实、令人敬佩的名家有不少，至于当中哪些是大家，还需要时间来验证。

张：您提到"70后"作家的特点我比较认同，请您展开谈谈这一状态及其形成原因。

马：这跟大环境有关。文坛的体制化逐步加重跟"70后"的成长几乎是同步的。"70后"作家的文学准备比较充分，有各自的艺术理想和写作抱负，然而大部分很早就学会了跟现实妥协，会主动规避一些风险，缺乏那种"豁出去"的勇气。精神性追求也有，但世俗利益的制约很明显，这自然会影响到作品所呈现出的气象。各人有各人的选择，我要检讨的还是自己。

张：我在研究中提出"70后"是具有乡土中国完整生存经验的最后一代人，因此有着传承乡土中国根性文化的精神使命。您如何认识？

马：换一种思路，"70后"也是普遍拥有城市生存经验和现代性体验的第一代人。在传统农业文明向现代城市文明转换的过程中，开掘和书写那些新鲜的经验更为重要，至少也要用现代性思维来反观那些根性的东西，看看哪些需要传承，哪些需要改造，哪些需要彻底抛弃。

张：您是否关注和阅读"70后"同龄人的作品？哪几位作家的作品您比较喜欢？

马：我一直在阅读同代人的作品，打量他们其实也是打量自己，优缺点都看得分外清楚。我期待那种爆炸性的、能带来惊艳感的作品，然而能达到如此程度的作品太稀有。有的虽然好，但好得不出意料，更多的是些中规中矩之作。

张：能否谈谈您目前创作的比较满意的作品？

马：长篇里面，《银行档案》和《迷城》算是写到了当时能够抵达的最高水准。《愤怒青年》是一组系列中篇，但不少读者还有评论家都倾向于认为这是一部长篇。作为处女作，回头来看，我觉得也没什么遗憾。已出的两部短篇小说集：《回身集》和《幼兽集》，整体上也还满意，至少达到了我对小说集的期待值——不但单篇要能自立门户，各篇之间也须存在某种呼应关系，形成一个有机整体。

张：您多数作品似乎都是以昭阳市为中心，围绕几个县域进行的创作，比如《愤怒青年》关切的是改革开放以来县域青年的成长。县域作为城市和乡村的连接地带，是城市化进程中极为特殊的一环，您怎么看待县域的发展？您对于县域环境中人们生存状况的观察是怎样的？

马：从《愤怒青年》到《银行档案》再到《迷城》，县城的精神气质和县城人的精神处境是目前我着墨最多、用力最深之处。大致而言，县城是都市和农村的连接地带（很多地级市也只是大一号的县城），那么，它也是边界模糊之地、彷徨不定之地、含混复杂之地、冲锋和撤退之地。这种种状态都渗透、作用于县城人的精神面貌，我所能做的就是用人物形象来呈现，而非理论上的梳理和概括。当然，理论上的梳理和概括也很重要，但那是社会学家和思想家的工作。

张：我看到您作品中很多人物都是工厂子弟，工厂是他们成长的重要土壤，同时工厂作为一个重要场域又区隔了乡村、街道。但是从历史进程来看，工厂又在经历着被废弃的命运，能聊聊您印象中的工厂以及它所衍生的文化吗？

马：我童年的一部分时光是在隆回县机械厂度过的。因为是城中厂，所以它跟街区的联系比较密切，属于县城的一部分，不像卷烟厂、造纸厂这样建在乡间的大厂，或者隐藏在九龙山中的军工厂。那基本上是跟邻里隔绝的另一个世界，但它终究有大门和围墙，拥有自己的幼儿园、澡堂、食堂、医务室，还有一个小防空洞，所形成的氛围自然会影响到我们这些工厂子弟。哪怕是在外面玩，我们都会随时宣称自己是机械厂的，而另一些人则是街上的、蔬菜场的、一中的、教委的、体委的、磁性材料厂的……这种身份意识几乎是自动形成的，并不需要大人灌输。工厂分为两部分：生产区和生活区。生产区另有大门和传达室，但厂里子弟可以随便出入。我喜欢在生产区转悠，又高又大开着许多窗户的车间培养了我的空间感，而各种金属铸造的机器和操作工具影响了我对这个世界质感的把握。至于在公共澡堂里和大人们一起洗澡，在青年职工宿舍里流连，使我提前窥见了成人世界的某些东西。说到工厂文化，我想，对于真正在工厂里生活过的人来说，有的只是种种具体而微的感受。作为小说家而言，拥有这些感受已弥足珍贵，一旦要提升到文化的层面来谈论，恐怕会减损它们的丰富性和微妙感。

张：我看您在多部作品中都提到了中国武术，尤其是《回身集》，您笔下的许多人物也是国术的修炼者，您怎样看待中国武术及其在当今的发展状况呢？

马：国术分演法、练法和打法。古代武行以走镖、护院和开馆授徒为主，就连在江湖上卖艺也会随时遭到挑战，若无真才实学是难以为继的。在那种环境中，打法和练法才是最重要的，也就是要掌握所谓的真功夫。新中国成立后，作为演法的套路迅速成为主流，各种武术锦标赛上，动作的规范和姿势的漂亮几乎是全部评判标准。但是，若无练法和打法做支撑，各种套路只是花拳绣腿，全国武术冠军也可能敌不过一个街头混混从实战中锤炼出来的拳脚。仅仅追求动作漂亮或者强身健体，恐怕不是武术的核心价值。传统武术的实战传统凋零已久，可能只有中国跤因为必须两人相角分出胜负，练习者的实战能力才没有衰退。而传统的打擂台，没能像泰拳或拳击那样转化出一套成熟的、能够广泛推行的商业机制。目前唯一的出路，便是各门各派都积极主动融入自由搏击和综合格斗比赛，在这个过程中去伪存真，接受考验，从而实现艰难的重生。

张：您曾说《迷城》是您进入 "写作的中年" 的沉潜之作，更有许多学

者指出《迷城》是极具文化品格的小说，这和您所生活地区的地域文化——梅山文化——是否构成一种强关联呢？据我了解，梅山文化是一种有着多元信仰的文化。但是在地域特色更明显的《巫地传说》中，梅山文化的演绎好像又有所不同。

马：梅山文化在《迷城》中存在感稀薄，这部小说主要表现和探讨的是周易文化和儒释道文化在当代的处境和创造性转化。《巫地传说》才是一部地道的梅山之书，当中人物大多具备典型的梅山人的感受方式和思维方式。

张：您曾在访谈中提出"软暴力"的概念，我很受启发。从您的《猛虎迷途》到《迷城》，再回观您的其他作品，您笔下大多数的人物似乎都处于一种"迷途"的困顿中，并且呈现出了挥之不去的悲剧意识。这种"迷途的困顿"是否和遭受不同程度的"软暴力"有关？

马：不仅如此，这甚至也不是主要原因。人性的复杂和命运的不可捉摸，才构成了"迷途"或"迷津"。

张：您绝大多数作品中，似乎男性形象是前置的，女性形象或被虚化，或被简化，着墨并不多。能聊聊您作品中的女性形象吗？在您的作品中我印象最深的女性是女知青秀姨，她的倾慕对象因她杀人，被公安局抓走前问她到底喜不喜欢自己，当所有人都觉得"讲句假话也只有那么大的事"时，她却只是"悲哀地笑着"表达了感激，说不喜欢。

马：可能你没怎么细读《银行档案》，里面描绘了不少女性形象，她们的光彩甚至压倒了男性。

张：您说在《迷城》之后还有写另一座城的想法，目前已经开始创作了吗？能否聊一聊您未来的创作计划？

马：已经写完。接下来的两三年里，重心放在中短篇创作上。

张：今后五年、十年您有什么长篇小说创作计划？您如何认识长篇小说这一文体？

马：我有个"三城"创作计划：一部写21世纪的县城，即《迷城》；一部写 20 世纪 80 年代的地级市，初稿已完成；一部写 20 世纪 90 年代的省城。以此对我前半生所经历的时代进行总体性呈现。但第三座城会不会写，还是未知之数。

长篇小说是一个作家人生经历、感受能力、思想深度、艺术技巧、知识结构、价值取向等的整体性呈现，难度最大，力量最强。传统的长篇，长度、深度、厚度缺一不可。而现代长篇除了保证深度外，应该在密度上多下功夫，仿佛芯片，要将尽可能多的信息和能量集成于日趋精巧的结构中。

王十月：
要穷极前人未曾到达的深度

一、作家生平经历与创作的联系

张丽军（以下简称"张"）：您在 2012 年曾发表过文章《我想做怎样的小说》，现在想请您谈一谈您"是怎么做起小说来"的。请问您是为什么开始文学创作，或者说您进行文学创作的初心是什么？

王十月（以下简称"王"）：我 1999 年开始写"豆腐块"，从事文学创作的想法是慢慢清晰成熟起来的，最初只是想写点东西发表出来，做个剪贴本，找工作的时候用；但很快便不满足于此，开始写小说了。写成的小说在工友间传阅，大家都说写得感人，能从中看到身边人的影子，他们叫我一声作家，我觉得挺有成就感；老板也因此觉得我是个人才，让我做些文职的工作。我的写作之路走得还算顺，2000 年就离开工厂，到当时在广东有着广泛读者基础的《大鹏湾》杂志做编辑，这时才知道，我这样的写作者被称为"打工作家"，而且"打工作家"是低人一等的，于是就想着好好写，改变"打工作家"和"打工文学"被歧视的状况，为"打工作家"正名。我当时接受采访时就说，我要和莫言、余华他们站在同一个标准下对决，不要因为我打工仔的身份而照顾我，也不要因为我是打工仔而轻视我。到 2007 年左右，我觉得这些都不重要了，重要的是我在表达我对世界的看法，记录我所经历的、我所思考的、我所发现的。到这时，我的文学观基本定了型，至今未改，我不再在意所谓文学性的评价了，我有自己的标准，知道我在干什么。

张：能否谈一谈在湖北农村度过的童年时光对于您创作的影响，或者说童年经历与您创作的关系？

王：童年对我的影响最重要的，一是塑造了我的个性，二是初步培养了我的审美。一方面，我童年体弱多病，经常突然昏厥，无休止地重复做两个相同的梦，而且有梦游的毛病，这导致我小时候性格内向而拧巴，轻易不说话，说一句能噎死人。我从小就和父亲对着干，大一点和老师对着干，再大一点和村干部对着干……总之，我从小就有那么一点爱挑战权威，用我们那里的话说，是喜欢摸老虎屁股。这个毛病，到现在五十多岁了还没有改。另一方面，我家乡是水乡湿地，在秀美自然风光的滋养下，我的内心变得细腻而丰富。事实上，我外表看上去比较粗糙，但从小看电影就爱哭，自己觉得很丢人。母亲的早逝让我早熟。这一切不仅影响着我的审美，也影响着我的为人处世。我有尖锐的一面，也有温和的一面，不熟悉我的人可能更多看到我尖锐的一面，而熟悉我的人可能更多看到我温和的一面。我和周边的世界格格不入，我的同事曾经写文章，说我是"野生的王十月"。我喜欢这种野生的状态，也害怕这种野生的状态被生活驯化，但我又终究是温和的。我是一个极矛盾的人，这可能就是我的童年造就的。我在单位"怼"领导是出了名的，我自然知道奉承领导我的小日子会好过很多，但不想因此去违背自己的内心。在文学界我也得罪过不少的人，因为我爱说实话，不愿和稀泥。我宁愿装疯卖傻，也不愿意去假装深沉。这样的性格从小就形成了，改不了。

张：您出生在湖北荆州这个楚文化的发源地，从小在巫鬼文化氛围中长大。请您谈谈小时候印象深刻的民俗，以及巫鬼文化对您的创作产生了什么样的影响。

王：楚人尚巫鬼。我小的时候，虽说还在"文革"之中，但已经是"文革"末期，环境没有书上读来的那么严酷了。农民偷偷信奉巫鬼，家里出了什么事，比如丢了东西，有人生病了，都会去请巫婆"掐时"，再严重的，会请"马角"来"下马"，就是请巫师驱鬼。我记得家里贴了许多道士画在黄裱纸上的符箓。对某家人有仇恨，会在其先人的坟上钉桃木桩。猫死了，要挂在高高的树梢上风化。我小时候总生病，母亲常在深夜里为我喊魂。我人生第一篇变成铅字的文章，是十五岁时写的《做斋》，第二篇是《喊魂》，都是千字文，发表在《石首日报》"笔架山下"文艺副刊上。记忆最深的，是我八九岁时，村里人像中了邪一样，夜里偷偷将冷饭团子放到人家的窗台上，自家收到一个，就要送出两个。我母亲半夜三更带我送冷饭团子，所有送冷饭团子的人都不说话，神经兮兮，像梦游一样。收到冷饭团子的则忧心忡忡，也不清楚为了什么，过了一段时间，大家突然都不送了，大约是冷饭团子越送越多，负担不起了。我家门前有个窑场，窑场里住了好些叫花子，有一个叫孙婆婆的，据说在丐帮辈分极高，所有到此地的叫花子都要先去给她磕头。她会巫术，养蛇，她的蛇听她的话，放到野外，又能听她的招呼回来，这些我都写进了小说中。我小说中有关巫鬼之类超自然现象的描写极少虚构，基本上都是源自我儿时的所见所闻。《米岛》中的觉悟树就是我家对面山上的一棵神树，有关这棵树的神迹颇多，因此总有人去拜这棵树。我十五岁时，几个小伙伴要反封建反迷信，决定把这棵神树锯倒。他们约我参加，但我对鬼神有敬畏，没有参加，也劝他们不要干。三个小伙伴不听，花了一晚上将神树锯倒了。树倒在那里一年没人敢动。过了两年，一家胆大不信邪的将树干拖回家打家具。后来，锯树的三个人，一个在三年后偷鸡被发现，逃跑时触电而死；一个生病坏了一条腿；还有一个是我堂兄，在外打工几十年，没结婚，十年八年回趟家，一无所有；而那将树拖回家的，短短三四年间，那家男主人、他的妻子、他的一儿一女全都死于疾病。在许多人看来这一切似乎是巧合，但在我家乡，大家都认为他们是得罪了树神。巫鬼文化伴随着我成长，塑造了我的世界观——敬畏自然，敬畏一切未知的事物，因此我也对超自然的现象充满了好奇。我写小说，写到故乡，自然要写到巫风，这就是我的生活，和吃饭一样自然的生活。有人说我的《米岛》《活物》《31区》这三部长篇是魔幻现实主义，其实，我觉得叫"巫鬼现实主义"更准确。季亚娅写文章说，"王十月接的是荆江老坟的地气"，我觉得她说得很准确。她能理解我笔下的这些故事，她的家乡和我的家乡很近。

张：您曾在采访中谈到自己青少年时期读《肖尔布拉克》《黑骏马》《今夜有暴风雪》，读金庸、古龙武侠小说的阅读经历。想请问您，这一阶段哪些

作家作品给您的文学创作带来了重要影响?

王：那时乡下人爱读书，至少我家乡的乡下人爱读书。加之我叔叔是个才子，会画中堂、写鹊体字，毛笔字临了一辈子赵孟頫，会十几种乐器。他家里的书很多，还有一些手抄本。那时乡下文学期刊也多，大家你借我的我借你的，有时为了借一本书跑十几里夜路。听说谁家有书，也不认识，几个小伙伴一约，就跑去人家家里借，竟不觉得冒失。我是先读到《肖尔布拉克》《黑骏马》，另一本不是《今夜有暴风雪》，是乔雪竹的《今夜霜降》，如果我没记错的话，是发表在《鸭绿江》上的。就是觉得美，觉得神奇。那是一个和我的生活完全不同的世界。那时，只要能找到的书，不分喜欢不喜欢，碰到什么读什么。还读过一些外国小说，《呼啸山庄》《简·爱》，一个地主家里有很多线装竖排本的书，他家后人没有爱读书的，我去摸了一本《幼学琼林》，繁体竖排，有绣像，因此认识了很多繁体字，在学校里出了名。还读过《笠翁对韵》《麻衣神相》，总之读书很杂。再后来，我上初中时，有武侠小说了，金庸、古龙、梁羽生基本读完了。初中住校，晚自习没人管，要么跑出去看电影，偷柑子，偷学校小卖部一种叫猪耳朵的零食，再无聊了，就黑灯瞎火讲故事。我会讲故事，自己编了一个武侠故事，故事背景是长江三峡，晚上讲给同学们听，他们并不知道是我编的。我们乡供销社有一些图书，记得我人生买的第一本书是小人书《西瓜炮》。初中毕业后，不想干农活，就爱看书。记忆最深的是不知哪里找来的一本《存在与虚无》，完全读不懂，如读天书。冬夜，我和几个同学比赛背诗词，我专挑那些长诗背。要说具体哪位作家影响了我，可能都差不多，没有哪位有特别的影响。那时看书，就像现在的小朋友玩手机打游戏一样，也是消遣为主。

张：**您曾谈到自己十五岁初中毕业后就在家种地，农闲时就在周边县城的建筑工地打工，而打工回家后，就在家练习写古体诗词，一练就是两年时间。请问您从古体诗词里习得了什么？古体诗词练习怎样影响了您的写作？**

王：学古体诗词，是因为当时师从王子君先生学画，先生说画画的要会写诗，画上要题自己写的诗。在他的介绍下，我去到当时的石首老年大学听诗词讲座，老师徐永兵在汉诗界颇有名气，经常在日本的汉诗刊物《一衣带水》、新加坡的汉诗刊物上发表诗词，与霍松林、吴丈蜀先生时有唱和。永兵先生很喜欢我，一来老年大学都是退休的老爷爷、老奶奶，来了个小朋友，他们都觉得稀奇，二来永兵先生说我有灵气。那时，我在县城建筑工地做小工，白天做重体力活，晚上不加班就到县文化馆跟子君先生学素描，后来学工笔，周末去听诗词课。后来，一个学画的同学叫黄再林的，介绍我进县城色织布厂当机修学徒。那时我也小，十五六岁，未成年人，干了没多久，车间主任总是骂我笨，我受不了这气，就出厂了。再上诗词课，就从家骑自行车到县城听课，雨雪无阻。学古体诗就是因为纯粹的喜欢，老师将我的诗词推荐发表，我很开心。我初中就读的青山中学，有位老师也爱写古体诗，看到我发表的诗（署名王世孝），他认为我的诗是老师改的，十五岁的孩子不可能写出这样的诗。事实上，老师一字未改。因为要学写古体诗，最大的收获是因此读了很多诗。不是说"熟读唐诗三百首，不会作诗也会吟"吗。那时记忆力又好，《春江花月夜》读几遍就能背诵。但我当时最喜欢的，却是《古诗十九首》和陶渊明、李贺、李商隐的诗，当时不那么喜欢李白，更不喜欢杜甫。也读了两本外国诗，一本是《莱蒙托夫诗选》，一本是《济慈诗选》。另外，流沙河先生编的《台湾诗人十二家》，我很喜欢。第一次读到郑愁予的《错误》，觉得写得真好，"我达达的马蹄是美丽的错误／我不是归人，是个过客……"要说学习了什么，得到了什么，似乎也说不清楚。十五六岁，并没有明确的学习目标，就是没有学上了，渴望学到更多的知识。那时也没想到将来有一天会写小说，更想成为诗人。现在回头看，也算是有点童子功吧。不然一个初中生突然开始写小说，语言会成问题，当年打下的这点古诗文基础帮了我。

张：您能分享一下初中毕业之后，在佛山、东莞、深圳、广州等地打工的经历吗？这种经历给您之后的文学创作带来了什么影响？您觉得自己早期的文学作品被归类为什么更为恰当？打工文学还是现实主义文学？

王：这个谈得太多了，每次访谈必然谈及。初中毕业，先是农闲时在家乡周边的建筑工地做，在县城纺织厂短暂做过一段机修学徒，后来就跟一个初中同学出门做小贩。从咸宁、孝感，后来到汉阳，做得很失败。同学就说回家吧，他哥在家承包了一个湖，他要回家养鱼。他回家了，我留在武汉找工作，差点被骗去黑砖窑厂，半路上感觉不对劲，逃了。我的警惕性还是挺高的。后来进了时装公司，因为有点美术基础成了一名手绘师，遇到了另一个人生导师傅泽南。他是大画家，"85新潮"美术运动的干将，也是公司老板。他很赏识我，说要将我培养成湖北最厉害的青年画家。但当时并没有画画的条件，工余无聊，我写了篇随笔，他看到了，大为赞赏。于是，在他的影响下，我读了一些法国文学作品，左拉、雨果和巴尔扎克。他说我太内向，逼我做销售，算是练了我的胆，也练了我的口才，我现在变得爱夸夸其谈，都是做销售那会儿练就的。后来到广东打工，那是我第一次去广东，时间不长，但却是我人生的至暗时刻。那时的南方，可以说遍地"血汗工厂"，时刻害怕被当成"三无"人员收容遣送。我被抓进过派出所，被治安队员抽过耳光……总之是见识了中国改革开放之初，资本原始积累时期的各种疯狂，有些经历如今讲来，觉得像是虚构的小说情节。我后来写打工生活的小说，素材基本上就来自那段时间的经历。不仅是经历，那段时间的生活，让我看中国的问题时有了不一样的角度。因此，可以这样说，童年的经历和打工的经历共同塑造了我。至于我的作品该怎么被归类，是打工文学还是现实主义文学，我都不太在意，因为都不太准确。我写了打工，但我不只写打工；我写现实主义，但我不只写现实主义。

张：您从2000年开始做编辑，到2008年进入《作品》杂志社工作，到后来主持《作品》杂志社的工作。作为编辑的经历对您的文学创作有什么影响？

王：做编辑是件很耗人的事，刚进《大鹏湾》时，我是个热血青年，有点"二"。《大鹏湾》是采编一体的期刊，还要写一些直面现实问题的特稿，一半编辑角色，一半记者角色。我那时的名片上印了一句话：铁肩担道义。现在看是有些幼稚，但当时我真的觉得自己可以做个好记者。我做过好几个选题，后来《南方周末》和凤凰卫视《冷暖人生》栏目都跟进做过深度。现实总是会让人成长的，慢慢知道自己改变不了什么。后来离开《大鹏湾》，做了几年自由撰稿人。来到《作品》，我又热血沸腾，想做个好编辑。我在编杂志时倾注了全部的热情，但我进入文学期刊时，文学期刊早过了黄金时代，文学期刊的江湖也早就定了型，但我依然不甘心。转眼十五年过去了，我做了这本刊物的主编，但已经没有了当初的激情。我感到很疲劳，很无力，但我又改变不了什么。做编辑对我的影响，正面的是我会站在编辑的角度更客观地看我的写作，看中国当代文学，而负面的则是倾注热情编刊物真的会消磨人的意志。我的很多小说写的都是理想主义者在现实面前低头的过程，我自己也在经历这样的过程。我在努力抵抗，也在一步步退却。因此我多次向领导提出，希望不做这个主编了，如果有可能，我想去当专业作家，实在不行就让我做一个纯粹的编辑。不是我不想做事，我是很想做事的，只是有些茫然。

二、作品分析与作家批评

张：您的文学世界主要集中在两个空间，一个是中国南方的城市工厂，一个是童年的"烟村"。能否简要说明这两个空间对您分别意味着什么？您曾说过自己曾经的梦想是当一名像齐白石那样的民间画家，如果需要您用绘画的方式表现这两个空间，您会选择什么风格？

王：很多人会在写作时固定自己的文学世界，比如沈从文的湘西、莫言的高密。而我想建构的是一个立体的时空，烟村、南方、农村、城市、过去、现在、未来。我想成为更复杂的作家，不想让人一眼看到底，不想轻易被人定义。烟村也好，南方也好，不过是王十月这头大象的耳朵或者身体，他们只是组成王十月的一部分。贺绍俊先生曾经评价我的《31区》和《活物》有野兽派绘画风格的感觉，我认为这是准确的，但这两部小说一个写的是城市，一个写的是乡村，《烟村故事集》则更接近中国文人画中的水墨小品。我自己画画，画起来最过瘾的却是综合材料，不是油画也不是国画，而是像林风眠那样，说好听一点不是学院派，说难听一点是野路子。无论是写小说还是画画，甚至是做主编，都有点乱拳打死老师傅的意思。不要给自己设限，为了表达的需要怎么来都可以。因此，内容决定形式。

张：在获得鲁迅文学奖的中篇小说《国家订单》中，您并没有将工人张怀恩的苦难简单归在小老板头上，而是揭示出劳资关系下种种复杂因素导致了最后的悲剧，在一定程度上超越了简单的苦难叙事，体现了更宏大的思考和视野。想请问您，是什么样的阅读或者人生经历帮助您在更大的视野下去思考和书写社会现实问题的呢？

王：我不认为这样的思考多么富有创造性，但凡打过工的，只要这个人不是太偏激，都会像我这样思考问题。而当时所谓的底层写作，不过是一群没有打工体验的人在闭门造车描写打工生活，于是搞出了一个劳资关系的二元对立，多么可笑而且愚蠢。说到底，是没有生活作为基础，想当然。我写过一个中篇，《二人转》，就是写两个人身份的转变，之前一个是老板，一个是打工仔，可后来老板工厂倒闭，打工仔成为了老板，老板给过去的打工仔打工……我们思考问题，归根到底是写人，写人性，这个东西是相通的，无非以我心度人心，所谓将心比心。有一点共情能力，有一点同理心，就不难想清楚这些问题。难的是对社会现实的观察，我们很容易写出"然"，而弄不清"所以然"，容易人云亦云。而我认为，我写作的目的就是呈现我对世界的观察、思考，对人的观察、思考。如果没有自己的思考和见地，就没有动笔的必要。至于大视野，我写时并未觉得这是大视野，我想写的是一场小人物命运的蝴蝶效应。

张：您曾在 2016 年的访谈中提到："打工经历影响了我看世界的方式，巫鬼文化让我的小说有了神秘主义气质。但我真正的精神底色是受俄罗斯文学影响的。"能否具体谈谈俄罗斯文学是怎样影响您的？

王：说这样的话，也算是给自己脸上贴金吧。在阅读了一定数量的世界文学作品之后，我确定自己最喜欢的两个外国作家一个是托尔斯泰，一个是陀思妥耶夫斯基。我认为，其他的大多数作家和他们相比都是小作家。他们关注的问题从来都是扎根在坚实的大地之上，作品中却又充满了理想主义和殉道者的精神。中国近现代作家中，我最爱的是鲁迅，现代作家也只有一个鲁迅是让人信服的。我知道自己穷尽一生也无法望其项背，高山仰止，大河前横，但见贤思齐之心还是有的。他们让我感到绝望，也让我充满希望；他们让我变得淡定，也让我不淡定。淡定，是因为我知道，这样的标高才是一个作家值得努力的方向，你不会去羡慕身边的热闹和眼前的浮云；不淡定，是因为我知道，我一辈子也成不了他们那样的作家。

　　张：2018 年，您的科幻小说《如果末日无期》出版，这是您在之前的创作中从未涉及的领域。能否谈一谈您为什么要转向科幻文学创作？您是怎样思考人、文学、科技这三者之间关系的？

　　王：我并没有将这部书当科幻小说写，我说过，我从小就喜欢那些奇奇怪怪的东西，喜欢超自然、超现实的东西。因此我平时爱读科普类的书，会去了解量子物理、平行宇宙之类。在我这里，量子物理与其说是科学，不如说是哲学。应该说，量子物理就是哲学。《如果末日无期》所写的，是我对当下的一些忧心与思考，是我的世界观。只不过我将故事放在一个未来的、自由的，所谓"科幻"的背景下来叙述，让自己获得叙事的自由。因此，"科幻"是手段，不是目的，我并不想把它写成科幻小说。我真的认为，我们生活在虚拟的世界里。我前天还在朋友圈里发了一句话，"我非我时谁是我，我是我时我是谁？"我并没有去思考人、文学、科技这三者之间的关系，科技在我这里只是写小说的工具。我只是在写我对现实的担忧，对人类的终极狂想。因此，为了防止这部书被误读成科幻小说，我在书中自己创造了一个词——"未来现实主义"。但作品写出来了，被读者和评论者当作科幻小说来解读，被编辑当作科幻小说来出版，这是他们的权利。有时为了言说的方便，在接受采访时，我也就接受了约定俗成的"科幻文学"这一说法。但如果一定要认真讲，我重申，我写的是"未来现实主义"，就像我的另一些小说是"巫鬼现实主义"而不是"魔幻现实主义"一样。

　　张：作为跨界写作者，您曾不止一次谈到自己的写作是未来现实主义的，科幻只是给您的现实主义思考提供了一套极为合适的"衣服"。能否谈一谈为什么选择科幻而不是现实的社会生活来承载您的现实主义思考？

　　王：其实我在 2010 年就写过一部长篇未来现实主义的幻想小说，写了十万字，因故放下，再想写时发现接不上了。你问我 2018 年再写为什么不选择现实主义的手法，可是我认为我用的就是现实主义的手法。比如我在《我心永恒》这一章中所写的不过是一个空巢老人的孤独，他的孩子不在身边，他老了，却没人说话，他渴望交流，于是和一个扫地机器人说话，并给她取名小真。他教会了扫地机器人程序中没有的知识，并爱上了小真。后来，老人死了，机器人小真开始了漫长的自我升级之路。这样的故事，你很难说它是现实的还是非现实的。我当时想的，就是写一个不一样的，非主流的空巢老人的故事，写那种旷古的孤独。老人是孤独的，失去老人的机器人小真更加孤独，她踏上了漫长的追求拥有肉身的旅途，也因此才有了后面的故事。作为写作者，总是希望进行一些挑战，尝试新的表现手法，不管成败，总比待在安全的舒适区里有意思一些。另外，内容和形式是不可分离的，每篇小说所思考的点不一样，这是内容。不同的内容一定要找到不同的形式，因此对于小说家来说，当确定了要写的内容之后，接下来要做的就是寻找合适的形式。没有万能的形式，我不喜欢那种终生只操练一种形式的风格化作家，你看《百年孤独》和《霍乱时期的爱情》，就完全是不同风格的。我们不能问马尔克斯，为什么你不用魔幻现实主义手法去写《霍乱时期的爱情》？同样，托尔斯泰、陀思妥耶夫斯基，他们的每一部作品因为内容不同，所选择的表现形式也是存在巨大差异的。鲁迅更不用说，他的《野草》《故事新编》和《呐喊》也用了完全不同的形式。形式是为内容服务的，只有形式和内容高度统一才是完美的作品。到这时，形式就不再是单纯的形式，形式也成为了不可分割的内容。

张：您在早期的作品《出租屋里的磨刀声》《烦躁不安》提到过自己的内心有很多"惶恐和无助"，您自己也总结"我的小说都在写一个关键词——恐惧"。您是怎样概括恐惧与您的写作的关系？您的写作是克服恐惧的过程，还是与恐惧和平共处的？

王：很多作家都有自己写作的关键词，比如莫言，他就在反复不停地用各种不同的故事来表达饥饿这一主题。而我写恐惧，是因为我在现实生活中曾经极其没有安全感，随时可能失去工作，随时可能被小混混拿刀抢去一年的劳动所得，随时可能被工友暴揍，随时可能被治安队遣送去劳教。生活在这片土地上，要眼观六路，耳听八方，这就是我经历过的生活。因此我会反复去书写这一主题，并且深入书写这一主题。中国人是特别没有安全感的，可能生活顺风顺水的人不太容易体会到这一点，但对于大多数升斗小民来说，这就是他们真实的生存状态，如临深渊，如履薄冰。我们不敢花钱，我们不敢说真话，我们有软肋，我们言行不一。我得思考，是什么导致了这种现状？我们是否有免于恐惧的权利？我要思考，怎样的社会才是一个完美的社会？我这人比较固执，不会轻易听信某一家某一派的学说，也不会被某一种理论和主义裹挟了去。在面对问题时，我总是宁愿相信自己的判断。自己判断不了时，我会尽量听听多方的意见。说回到恐惧，当然，写作并不曾使我克服恐惧，但写作带来的身份改变，会让我远离一些过去的恐惧。比如现在看见警察我不会恐惧，因为我知道，只要我不犯法，他们不会随意拿我怎么样。但在过去，在写作之前，我害怕他们。我正常去火车站退票，就被当成票贩子抓进了派出所，我也因此见识了各种惨烈的情景。但是，成为一个写作者之后又会有新的恐惧。对人来说，最大的恐惧恐怕是终有一天要面对死亡。那一刻没有来临之前，我们永远不能说自己克服了恐惧，也不能说我们能和恐惧和平共处，恐惧就是我们生命的一部分。组成人生的就是七情六欲，喜、怒、忧、思、悲、恐、惊，能克服它们的、能和它们和平共处的都是高人。我是普通人，我只能不停被它们虐。我们的人生也因此而丰富。

张：鲁迅是中国现代文学的奠基人之一。鲁迅文学奖于 1986 年创立，是中国具有最高荣誉的文学奖之一。您 2010 年获得了第五届鲁迅文学奖，能否谈谈您印象最深的鲁迅作品，以及您怎样理解鲁迅的为人和为文？

王：若是在十年前，我会说，我最喜欢的鲁迅作品是《铸剑》，但现在我会说是《野草》。读《野草》是要阅历的，年纪越大，越觉得《野草》伟大。《野草》就是那种隔一段时间读就会有新感受的作品。鲁迅是个让人恐惧的作家，他涉足过的地方别人再难有插足之地。他写一部《野草》，后人再没有可供一观的散文诗；他写杂文，将这一文体写到了绝对的高度；他写前无古人的《中国小说史略》，一出手就定出了规范。作为开荒者，荒地开垦后，是会给后人留下耕耘空间的，但他不一样。他写了孔乙己、祥林嫂、阿 Q、闰土……后人再也不能写这一类人。他的书法，在我看来是"五四"以降第一人，比那些专门的书法家要强不是一星半点。而他对人性的理解是那样准确而独到，时至今日，当我们面对一些无法言说的问题时，总是能从鲁迅的作品中找到一针见血的表达，找到力量，找到共鸣。他是一个看似冷漠而实际炽热的人。

张：您在发表鲁迅文学奖获奖感言时提到："我相信文学之用，相信文学于世道、于人心应该有所建设。"也在《我想做怎样的小说》中提到："小说家关注现实，还是必要的。"您的创作也始终体现着一位现实主义者的理想与立场。请您谈谈有关将作家个体的经验与当代纷繁复杂的社会现实联系起来的文学创作心得。

王：心得谈不上，我的写作，是因为我经历过，有所感，有所思，我要将我的思考表达出来，必然要立足于我们脚下的这片土地。另外，要有所思便不能无病呻吟，不能为了写作而写作。我从来不赞成所谓单纯的文学性，也不赞成纯文学的提法。我曾经在现代文学馆做过讲座，题目是《"纯文学"不死，真文学不生》。我一直觉得，要重振我们的文学，得学当初的韩柳，重新来一次古文运动，要让小说回归到秦汉文学的道统上。我们的文学像钟摆一样，总是在文以载道和浮艳文风这两极之间摆动，但是隔段时间会来一次校正。唐时的韩柳是一次校正，他们反对的是六朝骈文；宋时的王安石、三苏等又进行了一次校正，他们反对的是西昆体；到明朝中叶，李东阳、王士贞他们又进行了一次校正，这次反对的是台阁体。而这些人提倡的都是回到秦汉文章的传统上。到了五四时期，又进行了校正，这次的代表则是鲁迅。我认为，现在到了应当再次校正的时候了，而现在要反对的对象则是纯文学。纯文学比起六朝骈文、西昆体、台阁体，不过是新瓶所装的旧酒。纯文学带来的强大惯性，使得我们当下对文学的认知和评价标准出了问题。当代作家的主要问题，是我们面对现实时缺少解码的工具，作家扛着锄头在信息时代横冲直撞，还觉得自己特厉害。在写作上，我最大的恐慌是本领恐慌，缺少透过现象看本质的能力。作家们总是爱说现实比小说精彩，我不赞成这样的说法。如果作家只提供现象，那么现实肯定比小说精彩一万倍，但现象背后的本质呢？鲁迅就是能一针见血透过现象看本质的人，因此鲁迅的小说比现实精彩。我们说现实比小说精彩，那是因为我们作家不称职，我们这个时代缺少鲁迅那样的作家而已。

张：您能否谈谈目前创作的比较满意的作品，以及您目前塑造得最为满意的一个人物形象？

王：没有特别偏爱的，都是自己的孩子，用汪曾祺的话说，像老太太择菜，看看这个，看看那个，虽不完美，却舍不得丢。最满意的小说人物是《无碑》里的老乌。

三、纯文学与网络传媒

张： 您在主持《作品》工作的过程中，主张"内容经典化，传播大众化"的办刊策略，充分利用新媒体优势开设了抖音号，传播文学经验，得到大量点赞。我关注到您的抖音账号名称是"泥石流文学王十月"，可以谈一下这个账号名称的由来和涵义吗？您用抖音传播文学的过程中，有什么收获吗？

王： 一开始是杂志社要做一个号，我自己得懂，于是自己做来试试。名字不停地改，取名"泥石流文学"只是因为希望我的写作像泥石流一样有力量，不要搞成孤芳自赏的东西。收获当然是有的，因为我收了一批学生，教他们写作，我要写教案，要改作业，收获了友谊，也传播了我的文学观念。

张： 我注意到您的抖音账号常出现与文学经典有关的话题标签，想知道您最推荐当下年轻人阅读的当代经典作品是什么呢？

王： 抖音谈文学，更多的是做一些文学常识的普及工作，让观众在短时间内对经典文学有一些入门级的理解，因此不能说得太深，但又不想做得太浅。于是有段时间集中介绍了一些文学流派、经典作品，很多也是应粉丝要求。我推荐年轻人阅读的，还是那些经过了时间检验的作品。当代的文学作品会推荐一些，供文学爱好者学习，但同时也对他们说，要批判地读，不要盲目崇拜。

张： 在快餐式阅读大行其道的当下，您对文学经典在当代的有效传播是持乐观态度还是悲观态度呢？

王： 没必要悲观，当年我们的老师也担心我们被金庸、古龙带到沟里去，事实上，经典之所以是经典，就在于其战胜时间的魅力。如果某部曾经的经典到了今天没人再读了，说明这部经典的生命到此为止了，说明它终于被时间淘汰了。放到历史长河中来看，没有不被时间淘汰的经典，只不过有的活了一千年，有的活了五百年，有的活了三百年而已，而新的经典也在时间的淘洗中诞生。

张：在互联网环境中，读者相比以往有了更多的渠道发表自己的阅读感受和建议。我注意到您在主持《作品》工作的时候，也很注重读者与作品之间的互动，创立读者评刊团，建立季度、年度"打赏"制度。您认为作家应当怎样正确看待读者对作品的接受情况呢？

王：我做杂志，注重与读者的互动，那是因为我的角色是期刊主编，我有责任和义务让更多的读者了解我们的刊物，喜欢我们的刊物，从而喜欢文学。作为作家，多一些人阅读自己的作品当然是好的，但这不是作家能掌控的。作家自身的影响力、能调动的资源、市场对其认可，很多都超出了作家努力就能做好的范围，还是顺其自然好。不可太清高，不可太功利。

张：您一直在努力与时下最强势的媒介形态接轨，在这个过程中，实时性和交互性极强的新媒体对您的创作理念和方法有产生什么新的影响吗？

王：还是上面的问题，我强调媒介，强调宣传，那是因为我是编辑，我要为我的刊物负责。而作为作家，我从来没有开过研讨会，没有出去吹牛说自己的作品多么好，基本不会主动宣传。出了新书，最多就在朋友圈喊一嗓子，帮我叫卖的事，要交给我的责编去做。责编愿意做我当然高兴，不愿意做，我也不能打他／她一顿。因此，新媒体对我的创作理念和方法目前倒没有什么新的影响。我这方面是保守的，我还是更多将新媒体看成工具。倒是人工智能，我觉得，可能会逼作家做出改变。

张：我注意到您近年来在抖音开设过"王十月写作十三讲：从小白到行家"栏目，能否请您简要概括一下，您认为对于一位作家来说最重要的能力都有哪些？

王：这个课程名也是不停变化的，对作家来说最重要的能力或者说素质，我认为还是情怀。这个说法可能老掉牙，但写到后来，拼的真就是这个。

四、关于当前和未来的写作

张：相较于其它文学体裁来说，长篇小说更考验一位作家书写基本事实和重大问题的能力，想知道您是如何认识长篇小说这一文体的？

王：这是个大题目，我试着回答。中国作家似乎比较崇尚长篇小说的体量，对于长篇小说，有些作家说要有长度、有厚度，认为这样才能体现长篇小说的尊严，我倒并不这样看。一百万字未必就比十五万字更有尊严，还是要看具体的作品、具体的构思。长篇小说可以是复杂的，也可以是单纯的。比如托尔斯泰，他的《战争与和平》是厚重而复杂的，但是他的《复活》却是单纯而深刻的。长篇小说可以有长的时间跨度，有历史纵深，也可以就写某个极短的时间片段，前者如《百年孤独》，后者如《尤利西斯》。因此，在我看来，长篇小说的优劣与体量无关，与长度无关，与时间的纵深无关。我认为，长篇小说最重要的是精神的重量。长篇小说是追求极致的文体，对问题的思考一定要穷极前人未曾到达的深度，有了足够的深度才会显示出精神的重量。我们的很多作家之所以追求时间的跨度或者社会面的宽度，是因为时间本身有重量，社会面的宽广会增加小说的容量，而容量增加也会带来厚重感；还有一些长篇小说，塞进很多知识点，用意不过也是增加厚重感。但这样容易出问题，这个厚重感，不是精神的、内在的，而是外在的、可视的——假的厚重感。作家追求这个，因为不管精神内核的重量如何，表面的厚重是一目了然的、可见的、可以量化的。但没有精神作为支撑的厚重，注定会是昙花一现。我们很容易为这样的作品欢呼，那么，精神的厚重感从何而来？事实上，如你所说，重要的是作家提出问题的能力。你所关注的问题是否有代表性？是否有独特性？其次是文本的落地能力。在我看来，将单纯的问题写出厚重感更具有难度。说到底，还是要求作家有思想穿透力，这是内功。

张：有研究者在 2009 年指出您打工小说创作的发展过程有精英化倾向，即从重"乐"到重"教"。您同意这一说法吗？您是怎么认识文学的雅俗之分的？

王：精英化也罢，"草根"化也罢，研究者爱怎么说都行。关于雅俗，我曾发过一期抖音，只有一句话：我们要拒绝媚俗，更要警惕媚雅；媚俗一目了然，媚雅更具欺骗性。

张：您是备受文坛关注的当代作家，许多研究者围绕您的作品写评论。您有关注文学批评家对您作品的评论吗？可以举例谈谈文学批评家对您作品的评论对您的文学创作有什么影响和启发吗？

王：关于我作品的评论，只要看到了的都会认真读，因为我想看看他们怎么理解我的作品。但评论家的评论都是写在我的作品完成之后，对小说家而言，作品交给出版社就成为过去时了，关注点在下一部作品上。因此，很难说有什么影响和启发，作家多是固执的人。

张：您是否关注和阅读"70后"作家的作品？您比较喜欢哪些"70后"作家的作品？

王：我关注"70后"的作家和作品，因为是同一代人，而且很多"70后"作家和我都是朋友。我看他们的作品比看"60后"作家的要多，也比"80后""90后"要多。我编了一部书《经典70后》，选了八位女作家和八位男作家，他们都是我喜欢的作家。当然，还有一些没有入选的，我也喜欢。从他们的作品中更能找到共鸣。

张：您提到"70后"一代作家"只是不合时宜、无所适从的一代"，能否展开谈谈对"70后"作品的理解？

王：这个问题太大，因为说到底，这一代人有共通之处，青春期经历20世纪80年代，那是一个自由、开放的时代，因此这一代人会有比较相似的价值观，但每个作家又是独特的个体。事实上，我编选的《经典70后》中，16位作家每个人都是完全不同的个体，作品的气质也完全不一样。

张：您于2020年在《天涯》杂志上发表的散文《我的无物之阵》里提到，"五十知天命，再过三年，我就五十。到那时，我能知天命否？能安于天命否？

能挣脱我的无物之阵否？我不知道"。到现在的人生阶段，**您有什么新的感悟或困惑可以分享给读者吗？您在上次暨南大学的演讲中，引用了铁凝"山中少年"的故事，在某种意义上，您是否就是那个"山中少年"？**

王：写那篇文章时是 2020 年正月，疫情刚刚开始，而现在回答您的问题，我们已经经历了整整三年疫情。我想，对一个写作者来说，经历了三年疫情，他／她对人生、社会、时代、人性等诸多问题的看法，包括文学观念，如果依然没有任何变化，是很可怕的。不管别人怎样，这三年，我的内心比前三十年经历的还要复杂；这三年对中国来说，对未来可能一代人的生活来说，都意味着巨大的改变，这个改变将在未来慢慢显现出来。感悟多，困惑更多。但许多问题还在变化之中，我还没有想得太明白，我会在接下来的作品中去呈现我的思考。山中少年可以是具体的个人，也可以是一个国家，我心中那个山中少年早就死去了。当年，梁启超喊出了"少年中国"，而他当时面对的是一个庞大的帝国。我多么渴望我们的少年一直是山中少年啊。

张：**我读到一些您写故乡乡村的文学作品，您认为您乡村写作的特色是什么？在"新山乡巨变"时代，您如何思考当下乡土文学的写作前景？**

王：我的写作几乎有一半是写乡村的，但我更多书写的是败落的乡村和败落乡村的坚守者。我不了解"新山乡巨变"，事实上，对"旧山乡巨变"我也不了解，我没有读过周立波先生的《山乡巨变》。我的乡土文学营养，是鲁迅留下的宝贵文学遗产，是沈从文的遗产，是萧红的遗产，是后来又经过了几代作家继承与丰富的乡土文学遗产。今天书写"新山乡巨变"的难度是，如何为今天的乡土经验提供"新"审美范式，如何把握今天乡土社会发生的变化。一个"新"字，一个"变"字，如果抓不住这两点，恐怕就谈不上"新山乡巨变"。

张：**作为一位作家，您曾说道："对于我来说，写作就是为了和我的读者交流对世界的看法。"能谈谈您在今后的创作中有什么新的想和读者交流的话题吗？在今后的五年、十年，有什么具体的创作计划吗？**

王：我会延续我的思考，也会继续我的交流。我的新想法、新话题，会在新书中具体呈现。去年，我开始了新长篇的书写，写到七万字时，我感染了肺炎，一直到现在都没有康复，有严重的后遗症，其间两次晕倒，但我一直没有停止写作。我第一次有了这样的感觉——将正在写的作品当自己的遗书来写。我前所未有的淡定，抱病写作，好处是精力有限，不会去关注无关紧要的事，不会去写不想写的文字。现在就是尽力将这部长篇完成好，目前完成了初稿，在慢慢改，改到没有遗憾或者尽量没有遗憾了再交给出版社。也许改一年，也许改两年，目前不清楚，不做计划。今后五年、十年不知道，身体状况不好，也许这就是我的最后一部长篇了。至少从现在开始，每一部书都要当作自己的最后一部书，当自己的遗书来写。

房伟：
一切伟大的力量都源于生活

受访人： 房伟，苏州大学文学院教授、博导，著名作家
访谈形式： 网络采访
时间： 2023 年 5 月 14 日、5 月 24 日；2024 年 1 月 6 日

张丽军：（以下简称"张"）：作为一个山东人，故乡的生活经验如何塑造了您的性格？这些经验在您的生命中处于怎样的地位？

房伟：（以下简称"房"）： 我在山东出生、读书、长大，工作也在山东，一直到接近四十岁才离开山东到了苏州。可以说，山东人的情感体验和文化积淀已经深深地烙印在了我的基因里。朴素守信、诚恳待人、宽厚坚毅，这些品质是我看重的，我想这也是家乡赋予我的。

同时，很有趣的是，一个人的乡土经验和记忆往往是在异乡被赋予的。也就是说，在一个不同的文化环境之中，在文化的对比及其产生的张力之中，家乡那些有趣的体验、刻骨铭心的人和事才一点点地浮现出来，出现在我的笔下。我也是到了苏州以后，才在苏南文化的氛围下加深了我对家乡的感情。

而且，这些东西可能更多是潜在层面的。比如，来到苏州之后，那些精细小巧、有苏南风味的文化现象对我产生了很多影响，但我对慷慨悲歌的宏大故事也非常感兴趣，这也构成了我写作战争文学的重要介入点。故乡的生

活经验和文化基因，让我的战争小说和纯粹从南方长大的作家的作品相比，在表现方式、主题内容和整体风格上，有比较大的差异性和辨识度。

这都是山东给予我的文化经验和记忆，也是一笔宝贵的财富。当然，文化上的东西，最好的可能未必是单一的，而是融合的。江南文化对我的影响也不小，但齐鲁文化的影响还是更关键的因素。

张：能否分享一下您童年的经历？这些经历对于您后来的生活观念及文学创作有怎样的影响？

房： 我的童年是在油田的一个矿区度过的，从地理位置上，属于黄河入海口的渤海湾鲁北地区。那里非常荒凉，周围是盐碱滩和红柳，还有就是流入大海的黄河。周围村里人很少，矿区有独特的工人文化，有战天斗地的豪情，也有比较粗野的一面。工人们喜欢打架，但也豪爽仗义。这些工人来自五湖四海，最后形成了独特的"油区文化"。我们都说一种特殊的"油田普通话"，外人很难分辨，只有我们油田子弟能听出来。而荒野文化也让我很早就习惯了孤独，喜欢从孤独之中寻找心灵的自由。我那时喜欢一个人在荒野间游荡，用弹弓打小鸟，捉鱼，捕虾，烧野火，捉各种野物，也会将那些捉来的野物烤熟了吃。这也许是我走向文学最初的动力，希望用文字的形式记录自己内心的感受。

可以说，工人文化与黄河口文化是我童年最重要的体验。高高的石油井架，一成不变的"磕头机"，都被放置在荒凉的荒原之中。石油工人去巡线，也是我印象深刻的一幕。我喜欢跟着成年人一起在荒原中走来走去，能感受到一种默默的人生孤独感。

张：在您的童年中，记忆最印象深刻的是什么？让您获得最大成长的童年经历是什么？

房： 如果说印象深刻的童年记忆，可能还是些比较压抑的感受。我小时比较叛逆，学习成绩差，喜欢读杂书，也不太合群。大概初二吧，我开始尝试文学创作，那时主要是写古体诗和散文。在我童年的那个时代，矿区工人子弟学校比较混乱，打架斗殴成风，教师酷爱体罚。我曾在《天涯》杂志发表过一组散文，对那时的经历有过回望。在中篇小说《九三年》等作品之中，也有一些童年和少年记忆的影子。

如果说获得最大精神成长的童年记忆，可能是小学二年级掉进冰窟窿差点淹死，被救后发了好几天高烧。这让我清晰地看到了死亡的影子。小学五年级，我们开始有了晚自习，每天放学都要经过一片片坟地。我们那里都是荒野，到处也都是那样的野坟，晚上走着能看到鬼火。我记忆之中还有一件挺有意思的事。因为当地野坟特别多，我小时候也挺淘气，但属于蔫坏的那种。当时经常跟着一位个子高大的同学瞎混，我们常去那些野坟探险，曾挖出过骷髅头骨，我洗干净后带回教室，就放在抽屉里，结果把一位女同学吓得发高烧。还有一次我们摸到了死尸身上戴的银饰，一碰就散掉了，但那股死亡的臭味很多天都未能除去。后来这个故事细节被我写入了小说《九三年》。死亡，让我在恐惧之余增长了人生的勇气，也在间接思考生与死的问题。

张：在《血色莫扎特》中，我们能够清晰地感觉到一个游子对故乡的复杂心理，这其中是否包含着您自己对故乡的情感？

房：也有些共鸣。矿区连成了一片，后来发展成了石油城，虽然人口依然不多，但和中国很多北方中小城市类似，石油城也有着改革转型期的诸多问题。当然，小说还是以虚构为主，故乡的体验只是一种潜在层面的东西。

其实，在中国文学之中，有关石油城的描述是不多的。美国女作家安妮·普鲁的"怀俄明故事"系列小说，我非常喜欢，她写出了美国怀俄明的荒凉。我们那里也是非常荒凉的，等我完成了目前的写作计划，我肯定也要写一组有关家乡记忆的中短篇小说。油区在山东东营，那是山东半岛最东边的石油城，靠近渤海湾。清末黄河改道，才在这里形成了黄泛区，进而淤积出了黄河口荒原。这里的生活非常艰苦，我小时候也见过野狼和狐狸，曾有形容说，"三个蚊子一麻袋，两个跳蚤一盘菜"。这里不常刮风，一次刮半年。民国时期，这里土匪横行。抗战时期，则成为山东省军区重要的军垦之地，被称为"山东的小乌克兰"。新中国成立之后，这片土地上被发现有大油田，很多复员军人和知识青年都来到这里搞建设。我的父亲是省卫生学校毕业的医生，母亲是青岛知青。他们刚来此处，还住过"干打垒"，就是一种在地下安家的"地窝子"，条件非常艰苦。后来石油城在20世纪90年代国际石油价格高的时期，有过一段飞速发展的好日子，油田的各种第三产业也发展得很好。但是20世纪90年代末期的金融危机对石油城影响很大，有很多工人下岗。我大学刚毕业那段时间，正好经历了那段大的社会冲击，见到了很多令人震撼的人和事，也对我的一生产生了很多影响。《血色莫扎特》只是写了很少一部分记忆中的故事，我会陆续地将它们写出来。

张：在您远离故乡的求学经历中，是不是有过像主人公葛春风一样的心情？能不能分享一下您的大学求学经历？

房：我在中学和大学期间都不算是优秀的学生。我考上了油田的重点高中，但成绩不稳定，迷恋文学创作、看漫画和读野书，组织过文学社团。高中时期发表了不少作品，曾为到校外租武侠小说每天翻越学校围墙，被草丛里的大铁钉扎穿了左脚。考上大学后，我的专业是文秘，但经常旷课，成绩不好，喜欢出去喝酒、看电影、跳舞什么的。现在想起来，荒废了很多光阴，但那时比较自由，顺应了我无拘无束的天性，让人快乐。至今想起来我还觉得，虽然有很多挫折，但大学时光依然是我的"黄金时代"。上大学时，几个志同道合的同学办了一个文学社团，这对我影响很大。我的岳父当时是大学里的写作学教授，也是民主党派人士，他对我的写作起到了启蒙和指导作用，也很支持我们办文学社。我们读了很多书，也组织了很多文学活动，认识了很多朋友。我也比较热爱文艺，在学校是个活跃分子，除了在报刊上发表了很多诗歌、小说、散文之外，我还演过话剧、小品，演过曹禺的《雷雨》，也说过相声，很喜欢模仿马季和赵炎。我还喜欢弹吉他和唱歌，参加过学校的卡拉OK大赛。大学的毕业晚会，我还是总导演。最喜欢的还是参加演讲比赛。我自己写稿子，多次在学校参赛，拿过前几名，还曾代表学校去省里参赛。这些经历，对我在工作后崭露头角起到了比较大的作用。

当时，非常快乐的事情是收到刊物寄来的稿费。我第一次发表文学作品是高中二年级，在《辽宁青年》杂志，那是20世纪90年代特别火爆的刊物，发行量有几百万份。当时连续发表了些诗歌，后来又在《中学时代》《中学生》等刊物发表了一系列散文。高中二年级，我和几个同学在老师的指导下建立了一个文学社团，还被评为"全国十大少年文学社团"。我在高二写过一个长篇报告文学，获得过省级一等奖，也非常开心。但这些创作也浪费了大量的时间，导致我高中成绩不稳定。伴随着收到稿费，还会收到来自全国各地的信件，记得陆续受到过几十封，有的朋友一直到上大学还有联系。上了大学，我继续搞文学创作。大学毕业那年，我发表了中篇小说处女作《梨子》，发在《太阳河》杂志，记得领了四百多元稿费，和我母亲一个月工资差不多。当时请朋友们大吃了一顿。

张：您当时高考成绩并不是特别理想，您认为高考失利对于您的人生有怎样的改变？

房：高考成绩不太好，除了因为我的确不太聪明之外，高中时精力也被文学创作牵扯太多，整日沉迷写作。我当时特想当记者，最崇拜《中国青年报》《南方周末》那些写大特稿的记者，于是想报考山东大学新闻系。高考成绩不理想，记者梦是不能实现了。大学毕业后，我也曾一边工作一边给几家报社当"特约记者"，写了不少大特稿，认识了很多朋友。比如我参访过山东地下摇滚音乐圈，结识的很多朋友一直到现在都有联系。我还曾做过几十期追踪报道，对一个患骨癌的小姑娘发起过救助，直到女孩去世。当时还挺轰动，连市委书记都给捐了款，这个新闻还获得过"好新闻一等奖"，当时差点就跳槽到报社做了职业记者。家里还是较保守，觉得这份工作不稳定，最终我也走上了考研的道路。虽然没当成记者，但我对记者很尊重，所以，在《血色莫扎特》里，我就让主人公葛春风当了个省报记者。

张：您的各个求学阶段还是存在一定落差的，您是如何看待这种落差的？

房：这个问题可能有两面性。一方面，早年那些"乱七八糟"的生活开拓了我的视野，让我增长了阅历，也使我习惯从非常规的视角看待世界上一切人为设置的"界限"，明白了从来如此，也不一定对；另一方面，我开始认真读书思考，还是到了读研究生阶段。二十岁大学毕业，到二十五岁考上研究生，经过社会残酷的摔打，我明白了一个道理——"读书"是一个底层出身的普通人能把握的最公平合理的机会，也是一个人可以自己"当家做主"的事。社会上的很多事，更多是"形势改变人"，人很难做得了自己的主。

其实，各个求学阶段之间虽然有落差，但总体而言没有太大的痛苦。参加工作之后我才发现，人生的路刚开始就会遇到太多痛苦，而且那些境遇和挫折，还不是简单地凭借努力就可以改变的，只能在一个很低的层面苦苦挣扎。当然，我也因此收获了很多人生经验，认识了形形色色的社会人物，这对搞创作当然是有帮助的。但每当回首那段混乱的岁月，我还是希望自己能有些平平淡淡的幸福。而对于我这样的普通人而言，最大的幸福就是做自己喜欢的事，而且努力把它做好。

张：求学过程中给您启示最大的作品有哪些？这些作品对于您的文学观念有怎样的影响？

房：我一开始写小说时，非常喜欢迟子建、余华和莫言的小说。处女作《梨子》就有迟子建小说的特点，后来的长篇处女作《英雄时代》中，也能看到莫言的影响。这些大作家的小说处理方式、小说的语言，都让我非常着迷。莫言丰沛的狂欢，余华的简洁和迟子建的抒情风格，我都非常喜欢。

大学毕业之后，王小波的《黄金时代》、井上靖的《敦煌》、黑塞的《彼得卡门青德》、君特·格拉斯的《铁皮鼓》、库切的《等待野蛮人》、巴别尔的《骑兵军》等作品给了我很多滋养。王小波教给我如何在写作中运用智慧，井上靖、库切和格拉斯让我学会如何面对历史，黑塞告诉我伦理和理想的尊严，巴别尔教我描述战争。这些作品都影响过我，也是塑造我创作风格的重要因素。

张：您是王小波研究专家，也出版过王小波的传记，王小波在哪些方面对您产生过影响？

房：大学毕业后，我在企业工作过五年，在那段我人生中最灰暗的时光，我读到了王小波的作品，他给了我很大的鼓励，告诉了我在困境之中保持积极、强悍人生姿态的重要性。而中国很多作家的作品，特别是当代作品，读了只是让人更加灰心颓废。我觉得，王小波作品中的那种主体意识是中国文学非常缺乏的东西。中国当代文学之中，边缘的颓废者很多，给人温暖的作品也不少，但能激励人心的的确不多。

我第一次接触王小波是在 1997 年，那时我在一家企业工作，读的第一本王小波的书是《白银时代》，初读感觉和自己以往的阅读经验存在很多差异，这也对我的文学观念造成了冲击。但那时还不太理解，过了一段时间，经过了社会的摔打，对他的作品又有了新的感悟。从《黄金时代》开始，我系统阅读王小波的作品，逐渐有了心灵共鸣。我们在 20 世纪 90 年代遇到的心灵困境与王小波的时代存在不同，但也有着诸多联系。可以说，王小波的作品让我有了应对人生困苦的勇气，也鼓舞我挣扎着走出泥沼，通过考研改变了命运。读研究生之后，我对王小波的兴趣从读者方向转到了研究方向，我的硕士毕业论文是以王小波与鲁迅的比较为题展开的。王小波成了我思考中国当代文学整体的一个"撬动点"。后来，我的硕士论文扩充后在上海三联书店出版了。这之后，我保持着对王小波的研究兴趣。中国当代文学的学术型传记写作一直是研究的短板，这里有很多原因。传记写作的材料收集和取证困难，也面临着诸多禁忌，现在很多青年当代文学研究者都不愿下这个笨功夫。但是，严肃的学术传记对当代文学史有着重要价值。我虽能力有限，但愿以绵薄之力在此领域做点事情。而且在我看来，王小波对中国当代文学尤其是 20 世纪 90 年代之后的文字转型有着重要象征意义，值得认真研究。

张：您的工作经历也很有传奇色彩，早期的《英雄时代》和前些年的《血色莫扎特》中都有您自己的影子，请您讲一下工作经历。

房：其实也谈不上传奇，不过是有些挫折。我是 1997 年到国企工作，身边有很多我这样的普通大学生，没关系，没门路，只能在底层苦苦挣扎。我应该是幸运的，因为后来通过自己的努力从工人变成了领导秘书，最后考上了研究生，在大学当教师。在企业里，我做过很多工作，也了解了很多产业与行当。我在集团公司下属的肉联厂、建材公司、农业公司都干过，也在总公司办公室工作过。我当过车间技术员，在肉联厂的冷库、包装、食品深加工等车间都工作过，搞过国际质量认证；在农业公司，也接触过小麦种植、果园、畜牧养殖等行业；在建材公司，则主要接触建筑工程、乳胶漆、不锈钢产品等行业；我在行政秘书、宣传秘书、生活秘书、团委书记等党政管理口的岗位都干过，也在基层单位干过保管和财务，当过工资员，还曾短暂当过门卫保安。我自己想想都觉得很魔幻，在那五年里居然干了那么多工作。可以说，上至高层领导，下至普通工人，甚至是社会闲杂人员，我都有接触，离开国企时还曾参加减员增效、清产核资小组，参与了企业大下岗政策的制订与执行。这些复杂的经历都对我的创作和人生观产生了很大影响。

应该说，我是幸运的，也是幸福的，可以在大学里钻研学术，搞自己喜欢的创作。我的很多大学生工友朋友们至今依然在企业苦熬，等待着退休。我当初喜欢当大学教师，是觉得能更自由一点，也能做点事。如今大学教师这个职业的门槛也越提越高，要从中学到博士一路"名校闪亮"，家庭条件优越，衣食无忧，才可以拿着比较微薄的薪酬，顶着比较大的压力认真做学术。我的第一部长篇《英雄时代》和后来的《血色莫扎特》中其实都有个人生活的影子，但也只是一小部分，因为更多的故事都沉在记忆冰山的水下。

张：这些工作经历对于您而言意味着什么？

房：也是一笔宝贵的记忆财富吧，我将来还会以此为题材写一些小说。当然，青春已经过去，一切也不能重来，但希望给同时代的人一些共鸣。

当然，没人愿意主动吃苦，所有的经历都是不可复制的人生过程。我曾经非常抱怨生活，牢骚满腹，后来随着年龄增加，我的心态变得越来越平和了。

张：您是在工作之后又重新考的硕士和博士，是什么让您做出了这种选择？

房：直接的原因还是企业效益不好，亏损严重，我当时虽然是领导秘书，但对职业前景也不太看好，考研是一个提升自己并能重新选择的机会。硕士毕业后，我有机会留在省会机关单位当公务员，但因为生性懒散，也喜欢学术，最终还是选择去了社科院。几年后，我读了博士，又跳槽到高校任教。社会科学院也很好，整体比较清闲，只有周二下午集合开会，平时也没人管，不用点卯，但是我还是想去高校当老师。当时高校教师在我眼中是一个神圣而有意思的职业，那时的学生也比较好学，尊师重道。我不后悔自己的职业选择。

张：从国企岗位到重回高校读书、工作，这种身份的变化是否影响着您看待问题的角度？又怎样影响着您的文学创作？

房：我想，这给了我比较丰富复杂的人生阅历吧，让我总有一种"表达的冲动"。而多年的学术训练，也会让我比较喜欢思考点深层次的东西。当然，我现在也已经是一个大学教师了，当年的职业痕迹可能越来越淡，但它们都潜藏在了心里，成为我思想的一个源泉。

张：您拥有作家和学者两个身份，学者更侧重学理性，作家更追求感性，您在创作中是怎么平衡这两种倾向的？学者的思维如何影响写作？

房：我可能没想那么多，表达的冲动可能会更多影响创作。写作是一种很兴奋的状态，也很幸福，因为你在创造一个虚构的世界，很多理性的东西可能会是潜在的表达。我写小说速度比较快，反复修改的时候也有，但不是每篇如此。写作完成之后会有一个沮丧期，好像被人挖走了点什么。而写论文是长期思考的结果，要看大量的书，过程很痛苦，但写完的时候很快乐、充实，因为经过艰难的思辨，对一些大家习以为常的东西，你有了新的发现和新的观点。

张：从《英雄时代》《猎舌师》到新长篇小说《石头城》，都是历史题材，您为什么会侧重对历史的书写？

房：历史题材的创作有时会凝聚一些我在学术方面的思考，可以说，我的很多学术研究也都能反映在历史小说的创作之中。但也是潜在层面的。我觉得，一个民族是否真正具有理性精神，要看有没有好的、当代意识之下的历史小说。因此，我自己想做点这方面的尝试，写出一些和传统历史小说、新历史主义小说不一样的作品。

当然，这种历史文学的探索难度也非常大，里面涉及很多禁忌的问题，也有历史文学本身的难度。比如，如何处理史料和文学虚构的关系，如何把握历史人物的心态等。我希望能在这个方面写出些与众不同的东西。

张：中短篇小说集《小陶然》写的是当下的现实问题，您认为作家需要如何书写现实生活？

房：作家必须接触生活，对生活保持鲜活的感受力。在高校工作有个缺点，就是圈子比较小，不能更好地接触和了解社会。《小陶然》这组小说，是我在观察当下社会人们情感生活方面的一些尝试。可能每个作家对表现生活都有不同的方法和角度，但无论怎么表现，真实性和现实关怀都是不可缺少的标准。一个很明显的事实是，社会不断发展，人与人之间心灵的距离却越来越远了，很多家庭危机和社会危机由此而来。小说里中国人的情感遭遇，无奈、苦涩、荒诞，但也非常真实。这种危机现代社会都有，但在中国，它是因为巨大的谋生压力和多变的生活表象而出现的。写日常生活，特别要处理好 "轻与重" 的关系。写得太轻，就显得轻浮油滑；写得太重，则会失去小说的灵动和蕴藉。处理日常生活题材，其实更考验一个作家对世界的体察，以及对人性深度的测量。大家都说当下社会丰富多彩，变化太快，但为何我们的创作有那么多雷同呢？借用一句老生常谈的话，作家还是要深入到生活中去，认真体验，认真思考，肯定会有不一样的发现。

张：您在《小陶然》中关注了一个非常重要的社会问题，就是当下社会老年人的精神情感问题，尤其是老年婚恋问题。您为什么会关注这些问题？又是如何发现这些问题的？

房：《小陶然》这部小说集中最早的一个中篇《九三年》，发在了 2017 年的《当代》杂志，后来陆陆续续有了写生活系列小说的想法。2019 年，我出版了抗战系列小说《猎舌师》，这之后，就想集中写写有关现实生活的小说。这些年，我一直在关注与思考中国人的情感体验问题，2018 年又在《当代》发表了短篇《小陶然》，进一步明确了这种想法。接着沿着这个思路，一口气在《北京文学》等杂志发了好多篇，就结成了这样的一个集子。因为的确是发现身边有不少这样的故事，老年人的生活很丰富，完全不是什么 "最美不过夕阳红" 之类的套话可以概括的。中国进入了老龄化社会，老年人的生活，特别是他们的情感生活，值得我们文学界好好关注。《小陶然》是我在这个集子中比较偏爱的一篇，它写得比较俏皮，也透着生活的苦涩无奈，但更多的是坦然面对生活的勇敢与执着。而且，"陶然" 是我比较认可的一种生活与生命状态。大家现在生活压力都比较大，但既不能 "躺平"，也不能太过焦虑，"陶然" 其实是一种挺积极的心态。

张：从最早的《英雄时代》到现在，您的叙述风格有很大的变化，这种风格变化是因为什么？

房：这种变化也是我主动选择的结果。一个真正丰富的作家，应该有比较大的创作体量和比较多的写作面向。单一风格的作家也很好，但大部分作家都很难在单一风格之中做到一种哲学的极致，反而更多的是流于偏狭。而且，一个好的作家也应该是对生活抱有强烈好奇心的人，这样才能更好地表现复杂的当代社会。

当然，我的写作也还在摸索之中，风格的变化也说明了某种不稳定性。我希望能在艺术上不断探索，争取有新的突破。

张：从孔孟之乡到烟雨南方，生活环境的变化如何影响您的文学观念？

房：山东给了我文化的基础，而苏州给了我新的创作活力。南北方巨大的文化差异也让我对这两种文化有了深层次的、更加微妙的理解。我想，这些东西都会在潜在层面影响我的创作。苏州的文学氛围很好，对文学创作的扶持力度也很大。来苏州之前，我也写过不少文学作品，比如长篇小说处女作《英雄时代》，但更大量的文学创作还是在来苏州之后。2017 年至今，大概完成发表了两部长篇、一部非虚构作品，还有四五十篇中短篇小说。当然，我在高校还是以学术研究和教学为主，这也让我时常感受到撕裂的痛苦。学术研究也是我喜欢的，我每年依然要写很多学术论文。因此，我的状态是，创作和研究基本各占据了一半时间和精力，有时还是学术上的投入更多一点，创作被我当成某种"解压"方式。创作的过程很快乐，能让人忘却烦恼，投入某种艺术的兴奋之中。

张：在《英雄时代》与《血色莫扎特》这两个长篇小说中，都有十分精彩、极为个性化的性书写，您如何看待性书写？

房：这两本书有一些共通的地方，但也有一些差异性。《英雄时代》毕竟是一部处女作，还是有一些王小波的影子，将性爱作为整个小说的推动力。但是到了《血色莫扎特》，这个问题就不那么明显了，或者说已经有了转移。《血色莫扎特》更多的归属于现实主义叙事，这里也反映了一个时代主题转移的问题。从 20 世纪 90 年代一直延续到 20 世纪的前十年，以性爱叙事来撬动整体叙事节奏，推动整个故事的发展，是非常常见的做法。其实在"70 后"这一代作家之中，比如路内，很多作品都是跟青春叙事、性爱叙事结合起来的，包括城乡叙事、现代化叙事，其实都有一种结合。但是在这些年，这种方式已经渐渐被大家放弃了。我们今天的作者在写东西的时候可能会有更丰富的面向，会把性爱叙事作为综合因素中的一种来考量。

张：您的写作充满叙述的狂欢、生命的澎湃激情，也有某种浓郁的血的气息与味道。您如何处理小说人物生命中某种畸形的血腥狂欢？

房：其实我觉得荒诞也是我们现实生活中的一部分。我一直想写一组城市荒诞题材的小说，已经写了一些，但是这个系列后来没有完成，没有把它发展起来。也许将来在合适的机会下，我还要再把这个系列写出来。

我想这种恐怖、荒诞的东西也是我们一种特殊的生存体验，如果把它发展成一个系列的话，可能会呈现出一种新的面貌。这种面貌其实就反映了我们在整个现代化进程之中中国人所遭遇的心灵面向，比如情感的扭曲、价值的扭曲、尊严的扭曲。这种扭曲又往往在表面上呈现出非常和谐的状态，所以人物这种情感、精神与现实社会的错位也可能形成某种碰撞。我也经常会反思一个问题：在看似理性化的社会结构中，为什么会出现突发的恶性事件？这其实都跟生活的荒诞感、价值感的丧失及人性的扭曲有关。我想这可能是我写作的另一个面向。

张：作家和批评家的两栖身份下，您如何看待当代文坛？对于"50后""60后"先锋派，您如何评价和认识？

房：我认为"50后""60后"的先锋作家其实已经完成了他们的历史任务，即重新寻找汉语的自觉，这是非常重要的。对于那些已经成名的先锋作家来说，他们从语言上让文学回到本体，创新了汉语的表现形式和表现领域，以及中文的宽度、深度、广度，他们主要完成了一个语言自觉的历史使命。

有些先锋作家会在创造形式的同时进行文化批判、思想批判，比如山西作家李锐。他是一个典型的先锋作家，作品形式很先锋，但是思想有很强的启蒙性。还有同为山西作家的曹乃谦，他是很少被人提及的先锋作家，但他的作品也有很强的先锋性。还有吕新，我一直认为他的《草青》是非常优秀的先锋作品，吕新也是非常重要的先锋作家。包括残雪，这些作家都被划分到先锋作家的范畴。但是这些作家的价值其实到今天都没有被特别好地发掘。

但是先锋文学发展的过程中也存在一些问题，很多先锋文学作家最后走入了形式的迷宫，很多"50后""60后"先锋作家都在他们自己的中年面临着一个变化问题。比如余华重新从他的先锋之中发现了伦理的尊严，发现了有温度的现实，所以他写了《许三观卖血记》《第七天》等作品，甚至包括今天的《文城》，这是余华的变化和转向。其他作家，像苏童，他用另一种形式发现了中国的历史，写出了《黄雀记》。他们每个人的发展都是从先锋走向了一个新的面向。但是从整体的市场而言，我觉得从20世纪90年代末到21世纪前十年，先锋作家基本已经完成了他们的历史使命。

现在依然有作家在坚持先锋写作，比如双雪涛、郑执、郑小驴、赵志明等。这一批青年"80后""90后"作家表面上看是在继承先锋的传统，被视为后先锋的继承者，但实际上他们跟"50后""60后"差别已经很大了。这是第一点。第二点，他们已经有了自己的现实面向。我一直认为先锋文学走到今天，任何语言的先锋、形式的创新，都一定要与对现实的观照紧密结合，如果完全脱离现实，那么先锋文学还是会再次走上封闭化的老路。

张：作为"70后"作家，您如何看待和认识同代人的创作？"70后"这一代作家最大的优点和局限何在？

房：以前我写过一篇文章，《"中间态"定位与"小叙事"突围——中国"70后"作家短篇小说创作论》，谈"70后"的创作。我提出的一个概念是"70后"的中间状态，这篇文章写得比较早，发在《山东社会科学》。

为什么这么谈呢？我们会发现"80后"是比较商业化的一代，"80后"文学口号的提出，是很多出版商推动的。"80后"这样一个口号出现后，紧接着"70后"被提了出来，但获得更多重视的反而是"60后"，包括"50后"。我们讲"长在红旗下"，他们是共和国的同代人。因此和这几代人相比，其实"70后"处于一个比较尴尬的中间带，这就导致我们总感觉"70后"有点"四六不靠"。

我记得很多学者考据过"70后"和"80后"这两个概念，黄平教授写过一篇相关的文章，他发现"70后"的概念和"80后"基本上前后脚出现。也就是说"70后"出现的时候，最早的那批作家，比如魏微、棉棉、丁天、周洁茹，都已经很有名了。周洁茹到香港之后，这两年又开始写作了。他们是最早的一批"70后"作家。所以"70后"概念本身也带有一定的商业性，同时又有一定的纯文学性。这一代人一直处于中间地带，我觉得这是一个尴尬的所在。

但也正因为处于这样一种中间状态，它可能才能够更好地结合商业性和传统性，探索出属于自己创作的可能性。我认为 "70 后" 作家能够比其他时代的作家更好地创作、结合不同类型的文学。比如王十月的《如果末日无期》这部小说，我看了印象很深刻，因为它结合的就是末日题材小说这一网络文学类型。李宏伟的《国王与抒情诗》有 "70 后" 的气质，小说本身是纯文学写作，但又跟科幻文学结合得比较紧。还有一些典型的，像路内，他的写作实际上是青春的、先锋的，但也有现实批判性。所以我一直认为，"70 后" "80 后" 这两代人的创作具有很强的突破性。徐则臣的创作就有非常强的传统现实主义色彩，他的《北上》是一部非常好的现实主义作品。

所以 "70 后" 作家能够书写的方式和可能很多，虽然有很明显的劣势，但优势也同样明显。这就像硬币的两面，就看怎么样去看待。

张：中国作家协会提出新时代文学攀登计划和新时代山乡巨变创作计划，对此您如何看？您在未来五年、十年有何新的创作计划？

房：我认为中国作家协会提出这两个口号是非常及时的，为什么这么讲？还是像我前面提到的，我们要面对的是中国经验的特殊性问题。中国作为一个有几千年传统文化的文明大国，它的现代化是一个前无古人后无来者的过程。我们这种文明古国的转型跟西方国家是不一样的，跟印度这样曾经完全被殖民统治的国家也是不一样的。中国这种文化经验的独特性是我们提出这两个计划的前提。

这两个计划面对的主要都是用现实主义手法去重新反映中国现实的巨大变化，这两个出发点都会给中国文学带来新的活力。我们可以看到，今天的中国和一些作家所表现的 20 世纪 90 年代乡土中国有着翻天覆地的变化和根本性的差别，这种变化和差别也给作家们提出了新的时代使命。在未来的五年时间内，我可能还要写一两部现实主义题材的作品。一个是我现在正在做的有关太湖生态岛的报告文学，我进行了很长时间的调研和考察。另一个计划是，我准备写一部关于我们 "70 后" 整整一代人生活经历的作品，写这一代人的成长、生命。

盛可以：
写作与我的生命成长是深刻纠缠在一起的

张丽军（以下简称"张"）：请问您是从什么时候开始进行文学创作的？又是什么契机让您想要成为一名作家呢？

盛可以（以下简称"盛"）： 我在 20 世纪 90 年代初发表了第一篇散文，之后写了七八年散文和读书笔记。2002 年开始写小说。我不是那种从小立志当作家的人，经历过很多年的无知和迷惘，直到发现只有写作才能带给我真正的快乐和充实，以及某种自我价值感，才确定了这条道路。我很幸运在写小说之初没有经历发表的挫折，第一部长篇小说就发在《收获》，就这样树立了当作家的信念。

张："第一部长篇小说就发在《收获》"，您太幸运了。很多作家即使经过很多年创作，都不一定能在《收获》发表。请谈谈您当时的创作和发表经过。

盛： 我当时辞职，从南到北，在沈阳闭门创作。那里没有朋友，没有熟人，只有大雪纷飞。世界对我而言，就只剩下写作这件事，只有文字活着。我那一年就写了《北妹》《水乳》和另外半部长篇，还有十几个中短篇小说。《北妹》是第一部长篇，但是发表和出版稍稍耽误了，第二部长篇《水乳》就完成了。当时我已经在《收获》发表了一个短篇小说，作家李修文给这篇小说提了四次宝贵的修改意见，我由四千字扩展到近一万字。然后他推荐给了《收获》，获得了编辑老师的肯定和鼓励，约我写新作，于是我写了《水乳》。现在回想起来，当时那股写作的兴奋劲儿，简直是虎虎生风。

张：1994 年您发表过散文作品，2002 年以后您主要转向了小说创作，是什么带来了创作体裁的转变呢？

盛：应该是感受到了内心情感的膨胀，有很需要表达的东西，想进行长篇叙事，感觉散文这种载体盛装不下，于是想到了小说。另外，我发现我更喜欢小说语言与叙事的天马行空，不受拘束。我觉得塑造人物，刻画内心，讲故事，写起来更开阔、更丰富。小说有更多的可能性与探索空间，你可以藏在其中，也可以袒露自我。日常生活中语言表达上的木讷所造成的自卑，在写作中会得到平衡与修正，并且帮我建立自信。

张：您曾说过，童年给您留下的阴影似乎还在。能否谈一谈童年生活对您创作的影响，或者说童年经历与您创作的关系？

盛：童年留下的阴影主要与性别及贫穷、无助有关。小时候看到周围的女人都被拉去做结扎，这让我很恐惧。有一次看到邻居女人结扎完后，被用两轮板车拖回来，盖着花棉被从头捂到脚，我以为她死了。我意识到自己是女性，等我长大了也会是这样子，内心就充满恐惧。所以我小时候认为，只要不结婚，不生孩子，就可以避免结扎手术的痛苦。性别恐惧的阴影伴随了我很多年。

童年生活的贫穷无助也是我印象最深的。虽然我们并没有许多挨饿的经历，但是我每次听到母亲在米缸里舀米，在米缸底部刮出噪声时，我就心惊肉跳。我知道家里没米了，母亲又得东借西凑，等收割时再去偿还了。还有就是外面下大雨时，家里所有的盆和桶都会用来接漏。去年我妈说房子漏雨了，我立刻记起小时候雨滴在盆桶里的声音，心里特别酸楚。我当即决定凑钱，推掉那座 20 世纪 90 年代建的二层楼房，给我妈盖一栋新房子。我现在仍然保持着不断给我妈买米的习惯。我记得有一回囤了几千块钱真空的包装大米，最后是分散给亲戚吃完的。

童年生活成了我写作的底色，我自然会尤其关注女性命运及贫困者。

张：您提到的女性结扎、屋顶漏雨以及贫穷，我都看到或经历过；但是，没有您观察得那么仔细，没有听到缸底刮擦的噪声，没有您那种深刻的情感体验和思考。从某种意义上而言，您有着成为作家的天赋，童年时便已经开

始了对生活、世界、人生及未来的思考，早早储备了丰富的素材和饱满的情感体验。您是否这样认为？

盛：我想，我是从小就是很敏感的，对人、事、声音、形象都是如此，而且总是多愁善感。十一二岁之前很野，之后就文静了，话少了，经常研究天空和云彩，在菜园子里写日记，把刚发芽的柳条插在啤酒瓶里。很酷——我现在仍然记得我那么做时的心情。敏感的触须是作家与这个世界发生碰撞，了解、体验生活的重要能力。一颗敏感的心所体察到的世界，肯定会比迟钝的心所感受的更丰富、更精彩，也更惊心动魄。

张：您曾在采访中谈到，您爷爷是个喜欢作诗、写书法的人，儿时您曾在他的八宝箱里翻阅金庸、梁羽生的武侠小说。能聊聊爷爷对您的影响吗？包括他对您创作的直接或间接影响。

盛：我不知道爷爷对我写作是否有影响，但我确定爷爷八宝箱里的武侠小说让我体验到了阅读的快乐。我爷爷从来没下过田种过地，也不像庄稼人一样凑堆聊天。他独来独往，超然于世，一生只做两件事，一是读书、写诗，二是打牌。我记得第一部阅读的是《碧血剑》，印象非常深刻。我爷爷并未对我有什么期望，他的心思全在赌牌上面（他年轻时输光了家产，像《活着》中的故事一样，这件事可以说是爷爷的幸运），但他一有机会就拉着我，要给我讲诗。他总是在打牌，如果他哪一天在地坪上看书或者写书法，那证明他又输没钱了。他打牌打到九十多岁，实在没有人和他打了，就自己在家左手跟右手打。他平时嘴里哼诗，写书法时也是边哼边写。我爷爷在一百岁生日那天去世，房间里遗下几册诗稿，从诗里可以看到他闲云野鹤的孤傲心性。他在那间几平方米的、被柴火熏得墙壁发黑的小屋子里，写下了"名士不嫌茅舍小，英雄总是布衣多"——不知道是不是他的原创，但总归可以看出他内心的孤傲。也许我爷爷将这种不合群的性格遗传给了我。现代都市的人际关系不似乡村简单，所以我活得不如他怡然与淡定。

张："名士不嫌茅舍小，英雄总是布衣多"，这句诗太好了。自古英雄高手在民间，您爷爷就是一个传奇。他身上的确有您说到的内心的孤傲，自我生命的尊严，以及内心的自我期许。从某种意义上，正是如您爷爷这样的一个个民间大地上的"**布衣英雄**"，建构起了民间文化的内在自我架构、骨气、性情以及魂灵。您的阅读、成长及精神血脉中是否有爷爷的精神基因？请谈谈多年之后您关于爷爷的思考。

盛：在我的天性里，从小对读书、识字、写作就有特别的喜爱，除了说这是爷爷的精神基因以外，好像也没有别的解释方法。也许我对语言文字特别敏感，能感受和理解其美妙，便爱上了阅读和写作。但终归要感谢我有一个爱读书、写诗的爷爷，他的八宝箱给我的童年带来了那么多乐趣，使我的童年和别的孩子有所不同。

我爷爷仿佛一个小说人物。我从来没有走进过他的精神世界，甚至都没有多少和他一起生活的记忆。他是自己吃住，我到现在也不了解他。他三十岁左右死了妻子，剩下的七十年一个人过着，没有一个朋友，更没有一个知己。我是在他走后才意识到其实他活得多么孤独。也许因为什么事情，他被这个世界伤透了，也许是他心里有着对生命的透彻了悟，也许他原本就是个不可一世的混蛋……

张：不少当代作家会从古典文学中汲取创作营养，比如莫言曾不止一次向蒲松龄的《聊斋志异》致敬。您曾在采访中提及中学时喜欢阅读《古文观止》，请问您有没有钟爱的中国古典文学作品？这些作品怎样影响了您的创作？

盛：我以前喜欢专门读古文后面的注释，后来买了《尔雅》。那是一种很满足求知欲的阅读，仿佛饥饿时一口一口地啃饼，能感觉到一口口吞下肚的快感。古文里有些意蕴丰富、有趣的词现在都不用了，我觉得挺可惜。有一次尝试在一部小说里用古词，结果有读者认为造成了阅读障碍，也显得矫情。总之，文字语言给我的感觉是妙不可言、不可描述的，我想最初促使我写作的根本因素不是故事，不是现实，而是语言。我就像一个独自玩泥巴的小孩，对于一个性格内向自卑的人来说，没有比编织语言更自在的了。

我想，不需要格外聪明，任何人从《楚辞》《诗经》，到唐诗、宋词、元曲、明清小说一路读下来，至少能懂得鉴赏好的诗篇，懂得语言的好坏。

张：看您的经历，1993 年后您担任过证券职员、纪委宣传干事、文化馆

文秘……多年的工作经历给您之后的小说创作及创作观带来了哪些重要影响？

盛：我做那些工作的时候，也一直在写散文，当通讯员，怀着一颗热爱文学之心，和现实有些格格不入。我从来没有热爱过那些工作，工作的枯燥使我感觉人生越来越虚无，越来越没有意义。我变得形而上，并且终于抛下了这一切，躲到大雪纷飞的北方，开始写小说。我认为这段生活最有价值的地方是，因为经常发表读书笔记，我认识了同城写作的优秀知识分子，他们给了我最初的鼓励，同时让我认识到社会上有这样一个忧国忧民的群体存在。他们除了自身的生活，还关心着周围的一切、过去的一切。我就是在这时候开始拼命阅读学习，提升和他们对话的能力的。我也大约是这时候看到自己的人生目标的。

张："同城知识分子"是一个很好的概念，呈现出知识分子、作家之间的内在心灵互证、精神呼应、文学唱和和思想支持。同城、同辈、同时代知识分子之间的精神交往史，是文学研究尤其需要关注的。山东作家东紫在谈到她自己成长经历的时候，说收到过诗人江非的来信鼓励，特别感动，备受鼓舞，似乎看到了自己希冀的未来之路的方向。请您谈谈"同城写作的优秀知识分子"，谈谈你们之间的文学、精神交往。

盛：20 世纪 90 年代中期的《深圳商报》有一个"文化广场"文化副刊，主持者是胡洪侠先生，他藏书无数。正是在他主持的这个版面上，每周都能看到精彩的文章，连版式设计都美得让人爱不释手。或者是同写一个主题，或者是读同一本书，或者是评某一个事件，几位主力作者都是业余写作，都是北大清华的高才生，现在他们有的在重要的领导岗位，有的下了海，有的出了国。我忘了第一次投稿是哪一篇，也许是深圳书城开业事件引发的关于读书的随想。稿子刊发后，受到胡先生鼓励，我接着又写了《包法利夫人》《追忆似水年华》等书的读书笔记。后来参加聚会，认识了这拨才华横溢的前辈。其实他们也很年轻，三十多岁，风华正茂。如果没有他们的鼓励，不是一次次在这个重要的文化阵地露面，没有这个过程来建立信心和锻炼我的写作，我可能不会辞职去尝试写小说，不安分地做起作家梦来。

张：您出生在湖南益阳，1994 年定居深圳，后面又北上北京。请问地

理空间的位移给您的文学创作和生活带来了什么样的变化和影响？很多作家都在流浪中完成了生命里的文学滥觞，如伏尔泰、米兰·昆德拉。离开故乡似乎能带给人比较和批判的眼光，更有助于叩击灵魂，您也是这样吗？

盛： 故乡是一株栽种在心田的植物，它一直活着，一直生长，时时向我传递着只有我才能接收与理解的讯息。对我来说，时空地理位置的变化对我写作的影响并不明显，故乡始终是我写作的中心。我很少把故乡和其他城市做对比，因为它卑微到无法对比，它只能提供基本的生存条件。去到任何一个遥远的地方，我所做的就是打开行囊，端详故乡，而每一次对故乡的认识并不与上次完全相同。我童年印象中的那些人大部分已经离世了，这使我感到陌生，感到孤独，仿佛我生命中的某一部分消失了。这种孤独会促使我思考活着的价值，警惕时间。

张： 在如今这个"大移民时代"，您如何看待地域文化与文学创作之间的关系？

盛： 不可否认，一方水土，总能给人提供这样或那样的滋养，也有人会出现水土不服的症状。对于作家来说，服或不服，对于个人的文学创作都是一种滋养。流动和迁徙必然会带来新的文化和体验，复杂和多元也正是文学创作的契机。

张： 除了写作，您还尝试过绘画，曾在 2014 年出版小画册《春天怎么还不来》。您认为绘画和写作的共性是什么？您更喜欢、享受哪种艺术表达方式？

盛： 很感谢一些朋友的鼓励，画了一批不入流的小画，没想到因为童真小趣和孤独伤感的意境而被人喜欢。绘画和写作一样是抒发和表达内心情感的通道，来自一种不可遏制的创作欲。我画这批小画，是因为 2013 年故乡一座几百年的古桥被拆，震惊、谴责、呼吁，但最终也只能在纸上哀鸣。我一口气画了近百幅与童年记忆有关的故乡，表达内心的缅怀与无奈。写作和绘画，对我来说，打个不恰当的比方，就像"正室"和"妾"，前者总是正襟危坐，令人肃然起敬，后者是放松愉悦的。

张：您曾在采访中说过，您在每个阶段喜欢的作家不一样，请分享一下现阶段您比较喜欢的作家作品。

盛：现在喜欢的基本上还是过去喜欢的作家作品，他们在今天又跳到了我的阅读重心。比如詹姆斯·乔伊斯的《都柏林人》，比如威廉·特雷弗的短篇小说，有一种洗净铅华后的从容与平淡。现在的年纪读他们，理解会更深一些。很多年前看过《飞越疯人院》这部伟大的电影，前不久偶然读到这部小说，美国作家肯·克西惊人的处女作，相见恨晚。肯·克西到斯坦福大学攻读写作学位，自愿参加了政府在一所医院开展的毒品实验项目，并于二十三岁时基于这一体验出版这部长篇小说一举成名。不由得想，我们二十三岁时都在干什么啊。

张：您的作品被译为多国文字，请问您如何看待自己在世界文学界发出的声音？您认为作品的风格能被翻译出来吗？

盛：站在村里喊一声，很幸运被更远的地方听到了，就是这样。在世界各地推广新书，参加文学活动时，人们对于我描写的女性境遇很好奇，其实有不少国内读者也感到难以置信。一个群体对另一个群体生活的陌生程度，也许不亚于一个国家对另一个国家的人陌生程度。

文学作品的风格并非完全不能翻译出来。当时企鹅出版社是从好几个翻译《北妹》的篇章中找到了一个与原文相近的译文风格，译者雪莉是个诗人。我自己略微读了一下译文，能感觉到语感和节奏，以及那种不拖泥带水的利落。经过了译者的用心翻译与编辑的精心把关，出版了一本高品质的书，可以说对我后续作品的外译产生了良好的影响。

张：您是如何看待中国当代文学与世界文学的关系的？

盛：毫无疑问中国当代文学是世界文学的一抹独特色彩。莫言、余华等前辈的作品已经证明了这一点。

张：2016年您入读中国人民大学创造性写作研究生班，能聊聊这段求学经历吗？这段求学经历给您的文学创作带来了什么影响？

盛：人到中年圆了大学梦，这又是一种幸运。我非常感激人生中的缺憾能得到弥补。住进学校宿舍，吃食堂，去教室听课……纯粹、开心。但心态终究和大学生不同，常常羡慕那些朝气蓬勃的年轻面孔，那种勇往直前的自信和无惧，于是开始感叹"年轻真好"，埋下头在校园里来去匆匆。

这期间被逼着读了一些书，因为要讨论作品，学生要登台讲课，会接触到一些平时没有关注到的作家和作品，这无疑是开阔视野的。还有毕业论文，原先是说交一篇小说就可以，后来要求写常规论文，立刻感到一种巨大的压力。因此很早就开始准备搜集资料，阅读，做笔记，和同学频繁交换信息，互相鼓励，互相帮助。最终都顺利通过了答辩。

这段求学经历对我生活的影响远大于文学创作。

张：请问盛可以是您的笔名吗？这个名字听起来干脆、果敢，颇有大侠的风范，同时又流露出一种不断展开，无限生成的可能。对于小说中人物的命名，您有什么心得吗？

盛：谢谢你的关注。这个问题我回答过好几次，作者的名字不如作品的名字更值得解释。对小说中人物的命名，通常都会考虑人物的身份、性格特征或样貌，或者说通过名字传递某种命运的暗示。给人物命名也是写作的一大乐趣之一，有的名字一开始取好了，写到中途发现有更好的就会替换。写作的过程就是和这些人物一起生活的过程，会对他们渐渐熟悉，产生感情。

张：您在 2004 年出版了第一部长篇小说《北妹》，这部作品以打工妹钱小红为中心，展现了底层女性的生存境遇，显示出强烈的在场感和平视视角。学术界给这部作品贴上了"底层写作"的标签，但也有人提出反思和质疑，认为底层写作是个伪命题，体现出知识分子的傲慢。您是如何看待底层文学的呢？

盛：我不是很关心这个问题，也不会对作品这样进行分类。正如我前面提到的，我的写作与我的生命成长是深刻纠缠在一起的。我写我熟悉的、关注的、痛心的、疑虑的，外界怎么定义，怎么贴标签，我并不关心。

张：您后续的作品，如《时间少女》《女佣手记》等，依然关注着农民工进城后的命运。这么多年过去了，您对城市化、农村的变化发展有没有什么

新的理解和看法?

盛: 乡村空巢严重,就我老家而言,左右邻舍都是空屋,人们都在城里打工,春节才会回来。很奇怪,村里现在很少看到小孩子,也没有成群结伴的年轻人,经常只有几个老人孤零零地走动,乡村了无生气。整村的稻田都被一个村民承包了。现在这个村民被抓去判了两年,据说是因为长期和村里的某个女人发生关系,后来几次没给女方钱,被女方告了强奸。案子审理时,被告的律师都没接到通知,悄悄审判了。这个案子留下被告一岁的孩子和他患有精神病的妻子相依为命,当然还有一村子无人管理收割的庄稼。如果说村里女人懂得用法律保护自己的权利了,或者说懂得钻法律的空子来进行私人报复了,这算不算进步呢? 我一直想深入了解这件事的来龙去脉,这是反映村民生活与精神变化的一个典型事件。

张: 有研究者称,从《北妹》到《归妹卦》再到《捕鱼者说》,您小说中的乡土叙事经历了从自然主义到启蒙主义再到怀旧主义的变化,您认同这一观点吗? 您认为是什么造成了您创作情感上的这一变化呢?

盛: 我的创作轨迹是无意识形成的,如果能从头开始,我真打算好好规划一下写作内容。比如创作某系列,比如像福克纳一样创建一个文学地图,比如进行自我包装定位等。很遗憾我的写作是随性的,无章法。也许我的写作和心灵轨迹正如批评者所发现的那样,我发现自己的确在怀旧,这是年纪和心态的原因。

张: 您认为小说创作需要"冒犯"的力量,您曾说过:"小说家对恶的探索与思考,是内心能量的巨大喷发,是对艺术的神圣冒犯。"您的不少小说,像《水乳》《手术》《青桔子》《白草地》等,风格凌厉严酷,极为犀利地展露人性的真实与丑恶。想问问您为何要选择这种"冒犯之美"? 这和您的个人经历、美学品位有关吗?

盛: 事实上,生活本身对人们的冒犯太多,人们通常忍受或忽略。作为一个作家,我更愿意打量阴影部分,关注隐藏部分,因为那里面藏着真实,藏着问题。这不是某种刻意选择,这是我的文学观决定的。在创作最初还没有形成清晰的文学观之时,我就采用了略带冒犯的叙事风格,因为我是个悲观主义者。我看到太多沉重的东西，这使我的生命也显得沉重。从青春期开始，我就像打湿了翅膀的鸟，无法轻盈，而写作可能就是烘干羽毛的过程。

张：您的很多作品都聚焦女性生存困境，如《息壤》《福地》都从生育角度探讨女性的生存境遇。您是如何看待女性创作和女性主义的？您如何看待自己小说里面关于性和欲望的描写？

盛：有时候我是明确作为一个女性在叙事，比如《息壤》《女佣手记》，有时候则不是，比如《死亡赋格》《北妹》。不过我现在可能会更关注女性题材，因为童年时产生的性别阴影，以及为女性感到不公平等的记忆犹新。我觉得这会是对我童年困境疗愈的一种帮助，也是对童年情感的一个交代。性和欲望都是人性里的东西，如果我写这些，我力求写得有趣，不落俗套。

张：您如何看待伍尔夫所说的"伟大的作品都是雌雄同体的"？您认为"雌雄同体"的美学标准是什么？作为一名女性作家，您的作品中也有不少以男性口吻展开的叙述，但是读起来非常真实生动。您是怎么做到让这两种性别视角共存的？

盛：中性、客观、冷峻的叙事是雌雄同体的，雌雄同体也意味着作家要有非凡的人性洞察力，她（他）能洞察一切，准确地把握所有性别和类型人的心理，并将其书写出来。这需要逻辑，需要生活经验，需要理解能力和想象力，需要把握人性中最微妙的东西，不仅是视角的问题。我尝试用男性视角写过两个短篇，后来不再有兴趣这么做。

张：您早期的长篇小说，如《北妹》《水乳》《道德颂》，主要聚焦日常生活和两性情感的书写，而到了《死亡赋格》题材大变，这是一部反乌托邦式的政治寓言小说。您也曾说过，您写作的分水岭是《道德颂》到《死亡赋格》的转折。您为何做出这样一种转变？为何从幽微复杂的人性挖掘走向了更为广阔宏大的政治历史思考？

盛：创作题材的转变，可以说是来自早年朋友的影响。当时我正为自己的创作感到迷惘，厌倦了探讨两性关系，因为《道德颂》让我精疲力尽。和朋友的谈话及他们的阅读推荐给我开启了一个窗口，于是我开始了新的尝试。

这是一次非常艰难的创作挑战，但我也由此打开了新的创作空间。不是做宏大的政治历史思考，而是挖掘人物置身于不同状态之下的人性和抉择。人始终是我最感兴趣的。

张：您曾说过，一个小说家，首先就应该是个诗人；一个诗人，内心就该有燃烧不熄的火焰。您喜欢哪些诗人？您有没有进行过诗歌创作？

盛：保罗·策兰、埃乌杰尼奥·蒙塔莱、卡瓦菲斯、帕斯、奥登……青春期还喜欢过惠特曼。我偶尔也会"诗性大发"，但写完就锁进抽屉里了。

张：您是否关注和阅读"70后"作家的作品？有哪些作家作品您比较喜欢？

盛：我特别喜欢阿乙的作品，他是那种大师锋芒显露的作家。我也发现现在有几个"80后""90后"的作品相当惊艳，读完让人顿时感觉自己被"拍死在了沙滩上"。

张：能否谈谈您目前创作的比较满意的作品，以及您塑造的最为满意的小说人物形象？

盛：每一部作品都有让我欣喜的地方，也存在让我不满意的地方，随着年纪的增加，可能会越来越重视正在创作的作品，尽最大的努力和耐心或者说能力，更慎重一些、缓慢一些，精雕细刻。我想我比较喜欢和满意的小说人物是《北妹》中的钱小红。她那么肉感、生动、自由、无拘无束，身上带着一种天然的女性觉醒。

张：能够经受住时间的考验作品才是经典，您觉得经典作品最重要的元素，或者说永远不会消失的价值是什么？

盛：文学经典有其伦理价值、审美价值、塑造灵魂的价值。鲁迅作品中所批判、揭示、痛恨、讽刺的仍在发生，塑造的人物形象在今天仍是栩栩如生。因此经典作品能提供洞察历史、理解现实和想象未来的可能性，深刻地体现了人类精神世界所能达到的深度和厚度。这种精神能深入和渗透人类的生活，包括文化、心灵、价值和信仰层面。

张：**每写一部作品，对于作家而言都是一次分娩。回过头来看，从创作到出版，有没有特别难忘的幕后故事？有没有特别欣慰或遗憾的事？**

盛：总的来说，从创作、发表到出版，都相对比较顺利。比较遗憾的是，有喜欢的书名，却被禁止使用；有的书再版时被要求重新修订删减；有一本书的译文出现了很多错误……写作者肯定都会遇到这样那样的问题，但这些都不会影响作家的写作，只有创作才是作家可以把握的事情。

张：**您如何认识长篇小说文体？今后五年、十年您有什么长篇小说创作计划？**

盛：长篇小说不是一种文体，是一种生活。对我来说，写长篇就是抛除杂念，隐入虚构生活的工具。每次打算开始写作长篇时，心理上就在和现实生活毅然告别，去到一个陌生的空间，慢慢了解那些还不太熟悉的人物，倾注所有的热情。这段生活或长或短，短至几个月，长则几年。现在已经不做五年或十年计划了，感觉如果能集中精力在两年内完成正在写的这部女性题材长篇小说，就是莫大的欣慰了。

后 记

　　2006 年 7 月，我从东北师范大学毕业后到山东师范大学文学院工作，得到了吴义勤老师、施战军老师等当代文学批评大家的指导。吴义勤老师对新潮小说（先锋小说）的关注，以及与同代学人对苏童等同时代作家的关注、研究，乃至心心相通，给了我很多启示。当时在山东大学文学院工作的施战军老师经常到山师参加中国现当代文学专业的研究生答辩，做答辩秘书的我有幸聆听他的教诲。施老师编"新活力作家文丛"时对青年作家的大力支持和帮助给我留下了很深的印象。

　　2009 年，陈思和老师到山东师范大学做学术交流。讲座结束，我陪他在山师运动场散步，把自己计划对同代"70后"作家作品进行研究的想法汇报给了陈老师。这一想法得到了陈老师的肯定和支持。陈老师建议我不仅要研究"70后"文学，也要研究"70后"作家；不仅要与"70后"研究者进行讨论，也要把"70后"作家邀请进来，让他们与研究者一起进行交流和讨论，这样研究才能更深入、更有意义。我深受鼓舞。

　　从 2010 年开始，我在当时担任《绥化学院学报》主编的林超然老师的大力支持下，在《绥化学院学报》开设研究专栏，与马兵、房伟、赵月斌、丛新强、张艳梅等人一起持续开展关于"70后"作家作品的讨论，获得了很多启发。刘照如、王方晨、刘玉栋、东紫、常芳、宗利华、范玮、艾玛、王秀梅等作家，还有我的研究生及当时很多山师研究生、本科生和外校老师、同学都参加了讨论，至今记忆深刻。在泉城济南，因为"70后"作家作品研究，我与诸多师友结下了深厚的友谊。感谢各位师友的大力支持！

　　2012 年至 2016 年，我在《芳草》杂志的 "七〇后作家访谈录" 专栏中对金仁顺、刘玉栋、付秀莹、宗利华、裴指海等作家做了访谈，断断续续持续了数年之久。此外，还在《百家评论》《雨花》《时代文学》《文学报》《社会观察》等期刊报纸发表过一些 "70后" 作家访谈。有意思的是，2024 年我又在《芳草》杂志开设了一年的专栏，刊发十年后的中国 "70后" 作家访谈，算是一个阶段性的小结。感谢各位主编和编辑的大力支持！

　　山东师范大学的博士研究生田振华、范伊宁、李超、王薪茹，硕士研究生常思佳、李君君、孙亚儒、王大鹏、刘兰慧等众多同学；暨南大学博士研究生张娟、姚乐旗，硕士研究生仇岳林等同学参与了研究，提供了支持，在此表示感谢！

　　本书责编也是我的研究生，感谢她的精心编辑！感谢山东文艺出版社几任领导的大力支持！

　　本书得到了暨南大学文学院、广东省高水平大学建设经费的出版资助，特别致谢！

2025 年 1 月 21 日

暨南园周转楼